COURS MOYEN ET SUPÉRIEUR

ÉDUCATION MORALE & CIVIQUE

NOTIONS

DE DROIT USUEL ET D'ÉCONOMIE POLITIQUE

Sur un plan absolument nouveau

AVEC UNE APPRÉCIATION DE

M. Ed. PETIT, Inspecteur général de l'Instruction publique,

ET UNE PRÉFACE DE

M MAGENDIE, Directeur de l'École normale de Grenoble

Ouvrage récompensé par une médaille de bronze à l'Exposition universelle de Paris 1900

« Quand ta conscience t'accuse,
te condamne, te châtie, l'univers
entier n'a ni le droit, ni le pouvoir de t'absoudre »
A. COQUEREL

QUATRIÈME ÉDITION

MONTLUÇON
LIBRAIRIE DES ÉCOLES A. THORINAUD
8, rue de la Comédie et place du Théâtre

1900

LA LIBRAIRIE DES ÉCOLES A. THORINAUD
à MONTLUÇON (Allier)

est de toute la France celle qui, à qualité égale, fait sur les Fournitures scolaires les meilleures conditions aux membres de l'enseignement.

LA NOUVELLE IMPRIMERIE A. THORINAUD

se charge, aux meilleures conditions, de toutes sortes de travaux d'impression

Bulletins, Affiches, Brochures, Registres à souches, etc.

Le Trait d'Union des Amicales

Journal de Défense des Intérêts matériels et moraux des Instituteurs, paraissant le 1er de chaque mois

Abonnement payable d'avance : **0 fr. 75** par an.

Adresser le montant à la Librairie des Écoles (Montluçon)

BIBLIOTHÈQUE D'ÉDUCATION
PARIS — 15, Rue de Cluny — PARIS

NOUVEAU COURS D'ÉTUDES PRIMAIRES

P. FÉLIX THOMAS — **Ker-Fleuri** (Cours élémentaire de lecture)	0 80
P. FÉLIX THOMAS — **Pierre et Suzette** (Cours moyen de lecture)	1 30
G. CALVET — **Histoire de France** (Cours élémentaire)	0 80
G. CALVET — **Histoire de France** (Cours moyen)	1 30
A. VESSIOT. — **La Récitation à l'École et la Lecture expliquée**, 1 vol. cart.	1 50
A. VESSIOT. — **Grammaire française**, 1 vol. cart.	1 50
LALANNE et BIDAULT — **Les Sciences à l'École primaire** (Cours moyen et supérieur)	1 30
LALANNE et BIDAULT. — **Agriculture et Sciences à l'École rurale** (Cours moyen)	1 »
ALIX et BAZENANT — **Arithmétique** (Cours moyen)	1 40
ALIX et BAZENANT — **Arithmétique** (Cours élémentaire)	0 90

Tous ces ouvrages sont adoptés par les villes de Paris, Lyon, Bordeaux, Saint-Étienne, etc., pour leurs écoles publiques

ÉDUCATION MORALE ET CIVIQUE

ET

NOTIONS DE DROIT USUEL
ET D'ÉCONOMIE POLITIQUE

EN PRÉPARATION :

1° **Education morale et civique,** à l'usage du *Cours élémentaire* des Ecoles publiques (garçons et filles) par Albert DÈS, directeur d'Ecole et Mme DÈS, institutrice.

2° **Mes Enfants,** Psychologie enfantine, historiettes morales par Mme Albert DÈS, institutrice. Ouvrage pour distribution de prix (fillettes et garçons de 7 à 10 ans).

COURS MOYEN ET SUPÉRIEUR

Albert DÈS
Instituteur.

ÉDUCATION MORALE & CIVIQUE

NOTIONS
DE DROIT USUEL ET D'ÉCONOMIE POLITIQUE
Sur un plan absolument nouveau

AVEC UNE APPRÉCIATION DE
M. Ed. PETIT, Inspecteur général de l'Instruction publique,

ET UNE PRÉFACE DE
M. MAGENDIE, Directeur de l'École normale
de Grenoble

Ouvrage récompensé par une médaille de bronze à l'Exposition universelle de Paris 1900

« Quand ta conscience t'accuse,
te condamne, te châtie, l'univers
entier n'a *ni le droit, ni le pouvoir* de t'absoudre »
A. COQUEREL

QUATRIÈME ÉDITION

MONTLUÇON

LIBRAIRIE DES ÉCOLES
A. THORINAUD
8, Rue de la Comédie & Place du Théatre, 1

1900

APPRÉCIATION

De M. Édouard PETIT

Monsieur,

..... Un bon livre se défend de lui-même. Et le vôtre, qui a obtenu une « Préface » si brillante, sous forme de médaille à l'Exposition universelle, ne saurait manquer de réussir.

Veuillez donc recevoir mes félicitations et l'assurance de mes sentiments distingués.

EDOUARD PETIT.

Le 25 Septembre 1900.

PRÉFACE
De M. A. MAGENDIE

Si personne ne conteste l'importance de l'enseignement moral, dans un pays de suffrage universel, tous ceux qui ont l'expérience de l'éducation des enfants, connaissent les nombreuses et profondes difficultés de cet enseignement dans nos écoles primaires. Sans doute, il est aisé de comprendre que l'enfant doit être amené à saisir les principes essentiels de la moralité à l'aide d'exemples ; mais le choix et la gradation des exemples et des lectures, et les explications qui aident les écoliers à dégager de ces lectures et de ces exemples les grandes règles de la conduite et qui doivent aussi laisser en eux de fortes et de durables impressions, exigent que le maître ait une connaissance très nette de la science morale, le sentiment pénétrant et vif de la « mentalité » de son jeune auditoire, et enfin une foi sincère et communicative dans l'efficacité de son œuvre moralisatrice.

Il est donc nécessaire que le maître soit à la fois instruit et entraînant. Toutefois, la science doit être toujours en lui la régulatrice du cœur, qui, en matière d'éducation, ne doit être qu'un moteur, un moteur vivement impulsif, il est vrai.

Cela prouve qu'un bon livre de morale est un précieux auxiliaire pour un maître déjà zélé et généreux. Ce livre est pour lui un guide sûr et suggestif : il y puise et des documents et des inspirations. Non seulement il y trouve, pour chaque leçon, des données précises et conformes aux principes de la morale rationnelle, — ce qui est essentiel, — mais encore, grâce au phénomène de l'association des idées, son esprit est, par moments, comme fécondé par de soudaines illuminations. Le maître trouve alors d'autres exemples, il se souvient de certaines lectures qu'il a déjà faites, qui peuvent tout particulièrement convenir à ses élèves. Ces lectures, ces exemples, tous ces documents, en un mot, retrouvés sous l'influence d'une excitation mentale provoquée par la lecture d'un livre fait de main d'ouvrier, doivent être conservés, afin de pouvoir être retrouvés de nouveau sans effort, au moment opportun. C'est ainsi que l'enseignement de tous les maîtres, se servant d'un même ouvrage, acquiert de l'ampleur et prend de plus en plus un caractère original et personnel.

L'auteur de cet excellent livre a voulu, avec raison, non seulement mettre au service de ses collègues de l'enseignement populaire son expérience d'instituteur ardent et dévoué et ses connaissances très sûres et, par endroits, originales et profondes, mais encore respecter et peut-être même exciter leur initiative personnelle, en réservant, dans le corps de l'ouvrage, des pages blanches, où les maîtres pourront, à l'occasion, noter leurs souvenirs et leurs observations.

Sans doute, il ne prétend pas être au-dessus de toute critique, mais ce livre, tel qu'il est, me paraît avoir une réelle valeur et une très grande utilité pour les maîtres et pour les écoliers des cours moyen et supérieur. Aussi m'est-il particulièrement doux de mettre une préface à cette œuvre méthodiquement conçue et sincèrement écrite, et de donner ainsi un témoignage d'affectueux intérêt à un de mes anciens et de mes plus sympathiques élèves.

A. MAGENDIE.

PRÉFACE
DE L'AUTEUR

I
Raisons qui ont déterminé l'auteur à publier cet ouvrage.

Ce livre, écrit depuis quatre ans, n'était point destiné à la publication. Je l'avais rédigé pour mon propre usage et celui de mes élèves. Mais à la suite de l'examen approfondi qui en a été fait par les Commissions spéciales de l'Exposition universelle de 1900, et sur les conseils de quelques-uns des membres de ces Commissions, ainsi que d'un grand nombre de mes collègues et amis, je me suis décidé à le livrer à l'impression, convaincu, d'ailleurs, qu'il rendra de réels services aux maîtres et aux élèves des écoles publiques.

II
Plan de l'Ouvrage.

L'ouvrage comprend quatre parties :
1º Un **Cours d'Éducation morale** ;
2º Des **Notions de Droit usuel** ;
3º Des **Notions d'Économie politique** ;
4º Un **Résumé d'Instruction civique**.

1º Le *Cours de morale* est complet en cinquante-trois leçons. Chaque leçon est, à son tour, subdivisée en sept points :

1. Une *lecture* empruntée aux meilleurs auteurs français et résumant, autant que possible, soit un exemple d'application, soit les idées générales de la leçon.

2. Un *plan* synoptique de la leçon contenant les deux ou trois grandes idées générales du sujet, mises nettement en relief, et les idées particulières qu'il convient de développer aux élèves des cours moyen et supérieur.

3. Un *résumé* à apprendre par cœur.

4. Trois *maximes* empruntées aux grands écrivains.

5. Deux *sujets de devoirs* avec leurs *plans* détaillés, convenant, l'un au cours supérieur, l'autre au cours moyen.

6. Un *morceau de récitation* approprié, pris aux auteurs français des trois derniers siècles.

7. Une *page blanche* réservée aux maîtres et aux élèves, qui pourront y inscrire des notes relatives à la leçon.

2º Les *Notions de droit usuel* sont présentées en six leçons, comprenant chacune :

1. Un *plan* détaillé du sujet ;

2. Un *résumé* à apprendre par cœur ;

3. Une *page blanche* réservée pour les notes personnelles.

3º Les *Notions d'Économie politique*, en cinq

leçons, sont conçues sur un plan analogue et sont complétées par une lecture qui résume les grandes questions sociales du 19e siècle.

4º Enfin, les *Notions d'Instruction civique* forment un résumé complet, nettement subdivisé, et qui peut être appris par cœur en 55 leçons.

J'ajoute que les chapitres de la Morale, les Notions de Droit usuel, d'Economie politique et d'Instruction civique sont, chacun, résumés en un tableau d'ensemble qui sera d'une grande utilité pour les revisions.

III

Avantages de l'Ouvrage.

1º L'ouvrage a, d'abord, l'avantage de remplacer six livres : les livres de lecture, de morale, de récitation, de composition française, d'instruction civique, d'économie politique et de droit usuel, et de réaliser par là une véritable économie dont les parents n'auront qu'à se féliciter, sans préjudice, d'ailleurs, pour les élèves.

2º En second lieu, la subdivision nette de chaque leçon, jointe à la disposition originale des matériaux et au soin tout particulier que l'éditeur a bien voulu apporter à la typographie, rendent l'ouvrage d'un usage commode et fructueux. Et c'est en cela que réside sa nouveauté, nouveauté qui est, on l'avouera, d'un fort grand prix. Certes, les cours de morale, parus depuis 1882, sont très nombreux et, en général, très bien faits ; mais aucun ne réalise l'idéal rêvé par le maître ; les uns sont de brillantes dissertations sur nos devoirs, dissertations qui laissent percer cette pointe d'émotion — vraie ou factice — qui les rend d'une lecture attachante ; les autres ont sacrifié l'essentiel, les matériaux de la leçon, qu'ils ont résumés en quelques lignes trop sèches, pour donner une place trop grande aux exemples. Mais aucun ne dispense le maître, avant chacune de ses leçons, de lire, ici, tout un chapitre de morale pour y prendre ses arguments, et de chercher, ailleurs, les autres parties de sa leçon : résumé, maximes, sujets et plans de devoirs, morceaux de récitation appropriés, etc., aucun, dis-je, n'économise son temps, aucun ne ménage ses forces, aucun ne lui plaît absolument.

Et c'est la raison qui me détermina, il y a quelques années, à rédiger *mon* cours de morale *à moi*. Je l'ai expérimenté quatre ans de suite ; chemin faisant, j'en ai fait disparaître les imperfections jusqu'à ce qu'il me donnât entière satisfaction. C'est ce cours, longtemps médité, puis écrit au jour le jour, revu, modifié et vécu, que je présente au public de nos écoles, dans le seul but d'être utile à la fois aux maîtres et aux élèves.

Il suffira, aux premiers, d'ouvrir le livre à la leçon du jour pour s'approprier *d'un simple coup d'œil* tous les matériaux de cette leçon qu'ils n'auront ensuite qu'à développer ; ils n'auront plus à rédiger le résumé à faire apprendre par cœur, ni à chercher la maxime qui sert de modèle d'écriture, ni à choisir leurs morceaux de récitation, ni enfin à préparer leurs plans de compositions françaises. Les seconds trouveront, dans les plans des leçons, un résumé *méthodique* et *complet* des leçons de leurs maîtres ; ils n'auront qu'à les relire pour faire des révisions rapides et fructueuses. En outre, ils seront dispensés d'écrire, dans leurs cahiers de devoirs journaliers, les résumés moraux ainsi que les morceaux choisis : d'où économie de temps et de papier.

3º Si enfin, comme le veulent les Instructions officielles, l'enseignement de la morale doit dominer tous les autres enseignements, si la morale doit pénétrer partout, afin d'y apporter la vie, et de donner de l'unité à cette vie, mon ouvrage répond à une telle nécessité : la leçon morale, développée le matin, se reproduit, sous de nouveaux aspects, dans les divers exercices de la journée : en lecture, en écriture, en récitation, en composition française : partout se fait sentir son parfum, qui parvient sûrement jusqu'à l'âme de l'enfant, de plusieurs manières différentes, et comme à l'insu de ce dernier.

Ceci m'amène à prévenir une objection. On me dira peut-être : « Votre cours, à cause de sa disposition synoptique, a le tort de ressembler à un catalogue complet, de s'adresser à la mémoire de l'enfant plutôt qu'à son cœur ; en un mot, votre cours est dépourvu d'émotion. Or, en morale, il faut moins enseigner qu'émouvoir. » — Je répondrai : Pour toucher efficacement l'âme de l'enfant, il est nécessaire, avant tout, de la persuader par des arguments, car l'éloquence vide, si elle frappe un moment, ne laisse après elle que le souvenir d'une douce musique, mais rien de plus. Si l'idée, cause efficiente de l'action, manque, le but n'est point atteint ; je dirai plus : le but est manqué. — Or, j'ai résumé, dans chacun de mes plans, les idées, la matière essentielle de chaque leçon : j'ai donné à l'enseignement de la morale une base solide. Il reste à animer cette matière, à lui donner une âme : c'est l'affaire du maître convaincu, qui fait passer cette âme à travers ses paroles, et non celle de l'auteur, qui ne peut, quoi qu'il fasse pour s'exciter et exciter ses lecteurs, que provoquer une émotion factice. — Ce qui manque à mon ouvrage : la vie, manque à tous, et aucun ne peut avoir la prétention de la donner. Il conserve donc, en définitive, le bénéfice des avantages que j'ai mis en relief ci-dessus, avantages que je n'ai pu, quant à moi, trouver dans aucun cours similaire.

IV

Esprit de la Doctrine

La morale que je m'efforce d'enseigner, c'est la morale du devoir pur, lequel a son principe et sa fin dans la conscience. — Si trop de préjugés ridicules sont encore répandus dans nos campagnes ; si trop de sophismes servent encore aujourd'hui à excuser des actions blâmables ; si trop de gens, chez qui la voix de la raison est muette, sont encore, sans le savoir, les jouets de quelques habiles ; si enfin trop d'hommes encore prétendent justifier leurs actes immoraux en alléguant la pureté de l'intention, et veulent qu'il y ait « des accommodements avec le ciel », c'est que, en dépit d'une éducation religieuse de dix-huit siècles, la conscience humaine n'a point été suffisamment éclairée ; c'est que, peut-être, elle a été faussée par cette même éducation.

Pourquoi chercher en dehors de nous les motifs de nos actions ? La conscience, la raison, quand elle est nettement éclairée, parle à tous les hommes de la même façon : sa langue est universelle, de même que ses prescriptions. Et puisqu'elle constitue notre supériorité sur tous les êtres de la nature, puisque c'est par elle que nous sommes hommes, pourquoi ne point puiser en elle — constamment et exclusivement — les principes de de notre conduite ? Cette morale est, d'ailleurs, plus rationnelle que les morales religieuses qui sont trop particulières, trop nombreuses, trop de circonstance, trop éphémères, par conséquent. Elle repose, elle, sur des bases solides, puisqu'elle a pour piédestal l'humanité entière, et non telle confession religieuse, et, pour principe, la conscience universelle, la raison immuable. — Or, la conscience, dis-je, doit être nettement éclairée. Quels seront donc les principes directeurs dans l'enseignement de la morale, ou, en d'autres termes, quels seront les motifs du devoir ? Je les ai ramenés à deux : le principe de *justice* et le principe de *dignité humaine*. Du premier, j'ai fait découler tous les devoirs de l'homme dans la famille, dans la patrie et dans la société; au second se rattachent tous les devoirs de l'homme envers lui-même.

« Être justes envers nos semblables à qui nous devons tout; respecter, augmenter la dignité humaine qui est en nous, voilà, dis-je à mes élèves, à quoi se réduit, en définitive, la morale de l'honnête homme, la vraie morale. »

Albert DÈS.

PREMIÈRE PARTIE

INSTRUCTION MORALE

CHAPITRE Ier

PRINCIPES GÉNÉRAUX

PREMIÈRE LEÇON

OBJET DE LA MORALE

I. — LECTURE

Ce que c'est que la morale. — Que penseriez-vous, mes enfants, du propriétaire d'un champ qui, par ignorance et par incapacité, resterait les bras croisés, ne sachant comment il faut labourer, semer, afin de faire venir une bonne récolte ? Vous jugeriez qu'il ne lui sert de rien d'être le possesseur d'un joli morceau de terre, puisqu'il y laisse croître en liberté les mauvaises herbes, et vous lui conseilleriez d'apprendre au plus vite l'agriculture, c'est-à-dire l'art de cultiver son champ.

Eh ! bien, vous êtes, vous aussi, les propriétaires d'un champ qui est votre corps et votre âme ; vous vous appartenez à vous-mêmes, vous êtes maîtres d'user à votre guise des facultés de votre âme et des organes de votre corps. Mais si vous en restiez là, si vous n'appreniez pas comment il convient d'utiliser ce que vous possédez, vous ressembleriez au propriétaire maladroit dont je vous parlais tout à l'heure. Hâtez-vous donc d'apprendre comment vous devez diriger vos organes et vos facultés, comment vous leur ferez produire le plus de vertu et le plus de bonheur possible. C'est la **morale** qui vous l'enseignera.

COMPAYRÉ[1]. — *Edit. Delaplane.*

II. — RÉSUMÉ ORAL DE LA LECTURE

III. — PLAN DE LA LEÇON

1º DIFFÉRENCE ENTRE LA MORALE ET LES AUTRES SCIENCES :

a. L'arithmétique nous enseigne à...
b. La géographie, etc...
c. La **morale** nous apprend à nous bien conduire ; elle nous fait connaître nos **devoirs**. Sans doute, nous avons déjà la notion du bien et du mal (la conscience), mais il est des cas où nous ne voyons pas notre devoir clairement tracé (ignorance, cas de conscience, etc...) : **la morale nous**

---

[1] Ecrivain pédagogue contemporain, Recteur de l'Académie de Lyon. Auteur d'ouvrages très estimés : *Pédagogie, Psychologie, Morale, Histoire des doctrines pédagogiques, Evolution intellectuelle et morale de l'enfant*, etc.

éclaire ; elle fait de nous **d'honnêtes hommes.**

2º CE QUE C'EST QU'UN HONNÊTE HOMME :
    a. C'est celui qui **ne fait pas le mal ;**
    b. C'est celui qui **fait le bien ;**
    c. C'est celui qui, connaissant tous ses devoirs (justice, charité, dignité personnelle), les remplit, non par obligation matérielle ou intérêt, par crainte, etc..., mais parce qu'**il est bien de les remplir.**

3º UNIVERSALITÉ DE LA MORALE.
4º Résumé et Conclusion.

IV. — RÉSUMÉ A APPRENDRE PAR CŒUR

La **morale** est la **science des mœurs.** En nous **éclairant** sur nos **devoirs,** elle nous exhorte à **faire le bien** et à **éviter le mal ;** elle nous fait prendre de **bonnes habitudes ;** elle met de **bons sentiments** dans nos cœurs, de **bonnes pensées** dans notre esprit ; elle nous rend **meilleurs.** La morale, qui est **universelle,** est donc une science utile.

V. — MAXIMES

1. — Il est souvent plus difficile de connaître son devoir que de le faire.
2. — La vertu est l'habitude de faire le bien ; le vice est l'habitude de faire le mal.

VI. — DEVOIRS

1.

Sujet. — Votre instituteur vous a fait la première leçon de morale de l'année. Vous le dites à votre père qui vous répond qu'il vaudrait mieux qu'on vous enseignât à bien cultiver un champ.

Répondez-lui en lui expliquant qu'apprendre la morale, c'est apprendre à cultiver un bien que nous possédons.

Plan

I. — **Introduction.**

II. — **La réponse que j'ai faite à mon père :**

1° L'école n'a pas pour but exclusif de faire de nous des agriculteurs, ou des maçons, ou des forgerons, etc... Son rôle est de **former des hommes**, c'est-à-dire des êtres qui soient capables d'exercer le plus dignement et le plus avantageusement possible la profession particulière qu'ils embrasseront.

2° La matière sur laquelle elle opère est un bien autrement important qu'une propriété foncière : c'est **notre corps et notre âme,** ce sont nos organes et nos facultés.

3° Faute de culture, ce bien reste stérile : nos organes s'affaiblissent et nos facultés se dépriment : l'ignorant est fatalement inférieur à l'homme instruit.

4° Mais la morale a plus spécialement pour objet de faire de nous d'**honnêtes hommes,** des hommes connaissant bien tous leurs devoirs et fermement résolus à les remplir. Or, si un honnête homme n'est pas toujours un excellent agriculteur, un excellent agriculteur peut parfois être un malhonnête homme. Le premier est infiniment supérieur au second.

III. — **Conclusion**. — L'école prépare à la vie ; elle ne prépare pas spécialement à telle ou telle profession ; elle fait l'éducation générale de nos facultés et de nos organes ; elle combat nos mauvais instincts et nos passions qui sont nos mauvaises herbes ; elle développe nos bons sentiments ; elle améliore le champ que la nature nous a donné. Ce champ resterait inculte sans les conseils de la morale.

Mon père a compris.

2.

SUJET. — Prouver par des exemples qu'on trouve le bonheur dans l'accomplissement du devoir.

Plan

1° L'élève qui, par son travail, son application, mérite souvent la première place, **est heureux ;**

2° Le soldat modèle qui n'a jamais de punition **est heureux ;**

3° L'ouvrier qui fait son travail avec intelligence, loyauté, dévouement, **est heureux ;**

4° Le père de famille qui ne songe qu'au bonheur des siens, et qui y contribue par tous les moyens honnêtes en son pouvoir, **est heureux ;**

5° Moi-même, quand j'ai bien agi, j'éprouve une douce satisfaction, **je suis heureux ;**

6° Donc, **pour être heureux,** il faut toujours faire son devoir.

VII. — RÉCITATION

L'éducation morale

L'homme n'est né avec aucun principe, mais avec la faculté de les recevoir tous. Son tempérament le rendra plus enclin à la cruauté ou à la douceur ;

son entendement lui fera comprendre un jour que le carré de 12 est de 144, qu'il ne faut pas faire aux autres ce qu'il ne voudrait pas qu'on lui fit ; mais il ne comprendra pas de lui-même ces vérités dans son enfance : il n'entendra pas la première et il ne sentira pas la seconde...

Une morale pure, inspirée de bonne heure, façonne tellement la nature humaine, que depuis environ sept ans jusqu'à seize ou dix-sept, on ne fait pas une mauvaise action sans que la conscience en fasse un reproche. Ensuite viennent les violentes passions qui combattent la conscience, et qui l'étouffent quelquefois. Pendant le conflit, les hommes tourmentés par cet orage consultent d'autres hommes, comme dans leurs maladies ils consultent ceux qui ont l'air de se bien porter. C'est ce qui produit des casuistes, c'est-à-dire des gens qui décident des cas de conscience... Mais, bien longtemps avant les casuistes, Zoroastre[1] avait paru régler la conscience par le plus beau des préceptes : « Quand il est incertain si une action qu'on te propose est juste ou injuste, abstiens-toi. »

VOLTAIRE[2].

---

(1) Zoroastre est le célèbre législateur religieux des Perses et en general des populations de la Bactriane.

(2) L'un des plus grands philosophes et écrivains français du XVIII° siècle. Né à Paris en 1694, mort en 1778. En faisant la guerre aux abus de l'ancien régime, il a préparé la Révolution française. (Principaux ouvrages *Le siècle de Louis XIV, Charles X, Zaïre, Mérope, Correspondance épistolaire*, etc.

VIII. — INDICATION DE LECTURES ET NOTES

DEUXIÈME LEÇON

CONSCIENCE
LIBERTÉ ET RESPONSABILITÉ

I. — LECTURE

La voix de la conscience. — Henri revenait de l'école, ses livres sous le bras. Quatre heures sonnaient à l'horloge du clocher, et le soleil était encore brûlant, car on était au mois d'août. Henri avait bien chaud. Il cheminait lentement le long du sentier, en cherchant l'ombre des grandes haies d'épines et de clématites.

Tout en marchant, il passa devant une barrière entr'ouverte, et de l'autre côté de la barrière, dans un beau jardin, il vit un pêcher chargé de grosses pêches toutes dorées ! « Quel bonheur, pensa-t-il, j'ai grand'soif. Le jardin est désert. Personne ne me voit. Je vais cueillir une de ces belles pêches, une seule, et me désaltérer. »

Il pose à terre ses livres. Il pousse la barrière. Il entre. Le voilà sous l'arbre ; sa main se lève vers le beau fruit. Pourquoi ne le cueille-t-il pas ? Qu'est-ce donc qui l'arrête ? Quelqu'un l'aurait-il aperçu ? Une voix lui a crié : « Ne vole pas! » Et Henri, épouvanté, s'est enfui. Il a repris ses livres. Il court. Le voilà déjà loin.

Enfants ! il n'y avait personne dans le jardin. Celui qui a vu Henri, c'est Henri lui-même. Cette voix qui a crié, elle a crié au dedans de lui. **C'est la voix de sa conscience.**

Pecaut [1]. — *Hachette, éditeur.*

II. — RÉSUMÉ ORAL DE LA LECTURE

III. — PLAN DE LA LEÇON

I. **CONSCIENCE.** — 1° **Sa nature** : faculté de discernement du bien et du mal.

2° **Sa triple fonction :**

a. Elle **conçoit** la loi qui doit présider à toutes nos actions (loi du bien).

b. Elle **oblige** sans **contraindre** : elle nous ordonne de faire le bien et nous défend de faire le mal.

c. Elle **juge** nos actions : elle nous **félicite** si nous avons bien agi (**satisfaction intérieure**) ; elle nous **blâme** si nous avons mal agi (**remords**).

---

[1] Écrivain pédagogue contemporain Inspecteur général de l'Instruction publique

II. **LIBERTÉ**. — 1º **Différentes acceptions de ce mot** :

   a. **Liberté physique** (Le prisonnier, le paralytique en sont privés).

   b. **Liberté civile et politique** (faculté d'exercer tous ses devoirs d'homme et de citoyen.)

   c. **Liberté morale** : pouvoir absolu que nous avons de choisir entre le bien et le mal. (Elle existe dans les fers, la maladie, etc.).

2º Il s'agit donc ici de la liberté morale ou pouvoir moral que nous avons de faire le bien ou le mal.

III. **RESPONSABILITÉ**. — 1º **Définition** : nécessité où l'homme se trouve de rendre compte de ses actes et d'en supporter les conséquences bonnes ou mauvaises.

2º **Principe et condition** :

   a. La responsabilité a son principe dans la **conscience** : Si la nécessité de rendre compte de nos actes s'impose à nous, c'est que nous jugeons **à priori** (conscience) de la nature de ces actes, et que nous nous sentons tenus d'accomplir les uns et d'éviter les autres.

b. Il n'y a pas de responsabilité sans liberté : de là les **degrés** de responsabilité (enfant, malade, ignorant, fou, sauvage, etc ..).

IV. **Conscience** et **Liberté** constituent l'**être moral**, la **personne humaine**.

V. **Résumé** et **Conclusion**.

IV. — RÉSUMÉ A APPRENDRE PAR CŒUR

Nous avons chacun une **conscience** qui nous fait **connaître** ce qui est **bien** et ce qui est **mal** ; qui nous **commande** de **faire l'un** et d'**éviter l'autre**. Toutefois nous restons **libres** de lui obéir ou non. Aussi sommes-nous **responsables** de nos actions. Nous devons, avant tout, en rendre compte à notre conscience. Si nous lui obéissons, elle nous **félicite** et nous éprouvons de la **joie** ; si nous lui désobéissons, elle nous **blâme** et nous éprouvons de la **douleur**, du **remords**. La responsabilité **varie** en raison de la conscience et de la liberté. **Conscience** et **liberté** constituent la **personne morale**.

V. — MAXIMES

1. Le tigre déchire sa proie et dort ; l'homme tue et veille (Chateaubriand [1]).

2. Le repos n'est nulle part, quand on ne l'a point dans le cœur (Claretie [2]).

---

(1) Célèbre prosateur français et homme politique, né à St-Malo (1768-1848) Principaux ouvrages le *Génie du Christianisme*, les *Martyrs*, les *Études historiques*, etc

(2) Homme de lettres français contemporain, administrateur de la *Comédie française*

3. Quand ta conscience t'accuse, te condamne, te châtie, l'univers entier n'a ni le droit ni le pouvoir de t'absoudre (A. Coquerel [1]).

VI. — DEVOIRS

1.

Sujet. — On dit que l'homme est responsable de ses actes. Que signifie cela? Pourquoi? — Circonstances qui font varier la responsabilité morale.

Plan

I. **Introduction.** — L'homme est responsable de ses actes : ce que cela signifie.

II. **Pourquoi l'homme est-il responsable de ses actes?**
   1° Parce qu'il est *raisonnable*; sa conscience lui permet de distinguer le bien du mal, etc.
   2° Parce qu'il est *libre* de se conformer ou non aux prescriptions de sa conscience.

III. **Conséquences de la responsabilité :** satisfaction intérieure, remords.

IV. **Circonstances qui la font varier :** ignorance, folie, ivresse, etc.

V. **Conclusion.** La responsabilité, qui a son principe dans la conscience et sa condition dans la liberté, est l'un des plus nobles attributs de la personne morale; elle distingue l'homme de l'animal.

2.

Sujet. — Faites comprendre, au moyen d'une

---

(1) Pasteur protestant et homme de lettres français, mort en 1875 esprit a idees élevées et tolérantes

historiette, ce qu'on appelle *la voix de la conscience*.

Plan.

1º Henri sort de la classe... On est en été...
2º Il passe devant un verger... Ses réflexions.
3º Au moment de cueillir une poire, il entend une voix qui lui crie : « Ne vole pas ! » Il fuit.
4º Cette voix est dans le petit garçon : c'est la voix de sa conscience.

VII. RÉCITATION

La Conscience

On sait toujours quand on fait bien,
Jean : une voix parle en toi-même ;
C'est la voix de quelqu'un qui t'aime,
Car son bon conseil, c'est le tien.

Ecoute la, la voix secrète,
Mon fils, la voix de bon conseil :
Elle veille dans ton sommeil,
Et, partout, elle est toujours prête.

Sais tu, Jean, quelle est cette voix
Qui te félicite ou te gronde ?
Qui parle au cœur de tout le monde !
Qui, dans la nuit, dit : « Je vous vois ! »

C'est Conscience qu'on la nomme.
C'est l'écho, dans nos cœurs reste,
D'un conseil souvent repeté,
De notre pere, un honnête homme.

C'est un cri de mère a genoux,
Nous suppliant de rester sages !...
La Conscience a les visages
De nos peres vivants en nous.

C'est le souvenir d'un bon livre,
Expérience d'un ancien,
Et qui nous dit que faire bien,
C'est avoir du bonheur à vivre.

J. AICARD (1). — *La Chanson de l'Enfant.*

---

(1) Poète français contemporain.

VIII. — INDICATION DE LECTURES ET NOTES

TROISIÈME LEÇON

LA LOI MORALE OU DEVOIR

I. — LECTURE

Le devoir. — Enfants, vous allez entrer dans la vie ; des mille routes qu'elle ouvre à l'activité humaine, chacun de vous en prendra une. La carrière des uns sera brillante ; celle des autres, obscure et cachée : la condition et la fortune de vos parents en décideront en grande partie. Que ceux qui auront la plus modeste part n'en murmurent point.

La patrie vit du concours et du travail de tous ses enfants ; et, dans le mécanisme de la société, il n'y a point de ressort inutile. Entre le ministre qui gouverne l'Etat et l'artisan qui contribue à sa prospérité par le travail de ses mains, il n'y a qu'une différence : c'est que la fonction de l'un est plus importante que celle de l'autre ; mais, à la bien remplir, le mérite moral est le même. Que chacun de vous se contente donc de la part qui lui sera échue ; quelle que soit sa carrière, elle lui donnera des devoirs, une certaine somme de bien à produire : ce sera là sa tâche. Qu'il la remplisse avec courage et énergie, honnêtement et fidèlement, et il aura fait, dans sa position, tout ce qu'il est donné à l'homme de faire. Le succès n'est pas ce qui importe ; ce qui importe, c'est l'effort. L'accomplissement du devoir, voilà le véritable but de la vie, et le véritable bien.

JOUFFROY[1].

II. — RÉSUMÉ ORAL DE LA LECTURE

III. — PLAN DE LA LEÇON

I. **DÉFINITION**. — Respecter sa personne morale, obéir à sa conscience, c'est faire son devoir, c'est faire le bien. On peut donc définir le devoir : l'**obligation de faire le bien**.

II. **INNÉITÉ DU DEVOIR**. — Tout le monde sait que quelque chose doit être fait et quelque chose évité. L'idée du bien qui doit être réalisé, c'est-à-dire l'idée du devoir, est **révélée par la raison**. Cette idée est plus ou moins nette selon que l'on est plus ou moins instruit, plus ou moins raisonnable, etc.

---

[1] Philosophe français, né dans le Doubs en 1796, mort en 1842. Principal ouvrage : *Mélanges philosophiques*.

III. CARACTÈRES DU DEVOIR. — Le devoir est :

a. **Absolu** : il commande d'une façon *catégorique*. Sa formule est : « Fais ceci, ne fais pas cela. » Toutefois cette *obligation* n'est pas de la *contrainte* ; la volonté est *liée* sans être *forcée* ;

b. **Désintéressé** : il faut faire le bien parce que c'est le bien, et non pour obtenir tel ou tel profit ;

c. **Universel** : la voix de la conscience se fait entendre à tous les hommes indistinctement.

IV. RÉSUMÉ ET CONCLUSION.

IV. — RÉSUMÉ A APPRENDRE PAR CŒUR

Respecter sa personne morale, obéir fidèlement à sa conscience, c'est faire son **devoir**. Le devoir est **l'obligation morale** de faire le **bien**. La raison nous dit que quelque chose doit être fait (le bien), et quelque chose évité (le mal) : cela prouve que l'idée du devoir est **innée** en nous. Le devoir est **absolu** ; il s'impose à la volonté, mais il **oblige** sans **contraindre** ; il est **désintéressé** : il porte en lui sa récompense ; il est **universel** : il prescrit à tous les hommes les mêmes actes moraux.

V. — MAXIMES

1. Fais ce que dois, advienne que pourra.

2. Il faut faire le bien pour le bien.
3. Il faut faire non ce qu'on a du plaisir à faire, mais ce qu'on sera content d'avoir fait. (Comtesse DIANE [1]).

VI. — DEVOIRS

1.

SUJET. — Après avoir expliqué ce qu'on appelle *loi morale* ou *devoir*, indiquer les obligations particulières qui en découlent.

Plan

I. **Définition de la loi morale** : la faire découler d'une explication préalable.

II. **Ses caractères :** 1. absolue ; 2. désintéressée ; 3. universelle.

III. **Obligations qui en découlent :**
    1° Devoirs de l'enfant dans la famille ;
    2° Devoirs de l'enfant à l'école ;
    3° Devoirs de l'enfant envers lui-même ;
    4° Devoirs de l'enfant envers les autres.

IV. **Conclusion.** — Remplir régulièrement et scrupuleusement tous ces devoirs particuliers, c'est se conformer aux prescriptions de la loi morale, c'est être vertueux.

2.

SUJET. — Devoirs de l'enfant dans la famille, au dehors et à l'école.

Plan

1° **Dans la famille :** Aimer tendrement son père, sa mère...

---

(1) Ecrivain moraliste contemporain, de l'école de La Rochefoucault et de Vauvenargues

2° **Au dehors :** *a.* Imiter ceux qui font bien ;
b. Fuir ceux qui font mal.
3° **A l'école :** *a. En classe,* faire avec soin ses devoirs et apprendre ses leçons ;
b. *En récréation,* jouer de son mieux, sans méchanceté.
c. *Envers ses camarades,* être bon.
d. *Envers ses maîtres,* être docile.

4° **Résultats de cette conduite :** faire et être tout cela, c'est être un honnête enfant ; c'est montrer qu'on a un cœur et une conscience.

VII. — RÉCITATION

Conseils à un enfant

Enfant, tu grandis ; que ton cœur soit fort !
Lutte pour le bien, la défaite est sainte !
Si tu dois souffrir, accorde à ton sort
Un regret parfois, — jamais une plainte.

Ecris, parle, agis, sans peur du danger.
L'univers est grand, que ton œil y plonge !
Tu pourras faillir, même propager
Une erreur parfois, — jamais un mensonge.

Si tu vois plus tard d'indignes rivaux
Toucher avant toi le but de la vie,
Trahis seulement, sûr que tu les vaux,
Du dépit parfois, — jamais de l'envie.

Le mal, ici-bas, trône, audacieux ;
D'un amer dégoût si ton âme est pleine,
Nourris dans ton sein, montre dans tes yeux
Du mépris parfois, — jamais de la haine.

Eugène MANUEL (1).

---

(1) Poète français contemporain.

VIII. — INDICATION DE LECTURES ET NOTES

TABLEAU SYNOPTIQUE
DU CHAPITRE I

PRINCIPES GÉNÉRAUX

- **I. Objet de la morale**
  - 1° Différence entre la morale et les autres sciences
  - 2° La morale nous éclaire sur nos devoirs et fait de nous d'honnêtes hommes.
  - 3° Ce que c'est qu'un honnête homme
  - 4° La morale est universelle.

- **II. Conscience. Liberté. Responsabilité**
  - 1° **Conscience**
    - A. Sa nature.
    - B. Sa triple fonction.
      - a. Conçoit le bien.
      - b. Ordonne de faire le bien
      - c. Juge nos actes
        - 1 Satisfaction intérieure.
        - 2 Remords.
  - 2° **Liberté**
    - A. Liberté physique.
    - B. Liberté civile et politique.
    - C. Liberté morale ou pouvoir de faire le bien ou le mal
  - 3° **Responsabilité**
    - A. Définition.
    - B. Son principe est dans la conscience.
    - C. Pas de responsabilité sans liberté.
    - D.
      - a. Conscience
      - b. Liberté.

      Constituent la personne morale.

- **III. Le Devoir.**
  - 1° Définition : obligation morale de faire le bien.
  - 2° Innéité du devoir.
  - 3° Les caractères.
    - A. Absolu ou obligatoire.
    - B. Désintéressé.
    - C. Universel.

CHAPITRE II

L'Enfant dans la Famille

QUATRIÈME LEÇON

LA FAMILLE

I. — LECTURE

Définition de la Famille. — Quand on vit ensemble, quand on s'aime les uns les autres, quand chacun aime les autres plus que soi, quand il est heureux de ce qui leur arrive de bien, malheureux de ce qui leur arrive de mal, quand il est prêt à les soigner s'ils ont besoin de lui, à les défendre si on les attaque, quand il aime mieux souffrir que de les voir souffrir et qu'on n'est tous ensemble qu'un seul cœur, cela, c'est la famille.

E. BERSOT [1].

---

(1) Moraliste français contemporain

II. — RÉSUMÉ ORAL DE LA LECTURE

III. — PLAN DE LA LEÇON

I. **DÉFINITION DE LA FAMILLE :**
   1º **Composition** (père, mère, enfants, grands-parents, etc.)
   2º **Affection réciproque.**

II. **LA FAMILLE, FONDEMENT DE LA SOCIÉTÉ.**
   1º **Nécessité** de la famille (enfants abandonnés) ;
   2º Soins, dévouement, **sacrifices** du père et de la mère ;
   3º La famille chez les **peuples de l'antiquité** : puissance absolue du père ;
   4º La famille chez les **nations modernes :** relèvement de la femme et respect de l'enfant (influence du christianisme) ;
   5º La famille chez les **peuples barbares** et chez les **animaux** ;
   6º **Poésie** de la vie de famille.

III. **CONCLUSION.** — 1º Que les enfants s'attachent toujours davantage à la famille dont ils sont issus ;
   2º Qu'ils remplissent les devoirs dont il leur sera parlé ci-après, et qu'ils honorent toujours le nom qu'ils portent.

IV. — RÉSUMÉ A APPRENDRE PAR CŒUR

La **famille** se compose du père, de la mère, des enfants, des grands-parents, etc., unis les uns aux autres par la plus grande **affection**. Sans la famille, la **société** ne pourrait exister. Les parents **nourrissent** et **élèvent** leurs enfants. Ils leur doivent le **bon exemple**. Les enfants doivent, en retour, **obéissance, respect, reconnaissance** et **affection** à leurs parents.

V. — MAXIMES

1. — **L'asile le plus sûr est le sein de la famille.**
2. — **Rien n'est beau comme une famille unie.**
3. — **La famille est le fondement de la société.**

VI. — DEVOIRS

1.

Sujet. — Vous avez lu la fable de Florian : *La Mère, l'Enfant et les Sarigues.* Racontez-la et dites pourquoi l'asile le plus sûr est le sein de la famille.

Plan

I. — 1° **Récit rapide de la fable.**
    2° Ce qu'elle prouve :
        a. Que la mère tremble au moindre danger pour ses petits;
        b. La confiance aveugle des petits dans la protection maternelle.

II. L'asile le plus sûr est le sein de la famille :

1º Tout petit et même grand, le fils trouve, auprès de ses parents, des *consolations* pour ses peines, des *encouragements* pour son travail, des *conseils* pour bien remplir ses devoirs ;

2º L'affection des parents sait *prévoir* et *écarter* les dangers qui menacent les enfants ;

3º Leurs conseils et leurs ordres sont toujours dictés par l'affection et l'intérêt qu'ils nous portent ;

4º Le plus grand malheur de la vie, c'est de perdre ses parents.

III. Conclusion. — Si donc nous avons le bonheur de les posséder, nous devons les entourer de soins, de respect, d'amour, afin de leur rendre quelques-uns des biens dont ils nous ont comblés.

2.

SUJET. — Vous avez parmi vous un enfant orphelin. — Dites pourquoi il souffre et ce que vous faites pour adoucir sa peine.

Plan

1º Depuis un an, Jean est orphelin. — Montrez comme il a changé au physique et au moral : corps affaibli, âme chagrine.

2º Il souffre surtout les jours de grandes joies : lorsqu'il a eu une bonne place, un prix, et qu'il voit la joie des parents de ses camarades.

3º Il souffre aussi beaucoup plus de sa solitude quand on lui a fait de la peine, qu'il a été grondé ou qu'il est malade.

4º Nous faisons notre possible pour adoucir sa peine :

a. Nous l'aimons comme un frère ;
b. Nous partageons avec lui nos joies et nos peines, surtout nos joies ;
c. Nous l'amenons souvent chez nous pour le faire caresser par notre mère ;
d. Nous nous gênons devant lui pour embrasser nos parents.

5° *Conclusion* : Que l'orphelin est malheureux ! Et qu'il est doux d'avoir à chérir un père et une mère !

VII. — RÉCITATION

1.

Chanson d'Enfant

L'enfant chantait ; la mère, au lit, exténuée,
Agonisait, beau front dans l'ombre se penchant ;
La mort, au dessus d'elle, errait dans la nuée,
Et j'écoutais ce râle, et j'entendais ce chant.

L'enfant avait cinq ans ; et, près de la fenêtre,
Ses rires et ses chants faisaient un charmant bruit ;
Et la mère, à côté de ce pauvre doux être
Lui qui chantait tout le jour, toussait toute la nuit...

La mère alla dormir sous les dalles du cloître,
Et le petit enfant se remit à chanter.
La douleur est un fruit. Dieu ne le fait pas croître
Sur la branche trop faible encor pour le porter.

V. HUGO (1).

2.

Les Orphelines

Dans les promenades publiques,
Les beaux dimanches, on peut voir
Passer, troupes mélancoliques,
Des petites filles en noir.

---

(1) Poète lyrique, dramatique, satirique, épique du XIXᵉ siècle, un des plus grands écrivains de tous les temps et de tous les pays. Né à Besançon en 1802, mort en 1885. Principaux ouvrages : *Odes et Ballades*, *Feuilles d'Automne*, *Hernani*, *Cromwell*, les *Châtiments*, la *Légende des Siècles*, les *Misérables*, etc.

De loin, on croit des hirondelles :
Robes sombres et grands cols blancs ;
Et le vent met des frissons d'ailes
Dans les légers camails tremblants.

Mais quand, plus près des écolières,
On les voit se parler tout bas,
On songe aux étroites volières
Où les oiseaux ne chantent pas.

Près d'une Sœur qui les surveille
En dépêchant son chapelet,
Deux par deux, en bonnet de vieille,
Et les mains sous le mantelet,

Les cils baissés, tristes et laides,
Le front ignorant du baiser,
Elles vont voir, pauvres cœurs tièdes,
Les autres enfants s'amuser.

Les petites vont les premières ;
Mais leur regard discipliné
A perdu ses vives lumières
Et son bel azur étonné.

François COPPÉE (1).

---

(1) Poète français contemporain, né à Paris en 1842. Principales œuvres : *Intimités*, la *Grève des Forgerons*, *Severo Torelli*, les *Jacobites*, etc.

VIII. — INDICATION DE LECTURES ET NOTES

CINQUIÈME LEÇON

L'OBÉISSANCE

I. — LECTURE

Le grand-père. — Allons, mon petit Paul et ma petite Jeanne, venez ici. C'est aujourd'hui jour de repos ; je serais curieux de savoir comment vous savez votre morale. Quels sont les devoirs des enfants envers leurs parents ?

Paul. — Les enfants doivent obéir à leurs parents.

Le grand-père. — C'est cela. Pourquoi les enfants doivent-ils obéir à leurs parents ?

Jeanne. — Parce que leurs parents le leur commandent.

Le grand-père. — Sans doute... Mais pourquoi leurs parents le leur commandent-ils ?

Paul. — Je le sais, grand-père ; c'est parce que les parents ont plus d'expérience que leurs enfants.

Le grand-père. — Sais-tu bien ce que cela veut dire ?

Paul. — Oui, cela veut dire que nos parents savent mieux que nous ce qui nous est utile.

Le grand-père. — A merveille ! et mademoiselle

que voici l'a appris, l'année dernière, à ses dépens. Sa maman lui avait défendu d'aller jouer au bord du ruisseau qui coulait dans le jardin, parce qu'elle pouvait tomber dans l'eau. Mademoiselle y est allée quand même ; ce que sa maman craignait est arrivé : elle est tombée dans l'eau ; elle ne s'est pas noyée, parce que grand-père n'était pas loin, et qu'il est arrivé à temps pour la retirer ; mais elle a attrapé un bon rhume.

JEANNE. — Oh ! grand-père, je ne désobéirai plus jamais !

LE GRAND-PÈRE. — Je prends note de cette promesse, et toi, Paul, qui es plus grand que ta sœur, retiens bien ceci : le commandement d'un père ou d'une mère a toujours droit de se faire entendre, parce qu'un père et une mère sont la raison de l'enfant, qui n'en a pas encore.

PAUL. — Mais, grand-père, papa, qui est un homme, doit-il encore t'obéir comme quand il était petit ?

LE GRAND-PÈRE. — Non, mon enfant, il a maintenant assez de raison pour se conduire lui-même. Cependant il me demande encore souvent conseil, d'abord par respect pour son vieux père, et aussi parce qu'à l'occasion mon conseil peut n'être pas mauvais.

(Louis LIARD[1], *Morale et Enseignement civique à l'usage des écoles primaires*, Léopold CERF, éditeur.

---

(1) Écrivain moraliste français contemporain, directeur de l'Enseignement supérieur au Ministère de l'Instruction publique

L'OBÉISSANCE

II. — RÉSUMÉ ORAL DE LA LECTURE

III. — PLAN DE LA LEÇON

I. POUR QUELLES RAISONS FAUT-IL OBÉIR AUX PARENTS ?

1° Nécessité d'un **chef** dans la famille ;
2° On doit obéir pour **faire plaisir** aux parents ;
3° Par **reconnaissance** : l'obéissance est un devoir de **justice** ;
4° Parce que les ordres des parents sont conformes à l'**intérêt** des enfants.
5° Nécessité d'acquérir l'habitude de l'obéissance : **Celui qui ne sait pas obéir ne sait pas commander.**
6° Enfin, la **loi morale** (le devoir) et les **lois civiles** (maisons de correction) commandent l'obéissance.

II. COMMENT LES ENFANTS DOIVENT-ILS OBÉIR ?

1° **Promptement**, sans **murmure**.
2° **Constamment** et **en tout**, avec **plaisir**, que les parents soient présents ou absents.

III. CONCLUSION.

IV. — RÉSUMÉ A APPRENDRE PAR CŒUR

L'enfant qui aime ses parents leur obéit **promptement** et **constamment** pour leur faire **plaisir,** pour leur témoigner sa **docilité** et sa **reconnaissance.** D'ailleurs, en agissant ainsi, il ne lui arrive jamais de désagréments et il se prépare un **avenir heureux. Je prends la résolution d'obéir sans cesse à mes parents.**

V. — MAXIMES

1. — Celui qui ne sait pas obéir ne sait pas commander.
2. — La désobéissance a toujours une épine.
3. — L'obéissance est un témoignage de confiance, de respect et d'affection.

VI. — DEVOIRS

1.

SUJET. — Celui qui ne sait pas obéir ne sait pas commander. Expliquez cette pensée.

Plan

1° Savoir obéir, c'est **comprendre son infériorité,** et s'en remettre, pour la conduite de sa vie, à ceux qui ont plus d'expérience.

2° Celui qui obéit **développe sa volonté,** car pour se plier aux ordres qu'on reçoit, il faut du courage, de la force de caractère.

3° Si on se délivre de toute contrainte, on obéit à ses caprices, à ses passions : **on n'est plus alors maître de sa volonté.**

4° Donc, savoir obéir, c'est savoir commander à ses **mauvais penchants,** à son **amour-propre.**

5° Quand on est le maître de sa volonté, on peut devenir le maître de la volonté des autres, **on sait commander.**

6° *Conclusion.* — Le **meilleur maître** est celui qui a été l'**élève le plus obéissant.** — Le **meilleur capitaine** est celui qui a été le **soldat le plus obéissant.** — Le **meilleur patron** est celui qui a été l'**ouvrier le plus obéissant.**

2.

Sujet. — Gaston n'est pas désobéissant, et pourtant il attriste vos parents par la maussaderie qu'il met à exécuter leurs ordres. Ecrivez-lui pour lui reprocher ce défaut, et faites-lui comprendre comment on doit obéir.

Plan

1° Rappelez des **circonstances récentes** où Gaston a montré de la mauvaise humeur en obéissant à votre mère.

2° Montrez-lui la **peine** qu'il cause à vos parents pour lesquels il n'a ni respect, ni confiance.

3° Obéir constamment est bien, mais il faut surtout obéir **avec plaisir,** bonne grâce et empressement.

4° Engagez votre frère à montrer toujours de la bonne humeur quand il obéira, afin de ne plus faire de la peine à vos parents.

VII. — RÉCITATION

La Carpe et les Carpillons

« Prenez garde, mes fils, côtoyez moins le bord,
    Suivez le fond de la rivière ;
    Craignez la ligne meurtrière,
  Ou l'épervier, plus dangereux encor. »
C'est ainsi que parlait une carpe de Seine
A de jeunes poissons qui l'écoutaient à peine.
C'était au mois d'avril : les neiges, les glaçons,
Fondus par les zephyrs, descendaient des montagnes ;
Le fleuve, enflé par eux, s'élève a gros bouillons,
    Et déborde dans les campagnes.
  « — Ah ! ah ! criaient les carpillons,
    Qu'en dis-tu, carpe radoteuse ?
    Crains tu pour nous les hameçons ?
Nous voilà citoyens de la mer orageuse !
Regarde : on ne voit plus que les eaux et le ciel,
    Les arbres sont cachés sous l'onde ;
    Nous sommes les maîtres du monde :
    C'est le déluge universel.
— Ne croyez point cela, repond la vieille mère :
Pour que l'eau se retire il ne faut qu'un instant.
Ne vous éloignez point et, de peur d'accident,
Suivez, suivez toujours le fond de la rivière.
— Bah ! disent les poissons, tu répètes toujours
    Mêmes discours.
Adieu, nous allons voir notre nouveau domaine. »
    Parlant ainsi, nos étourdis
    Sortent tous du lit de la Seine,
Et s'en vont dans les eaux qui couvrent le pays.
    Qu'arriva-t-il ? Les eaux se retirèrent,
    Et les carpillons demeurèrent ;
    Bientôt ils furent pris
    Et frits.
  Pourquoi quittaient-ils la rivière ?
  Pourquoi ? Je le sais trop, hélas !
C'est qu'on se croit toujours plus sage que sa mère,
    C'est qu'on veut sortir de sa sphère,
C'est que... C'est que... Je ne finirais pas.

                    FLORIAN (1).

---

(1) Le premier fabuliste après La Fontaine, né dans le Gard en 1755, mort en 1794. Il a composé, en outre, quelques pièces de théâtre et quelques romans.

VIII. — INDICATION DE LECTURES ET NOTES

SIXIÈME LEÇON

LE RESPECT

I. — LECTURE

A Toulon, des forçats avaient été employés à exécuter, dans la rue, des travaux fort pénibles. Parmi eux, se trouvait un vieillard dont l'attitude penchée, les rides du visage et les cheveux blanchis disaient assez combien il avait souffert sous le fouet du bourreau. Le gouverneur les surveillait de l'une des fenêtres de son hôtel. Un jeune homme, fort connu dans la ville pour le haut emploi qu'il occupait et la conduite digne, honnête et charitable qu'il avait, vint à passer tout près du chantier des forçats. Le vieillard attira son regard ; il se précipita à son cou et l'embrassa longuement en pleurant.

Le gouverneur fit aussitôt appeler le jeune homme, et comme il s'étonnait de son action, ce dernier s'écria : « Ce forçat est mon père ; je ne puis oublier qu'il m'a donné le jour et qu'il m'a élevé ; eût-il, d'ailleurs, commis le plus grand des crimes, je ne cesserais de l'appeler du doux nom de père et de lui témoigner un profond respect. »

A. Dès.

II. — RÉSUMÉ ORAL DE LA LECTURE

III. — PLAN DE LA LEÇON

I. DÉFINITION DU RESPECT.
 1º Sentiment de son **infériorité** ;
 2º Les enfants seront toujours inférieurs à leurs parents ;
 3º Donc, les enfants doivent se montrer respectueux toute leur vie. D'ailleurs, la loi punit les enfants irrespectueux (1).

II. COMMENT DOIT-ON SE MONTRER RESPECTUEUX ?
 1º Eviter la **mutinerie**, la **gaminerie**, la gentillesse excessive à l'égard des parents. Ne pas oublier la distance qui sépare parents et enfants. Le respect **autrefois** (mal compris). Excès contraire **aujourd'hui**.
 2º Ne pas **bouder,** ne pas se montrer **insolent, emporté, grossier.** Une parole malheureuse peut faire une peine éternelle à un père et à une mère.
 3º En dehors de la maison, parler de ses

---

(1) Dans l'Annam, « si des enfants ou des petits-enfants (au-dessus d'une douzaine d'années) insultent et frappent un de leurs parents ou grands-parents, la peine est la décapitation Pour l'insulte seule, la peine est la strangulation si le parent porte plainte lui-même
(*Code Annamite,* trad de M Aubaret)

parents avec respect et déférence. — Eviter les expressions irrespectueuses : les **vieux**, etc. ; **ne pas permettre aux autres** des paroles blessantes pour nos parents ; — **ne jamais rougir de ses parents.**

4° **Résumé**. — Témoigner son respect par son **attitude**, son **langage**, ses **gestes**, ses **actes**.

III. CONCLUSION.

IV. — RÉSUMÉ A APPRENDRE PAR CŒUR

L'enfant **respectueux** comprend la **distance** qui le sépare de ses parents. Il se montre **doux** et **poli** à leur égard. Tout dans son **attitude**, son **langage**, ses **gestes** et ses **actes**, témoigne de sa pieuse soumission pour ceux qui lui ont donné la vie et qui sont ses meilleurs amis ici-bas.

V. — MAXIMES

1. — **La gloire d'un fils, ce doit être le nom de son père.**
2. — **A tout âge, l'enfant doit honneur et respect à ses parents** (Code).
3. — **Le respect n'est que le sentiment et l'aveu de notre infériorité et de notre dépendance.** VESSIOT [1].

---

[1] Pédagogue français contemporain, inspecteur général de l'instruction publique.

VI. — DEVOIRS

1.

Sujet. — Montrez que celui qui respecte ses parents mérite lui-même le respect.

Plan

1° C'est un **homme supérieur** parce qu'il prouve qu'il juge sainement de la valeur de ses parents et qu'il comprend son infériorité vis-à-vis d'eux.
2° Il fait preuve de **bons sentiments** : la déférence, le respect, sont des témoignages de reconnaissance et d'amour pour les parents.
3° Ses procédés annoncent une **bonne éducation** qui se manifeste non seulement en famille, mais encore au dehors.
4° Celui qui possède toutes ces qualités mérite lui-même l'**estime et le respect de ses semblables.**

2.

Sujet. — Votre frère a haussé irrévérencieusement les épaules à un conseil que lui donnait votre père. Ecrivez-lui pour lui faire honte de sa conduite.

Plan

1° Peine que vous avez éprouvée en apprenant l'acte de votre frère ;
2° Notre père est, peut-être, moins instruit que nous, mais il a, en plus, l'expérience...
3° Il a d'autant plus droit à notre respect, qu'étant ignorant, il a voulu que ses fils lui fussent supérieurs ;
4° Vous engagez donc votre frère à montrer à l'avenir son respect dans son attitude, ses gestes, ses paroles, ses actes ;

5° Vous espérez que votre frère ira demander pardon à son père.

VII. — RÉCITATION

Piété filiale

« Oh ! mon père et ma mère, oh ! mes chers disparus, qui avez si modestement vécu dans cette maison, c'est à vous que je dois tout ! Tes enthousiasmes, ma vaillante mère, tu les as fait passer en moi. Si j'ai toujours associé la grandeur de la science à la grandeur de la patrie, c'est que j'étais imprégné des sentiments que tu m'avais inspirés. Et toi, mon cher père, dont la vie fut aussi rude que ton rude métier, tu m'as montré ce que peut faire la patience dans les longs efforts. C'est à toi que je dois la ténacité dans le travail quotidien. Non seulement tu avais les qualités persévérantes qui font les vies utiles, mais tu avais aussi l'admiration des grands hommes et des grandes choses. Regarder en haut, apprendre au-delà, chercher à s'élever toujours : voilà ce que tu m'as enseigné. Je te vois encore, après ta journée de labeur, lisant le soir quelque récit de bataille qui te rappelait l'époque glorieuse dont tu avais été le témoin. En m'apprenant à lire, tu avais le souci de m'apprendre la grandeur de la France.

» Soyez bénis l'un et l'autre, mes chers parents, pour ce que vous avez été, et laissez-moi vous reporter l'hommage fait à cette maison. »

PASTEUR [1].

Fragment d'un discours prononcé à l'inauguration d'une plaque commémorative à la maison natale du grand savant

---

(1) Grand savant français, né à Dole (Jura), en 1822, mort en 1895, célèbre par ses découvertes sur les maladies microbiennes maladies du ver-à-soie, le charbon, la rage, etc.

VIII. — INDICATION DE LECTURES ET NOTES

SEPTIÈME LEÇON

LA RECONNAISSANCE

I. — LECTURE

Dévouement du jeune Appius. — Un Romain du temps de la République, le vieil Appius [1], venait d'être proscrit à la suite des discordes civiles qui agitaient Rome. L'arrêt de proscription portait que les bannis, sous peine de mort, eussent à quitter la ville dans un délai de quelques heures.

Mais le vieil Appius était infirme. Tous ses amis l'avaient abandonné. Comment s'enfuir? C'est alors que son fils accourut et lui dit : « Mon père, puisque vous ne pouvez marcher, c'est moi qui vous porterai dans mes bras, comme jadis, quand j'étais enfant, vous me portiez dans les vôtres. »

Et en effet, malgré les résistances de son père, malgré sa propre faiblesse, l'enfant se chargea du lourd et précieux fardeau. Et l'on vit dans les rues de Rome marcher précipitamment ce fils qui empor-

---

[1]. Consul romain.

tait son père. L'heure avançait, les portes de la ville étaient encore loin ; il fallut courir. L'enfant courut. L'amour filial lui donnait des ailes. Enfin, on arriva au terme du voyage. Le fils Appius tomba évanoui, épuisé. Mais que lui importait ? Il avait sauvé son père !

COMPAYRÉ [1].

II. — RÉSUMÉ ORAL DE LA LECTURE

III. — PLAN DE LA LEÇON

I. DÉFINITION DE LA RECONNAISSANCE.

Elle suppose à la fois des **sentiments** (garder fidèlement le souvenir des bienfaits) et des **actions** (agir de façon à s'acquitter envers ses bienfaiteurs).

II. NOUS DEVONS ÊTRE RECONNAISSANTS ENVERS NOS PARENTS :

1º Nos parents sont les **premiers de nos bienfaiteurs ;** ce qu'ils ont fait pour nous.

2º Il faut leur rendre des **services équivalents.** — Comment ?

3º Il faut faire plus encore : il faut **se sacrifier** pour eux, si c'est nécessaire.

---

(1) Voy. p. 4, note 1.

4° **L'ingratitude** est le plus méprisable des vices. A Athènes, l'enfant qui avait levé le poing sur son père était condamné à avoir le poignet coupé.

III. **RÉSUMÉ ET CONCLUSION.** — Engager les enfants à faire, par la pensée, de fréquents retours sur leur enfance, à essayer de se retracer le tableau des soins dont ils ont été l'objet de la part de leurs parents.

IV. — RÉSUMÉ A APPRENDRE PAR CŒUR

Je n'**oublierai jamais les soins** dont mes parents m'ont entouré. Pour leur témoigner ma reconnaissance, je ne puis aujourd'hui que les **aimer** de tout mon cœur, les **respecter**, leur **obéir**; mais quand je serai grand, je **travaillerai** pour eux, je me **sacrifierai** tout entier pour assurer leur tranquillité et leur bonheur dans la vieillesse.

V. — MAXIMES

1. — Nous devons notre vie à ceux qui nous l'ont donnée.
2. — La reconnaissance est la mémoire du cœur.
3. — Le symbole de l'ingrat, c'est la bouche mordant la main qui porte la nourriture.

SHAKESPEARE [1].

---

(1) Illustre poète dramatique anglais, né à Stratford-sur-Avon en 1564, mort en 1616. Son œuvre est immense. Citons, comme pièces principales : *Roméo et Juliette, Othello, Macbeth*, etc.

VI. — DEVOIRS

1.

Sujet. — Définissez la reconnaissance. — Dites pourquoi nous la devons à nos parents.

Plan

1° *Définition*. — Sentiment qui nous porte à nous **souvenir** et à nous **acquitter** des bienfaits reçus ;
2° Personne **plus que nos parents** n'a droit à notre reconnaissance ; ils nous ont donné la **vie**, nous ont **soignés, veillés, instruits, dirigés vers le bien** ;
3° Nous devons leur rendre autant de services qu'ils nous en ont rendus : leur **obéir**, les **aider** et plus tard les **assister,** s'il faut, dans le besoin ;
4° Nous devons faire même plus : nous devons être prêts à **donner notre vie** pour eux ;
5° *Conclusion*. — Si jamais nous sommes portés à nous révolter contre la nécessité des devoirs à remplir envers nos parents, nous n'avons qu'à nous souvenir des soins, de la patience, de l'indulgence qu'ils ont eus pour nous.

2.

Sujet. — Comment un enfant peut-il prouver sa reconnaissance à ses parents ?

Plan

1° Il doit les **aimer** de tout son cœur, leur prodiguer ses baisers et ses caresses ;
2° Il doit leur **obéir** promptement et même devancer leurs désirs, afin de leur épargner la fatigue de commander trop souvent ;

3° Il doit être **propre, rangé, économe**, afin de ne pas obliger ses parents à des dépenses excessives ;
4° Il doit les **aider** dans la mesure de ses forces (commissions, petits travaux à sa portée), afin de les soulager ;
5° Il doit travailler avec ardeur à l'**école**, afin de contenter ses parents qui se privent souvent de ses services pour le faire instruire ;
6° Il doit se **bien conduire** envers son maître, ses camarades, les vieillards, etc. ;
7° *Conclusion*. — Ainsi il se conciliera l'affection et l'estime de tous, et, en rendant ses parents heureux, il leur prouvera qu'il reconnaît leurs bienfaits.

VII. — RÉCITATION

Tel Père tel Fils

Un jeune homme qui était sur le point de se marier résolut de chasser son père de sa maison et de le reléguer à la campagne. Il craignait que la compagnie du vieillard ne déplût à sa jeune femme. Son père avait plus de cent ans et était hors d'état de lui résister. Il le fit monter sur un chariot et le mena jusqu'à la porte d'une pauvre métairie qu'ils avaient dans la campagne : c'était dans cette métairie qu'il voulait l'enfermer.

« Mon fils, dit le vieillard, je vois ce que tu veux faire. Mais je ne te demande qu'une chose : c'est de me conduire au moins jusqu'à la table de pierre qui est dans ce jardin. »

Le fils conduisit son père jusqu'à cette table. Quand ils y furent arrivés : « Maintenant, tu peux partir et m'abandonner, dit le vieillard. C'est ici qu'autrefois j'ai amené mon père et que je l'ai abandonné ».

—Ah! mon père, s'écria le jeune homme, si j'ai des enfants, c'est donc ici qu'ils m'amèneront à mon tour? »

Et alors, reconduisant son père à la ville, il lui donna la plus belle chambre de sa maison et la place la plus honorable à son repas de noces.

SAINT-MARC GIRARDIN [1].

---

[1] Critique littéraire français (1801-1873). Ses principaux ouvrages sont : *La Fontaine et les Fabulistes; Cours de littérature dramatique.*

VIII. — INDICATION DE LECTURES ET NOTES

HUITIÈME LEÇON

AMOUR FILIAL

I. — LECTURE

Le fils ingrat : Lamproclès. — Lamproclès, fils de Socrate, avait fait comprendre un jour qu'il n'aimait pas beaucoup sa mère, Xantipe, parce qu'elle était de mauvaise humeur. Son père, très peiné, le fit approcher et lui dit :

« Tu es bien coupable, mon fils, tu es bien ingrat envers ta mère. C'est à elle que tu dois la vie ; c'est elle qui t'a nourri, élevé, au prix de mille fatigues et de mille douleurs.

— Je sais très bien, reprit Lamproclès, que ma mère a fait tout cela pour moi, mais elle est insupportable, parce qu'elle gronde sans cesse.

— Et toi-même, mon fils, que de désagréments ne lui as-tu pas causés et qu'elle a supportés sans se plaindre ? Combien de fois ne l'as-tu pas réveillée par tes cris, par tes pleurs, quand tu étais petit ? Combien de fois ne lui as-tu pas fait de la peine en lui désobéissant ? Et malgré tes fautes, elle n'a pas cessé de t'aimer !

Oh ! mon fils, sois sage, afin de te faire pardonner ta grosse faute à l'égard de ta mère. Corrige-toi pour qu'à l'avenir les hommes ne te méprisent pas, pour que tu deviennes honnête et heureux. »

A. Dès.

II. — RÉSUMÉ ORAL DE LA LECTURE

III. — PLAN DE LA LEÇON

I. L'AMOUR FILIAL EST LE DEVOIR LE PLUS IMPÉRIEUX DES ENFANTS.

1° C'est un devoir **instinctif**, donc doux et facile.

2° La **raison** nous commande d'aimer nos parents :

    a. les parents nous témoignent une **affection continuelle** ;

    b. leurs **soins**, leurs veilles, leurs alarmes quand nous étions petits ;

    c. leurs soucis, leurs **sacrifices** pour nous élever et nous donner un **état** ;

    d. tant de dévouement mérite une **reconnaissance éternelle** que nous devons leur témoigner par une affection de tous les instants.

II. MOYENS DE TÉMOIGNER NOTRE AFFECTION A NOS PARENTS :

1° **Quand nous sommes petits :**

AMOUR FILIAL

      a. leur rendre spontanément mille petits **services** ;
      b. être **bon élève** ;
      c. être propre, rangé, économe, **se bien conduire** à l'égard des camarades, des grandes personnes, des vieillards, etc...

  2º **Quand nous sommes grands :**
      a. leur prodiguer les **soins** dont ils nous ont entourés autrefois ;
      b. les respecter, leur donner la **meilleure place** au logis ;
      c. **Sacrifier sa vie** pour eux, s'il le faut.

III. **Résumé et Conclusion.**

IV. — RÉSUMÉ A APPRENDRE PAR CŒUR

J'aime mes parents de tout mon cœur parce qu'ils m'ont donné **la vie**, parce qu'ils m'ont **nourri** et **élevé**, parce qu'ils m'aiment bien et qu'ils font des **sacrifices** pour moi. Pour leur témoigner mon affection, je les **aide**, je leur **obéis**, je me **conduis** comme un bon enfant doit se conduire. Quand je serai grand et qu'ils seront vieux, je les entourerai de la plus grande **sollicitude.**

V. — MAXIMES

1. — Celui qui aime sa famille est sûr de devenir un honnête homme.

2. — Les liens du sang n'existent pas sans l'affection constante, sacrée de chaque jour (Guy de Maupassant[1]).

VI. — DEVOIRS

1.

Sujet. — Développer ces vers de V. Hugo :

Souvenez vous. . . . .
Que tant qu'on est petit la mère sur nous veille,
Mais que plus tard on la défend ;
Et qu'elle aura besoin, quand elle sera vieille,
D'un homme qui soit son enfant.

Plan

1º Ces vers de V. Hugo s'appliquent aussi bien au père qu'à la mère, car tous les deux ont travaillé et souffert pour nous ; c'est en partie les soucis qu'ils ont eus à cause de nous qui les ont fait vieillir.

2º Le fils qui aide ses parents ne fait qu'acquitter une partie de sa dette.

3º L'assistance à donner aux parents est de formes variées :

    a. Étant jeunes, prenons notre part des travaux de la maison ;

    b. Plus tard, aide journalière, soins affectueux en cas de maladie, assistance dans le besoin avec délicatesse et amour, sacrifice de nos intérêts, de notre vie...

4º Si les vieux parents ont des défauts, les supporter patiemment en songeant à ce qu'ils ont supporté de nous.

5º **Conclusion.** — En agissant ainsi, un fils ne

---

(1) Célèbre romancier contemporain.

fait que son devoir, et cette piété filiale prolonge et rend heureux les jours des vieux parents.

2.

Sujet. — **Pourquoi aimons-nous nos parents ?**

Plan

1° Ils nous ont donné la vie, la nourriture.
2° Ils nous ont soignés ; ils ont souffert de nos maux ; toutes leurs joies leur viennent de nos joies.
3° Ils ne travaillent que pour notre bonheur.
4° Ils ouvrent notre cœur à la bonté, notre intelligence à la vérité ; ils font de nous des hommes honnêtes.
5° Témoignons-leur notre amour par tous les moyens qui sont en notre pouvoir.

VII. — RÉCITATION

1.

Amour maternel

                    Où fuyez-vous, madame ?
N'est-ce point à vos yeux un spectacle assez doux
Que la veuve d'Hector pleurant à vos genoux ?
Je ne viens point ici, par de jalouses larmes,
Vous envier un cœur qui se rend à vos charmes.
Par une main cruelle, hélas ! j'ai vu percer
Le seul où mes regards prétendaient s'adresser :
Ma flamme par Hector fut jadis allumée ;
Avec lui dans la tombe elle s'est enfermée ;
Mais il me reste un fils. Vous saurez quelque jour,
Madame, pour un fils jusqu'où va notre amour ;
Mais vous ne saurez pas, du moins je le souhaite,
En quel trouble mortel son intérêt nous jette,
Lorsque de tant de biens qui pouvaient nous flatter,
C'est le seul qui nous reste, et qu'on veut nous l'ôter.
Hélas ! lorsque, lassés de dix ans de misère,
Les Troyens en courroux menaçaient votre mère,
J'ai su de mon Hector lui procurer l'appui :

Vous pouvez sur Pyrrhus ce que j'ai pu sur lui.
Que craint on d'un enfant qui survit à sa perte?
Laissez-moi le cacher en quelque île déserte :
Sur les soins de sa mere on peut s'en assurer :
Et mon fils avec moi n'apprendra qu'à pleurer.

RACINE (1).

Andromaque, Acte III, sc. 4.

2.

Amour Filial

Toujours, ô mon père, ô ma mère,
Je veux tendrement vous aimer.
Ma mère, ah! combien tu m'es chère!
Des mots ne sauraient l'exprimer.
Parmi de cruelles alarmes,
C'est toi seule qui m'as nourri;
Si tu m'as bien des fois souri,
J'ai dû te coûter bien des larmes.

Baisers, doux sourires, caresses,
J'en garde un profond souvenir;
Mais pour de plus graves tendresses
Je veux, chers parents, vous bénir.
C'est vous dont la simple parole
Fit le jour dans mon jeune esprit;
C'est par vous que mon cœur s'ouvrit
Ainsi qu'une fraîche corolle.

Longtemps, ô mon père, ô ma mère,
Soyez mon exemple ici-bas;
Longtemps vous pourrez, je l'espère,
Veiller tous les deux sur mes pas.
Vous qui protégez ma faiblesse,
Je saurai peut-être, à mon tour,
Par mon tendre et pieux amour,
Vous faire une heureuse vieillesse.

Maurice BOUCHOR (2).

---

(1) Avec Corneille, le plus grand de nos poètes tragiques; né à la Ferté-Milon (Aisne) en 1639, mort en 1699. Ses principaux chefs-d'œuvre sont: *Andromaque, Britannicus, Bérénice, Bajazet, Mithridate, Iphigénie, Phèdre, Esther, Athalie, les Plaideurs* (comédie). Racine peint les hommes tels qu'ils sont, et, dans son théâtre, la passion l'emporte presque toujours sur le devoir.

(2) Poète français contemporain, né à Paris en 1855. Principaux ouvrages: Les *Symboles*, les *Poèmes de l'amour et de la mer, Chants populaires pour les écoles*, etc.

VIII. — INDICATION DE LECTURES ET NOTES

NEUVIÈME LEÇON

DEVOIRS ENVERS NOS GRANDS-PARENTS

I. — LECTURE

Le grand-père. — Mon grand-père est vieux, très vieux : il a près de cent ans. Ses jambes plient sous le poids de son corps, et sa tête, sa belle tête qu'encadraient autrefois de beaux cheveux noirs, est complètement blanche aujourd'hui. Il marche très difficilement appuyé sur un bâton. Pauvre grand-père ! Il regrette sa vie passée, sa jeunesse, ses forces. « Quand j'avais vingt-cinq ans, me dit-il souvent, la maison qui nous abrite ne nous appartenait pas ; nous étions bien pauvres, mais nous étions, ta grand'mère et moi, pleins de courage ; nous résolûmes de nous mettre vigoureusement au travail et de nous procurer une modeste aisance. »

Je l'écoute avec attendrissement, le pauvre grand-père ; il est heureux de l'attention que je lui prête, aussi m'aime-t-il beaucoup. Au retour de l'école, je cours l'embrasser affectueusement et je me mets à son service pour tous les petits soins que sa vieillesse réclame.

A. Dès.

DEVOIRS ENVERS NOS GRANDS-PARENTS

II. — RÉSUMÉ ORAL DE LA LECTURE

III. — PLAN DE LA LEÇON

1° **NOUS DEVONS A NOS GRANDS-PARENTS, COMME A NOS PARENTS :**

    a. **L'obéissance** (V. 5ᵉ leçon);
    b. **Le respect** (V. 6ᵉ leçon);
    c. **La reconnaissance** (V. 7ᵉ leçon);
    d. **L'affection** (V. 8ᵉ leçon).

2° **RÉSUMÉ ET CONCLUSION.**

IV. — RÉSUMÉ A APPRENDRE PAR CŒUR

Grand-père et grand'mère m'aiment beaucoup. Je réponds à leur **tendresse** par une **obéissance** continuelle à leurs ordres, un profond **respect** de leurs cheveux blancs et de leurs fronts ridés, une **affection** et une **reconnaissance** qui ne se démentent pas un seul instant.

V. — MAXIMES.

1. Je serai le rayon de soleil de mes vieux grands-parents.
2. Ne pas honorer la vieillesse, c'est démolir le matin le toit de la maison où l'on doit coucher le soir.

VI. — DEVOIRS

1.

Sujet. — Expliquez et commentez ces mots d'un écrivain contemporain :

» Ne pas honorer la vieillesse, c'est démolir le
» matin le toit de la maison où l'on doit coucher le
» soir ».

Plan

I. EXPLICATION :

1° **Sens propre.** — L'homme qui, le matin, démolirait l'abri de la nuit suivante, témoignerait d'une folle imprévoyance ;

2° **Sens figuré.** — Le matin, c'est l'aurore de la vie, la jeunesse ; le soir, c'est la vieillesse : le jeune homme qui manque de respect pour les vieillards et, en particulier, pour ses grands-parents, se prépare une vieillesse malheureuse.

II. COMMENTAIRE :

1° Comment celui qui donne l'exemple de l'ingratitude trouverait-il, plus tard, l'appui dont il aura besoin ? Ses propres parents l'abandonneront et la vie sera pour lui un fardeau ;

2° Chez les peuples où le respect de la vieillesse est une véritable institution nationale, cette pieuse tradition subsiste longtemps, et la vie des hommes se termine au sein de la paix, de la tranquillité, du bonheur. — *Exemple* : Autorité des vieillards chez les Israélites, les Lacédémoniens, les Romains, etc.

III. CONCLUSION :

En honorant la vieillesse, nous témoignons notre reconnaissance à ceux dont nous descendons, et nous faisons preuve de prévoyance : nous nous aménageons un abri sûr pour nos vieux jours.

2.

Sujet. — Comment témoignez-vous votre affection à vos grands-parents ?

Plan

1º **POURQUOI** j'aime mes grands-parents :
    a. **Amour** qu'ils me portent et qu'ils portent à mes parents ;
    b. **Souffrances** qu'ils ont supportées dans la vie ;
    c. Leur **faiblesse** présente.

2º **MANIÈRE** de leur témoigner mon amour :
    a. **Obéissance** à tous leurs ordres ;
    b. **Respect** pour leurs paroles et leurs actes ;
    c. **Attentions, égards** qui leur épargnent des peines et des fatigues ;
    d. **Caresses** et baisers.

3º **CONCLUSION.** — Ma tendresse adoucit leurs vieux jours ; leurs sourires et leurs baisers sont les meilleures de mes récompenses.

VII. — RÉCITATION.

Les Grand'Mères

Vous tous, petits enfants, aimez bien vos grand'mères,
Entourez les ; leur âge a des douleurs amères ;
Oh ! formez devant l'âtre une riante cour,
Quand votre aïeule vient au cercle de famille
Chauffer ses membres froids au foyer qui pétille,
    Son cœur a votre amour !

Votre sourire franc qu'elle aime et qu'elle implore
Est un rayon d'hiver qui la ranime encore ;
Son frais et vert printemps lui semble refleuri,
Quand son petit enfant vient gazouiller près d'elle
Comme un oiseau joyeux qui monte et bat de l'aile
    Sur un arbre flétri.

Ses mains qu'il faut presser avec mille tendresses
Sont pleines de jouets et pleines de caresses ;
Baisez ses cheveux blancs, diademe béni !
Qu'il souffle un peu d'amour dans ses chemins arides !
Un seul baiser d'enfant fait oublier vingt rides
    A son front rajeuni !

Anaïs SEGALAS (1). 1814-1893

---

(1) Femme de lettres contemporaine, née à Paris en 1814, morte en 1893. Ses poésies son élégamment écrites et d'une morale pure et élevée. Ouvrages : les *Algériennes*, les *Oiseaux de passage*, les *Enfantines*, les *Contes du nouveau Palais de Cristal*.

VIII. — INDICATION DE LECTURES ET NOTES

DIXIÈME LEÇON

FRÈRES ET SŒURS
DEVOIRS RÉCIPROQUES

I. — LECTURE

L'Amour fraternel : Parabole (Imité de Franklin [1]). — 1. En ce temps-là, il n'y avait pas de forgerons dans tous les villages ; mais des marchands étrangers passèrent, portant des outils de fer, et Ruben leur acheta une cognée.

2. Et ses frères Siméon, Lévi et Juda vinrent trouver Ruben, en le suppliant de leur prêter sa cognée. Mais Ruben refusa.

3. Or, il arriva que Ruben coupa du bois sur le bord de la rivière et que sa cognée tomba dans l'eau sans qu'il pût la retrouver.

4. Mais Siméon, Lévi et Juda avaient reçu eux aussi les marchands étrangers et ils avaient acheté chacun une cognée.

5. Alors Ruben vint à Siméon et lui dit : « Vois,

---

(1) Ecrivain, savant et homme d'Etat américain, né à Boston (Etats-Unis) en 1706, mort en 1790. Dans sa vie privée, il fut un exemple de vertu ; il se montra grand moraliste et grand économiste dans son ouvrage. Science du Bonhomme Richard.

mon ouvrage n'est pas terminé : j'ai perdu ma cognée. Prête-moi la tienne, je te prie. »

6. Et Siméon répondit : « Tu n'as pas voulu me prêter ta cognée, je ne te prêterai pas la mienne. »

7. Et alors Ruben alla trouver Lévi et lui fit la même prière.

8. Et Lévi le reçut avec des reproches en disant : « Tu n'as pas voulu me prêter ta cognée ; mais je serai meilleur que toi et je te prêterai la mienne. »

9. Et Ruben, humilié par les réprimandes de Lévi, s'en retourna sans prendre la cognée que Lévi lui offrait, et il alla chercher Juda.

10. Et comme il s'approchait, Juda vit son chagrin et sa honte, et avant qu'il eût ouvert la bouche, il dit à Ruben : « Mon frère, je sais que tu as perdu ta cognée. Mais pourquoi t'affliger ? Est-ce que je n'ai pas une cognée qui peut servir à toi comme à moi. Prends-la, je te prie, et uses-en, comme si elle était tienne. »

11. Et Ruben se jeta au cou de Juda et l'embrassa en pleurant : « Ta complaisance est grande, mais ta bonté, en me pardonnant, est plus grande encore. Tu es vraiment mon frère, et tant que je vivrai, je t'aimerai. »

12. Et Juda ajouta : « Aimons aussi nos autres frères : ne sommes-nous pas tous du même sang ? »

COMPAYRE [1]. — *Edit. Delaplane.*

---

(1) V. Page 4, note 1.

II. — RÉSUMÉ ORAL DE LA LECTURE

III. — PLAN DE LA LEÇON

I. LES FRÈRES ET LES SŒURS. — Egalité de **droits** et de **devoirs**. — Le droit d'aînesse : injuste.

II. ROLE DU FRÈRE ET DE LA SŒUR AINÉS :

    1º **Quand les parents sont morts :**
- *a.* Ils les **remplacent** auprès de leurs frères et sœurs plus jeunes ;
- *b.* Ils **élèvent** et **nourrissent** ces derniers ;
- *c.* Ils se dévouent entièrement pour eux.

    2º **Quand les parents sont en vie :**
- *a.* Ils donnent le **bon exemple** à leurs frères et sœurs ; ils leur conseillent de faire le bien et d'éviter le mal ;
- *b.* Ils les protègent ;
- *c.* Au besoin, le **frère** aîné **remplace** le **père** ; la **sœur** aînée **remplace** la **mère**.

III. DEVOIRS DES JEUNES FRÈRES A L'ÉGARD DE LEURS AINÉS :
    Affection, déférence (écouter respectueusement les avis des aînés).

IV. DEVOIRS RÉCIPROQUES DES FRÈRES ET SŒURS.

1° Eviter :
- *a.* La **taquinerie**, qui dégénère en coups ;
- *b.* La **jalousie**, qui crée des inimitiés profondes et éternelles ;
- *c.* La **violence**, qui gâte le cœur et habitue à la cruauté.

2° Entretenir une **bienveillance réciproque** ;

3° Témoigner aux **sœurs** des égards particuliers, de la **politesse**, de la **décence**.

V. Résumé et Conclusion.

IV. — RÉSUMÉ A APPRENDRE PAR CŒUR

Les enfants d'une même famille sont **égaux** en droits et en devoirs. Le **frère** et la **sœur aînés** remplacent le père et la mère morts ou absents, se **dévouent** pour eux, et, en toute circonstance, leur donnent l'**exemple du bien**. Les **jeunes** doivent **affection** et **déférence** à leurs aînés. La plus grande **union** doit régner entre les enfants d'une même famille qui se protègent mutuellement, évitent la **jalousie**, la **taquinerie**, la **brutalité**. Les **sœurs** méritent des **égards particuliers**.

V. — MAXIMES

1. Un frère est un ami donné par la nature.

2. Dans les soins qu'elles donnent à leurs frères plus jeunes, les sœurs aînées font l'apprentissage de la maternité.

3. O mon frère, marchons toujours la main dans la main unis par un même amour pour nos parents.

VI. — DEVOIRS

1.

Sujet. — Les frères aînés. — Leurs devoirs pendant la vie de leurs parents, — après leur mort.

Plan

1º Les aînés doivent **aider** leurs parents, les **soulager** dans l'éducation des enfants plus jeunes qu'eux.

2º **Quand les parents sont vivants**, ils doivent :
  a. **Protéger** les jeunes s'ils sont en danger, — les **consoler**, — les **encourager**, — les **instruire**, — obtenir pour eux le pardon des parents ;
  b. Leur donner de **bons conseils** et de **bons exemples.**

3º **Après la mort des parents, ou, en cas de maladie de ces derniers :**
  a. Le **fils aîné** remplace le père, la **fille aînée** remplace la mère (instruction, éducation, métier).
  b. Tout en exerçant l'autorité des parents, les aînés se souviendront qu'ils ne sont que de grands frères — les meilleurs amis des jeunes, et non leurs maîtres.

FRÈRES ET SŒURS, DEVOIRS RÉCIPROQUES 69

2.

SUJET. — Devoirs des jeunes.

Plan

1° Les aînés qui remplissent bien leurs devoirs sont presque des parents pour les jeunes ; aussi les jeunes doivent-ils avoir pour eux les mêmes sentiments que pour leurs parents, surtout après la mort de ceux-ci :

    a. **Amour** et **obéissance ;**

    b. **Respect** dont la rigueur est tempérée par l'amour fraternel ;

    c. **Reconnaissance** pour les soins, la protection, les bons conseils et les bons exemples qu'ils en reçoivent ;

    d. **Confiance** : les frères et les sœurs aînés sont les meilleurs amis des plus jeunes ; ils sont plus indulgents pour leurs fautes que les parents parce qu'ils sont plus de leur âge.

2° **Conclusion.** — Je m'inspirerai de tout ce qui précède dans mes rapports avec mes aînés.

VII. — RÉCITATION

Le Vieillard et ses Enfants

Toute puissance est faible, à moins que d'être unie.

Un vieillard près d'aller où la mort l'appelait :
« Mes chers enfants, dit-il (à ses fils il parlait),
Voyez si vous rompez ces dards liés ensemble ;
Je vous expliquerai le nœud qui les assemble. »
L'aîné les ayant pris, et fait tous ses efforts,
Les rendit, en disant : Je le donne aux plus forts.
Un second lui succède, et se met en posture,
Mais en vain. Un cadet tente aussi l'aventure.
Tous perdirent leur temps ; le faisceau résista.
De ces dards joints ensemble un seul ne s'éclata.
« Faibles gens, dit le père, il faut que je vous montre

Ce que ma force peut en semblable rencontre »
On crut qu'il se moquait ; on sourit, mais à tort :
Il sépare les dards, et les rompt sans effort.
« Vous voyez, reprit-il, l'effet de la concorde :
Soyez joints, mes enfants ; que l'amour vous accorde. »
Tant que dura son mal il n'eut autres discours.
Enfin se sentant près de terminer ses jours :
« Mes chers enfants, dit-il, je vais où sont nos pères ;
Adieu : promettez moi de vivre comme frères ;
Que j'obtienne de vous cette grâce en mourant. »
Chacun de ses trois fils l'en assure en pleurant
Il prend à tous les mains ; il meurt. Et les trois frères
Trouvent un bien fort grand, mais fort mêlé d'affaires.
Un créancier saisit, un voisin fait procès :
D'abord notre trio s'en tire avec succès
Leur amitié fut courte autant qu'elle était rare.
Le sang les avait joints, l'intérêt les sépare :
L'ambition, l'envie, avec les consultants,
Dans la succession entrent en même temps.
On en vient au partage, on conteste, on chicane :
Le juge sur cent points tour à tour les condamne.
Créanciers et voisins reviennent aussitôt,
Ceux-là sur une erreur, ceux-ci sur un défaut.
Les frères désunis sont tous d'avis contraire ;
L'un veut s'accommoder, l'autre n'en veut rien faire.
Tous perdirent leur bien, et voulurent trop tard
Profiter de ces dards unis et pris à part.

LA FONTAINE (1).

---

(1) Grand fabuliste français, né à Château-Thierry (Aisne) en 1621, mort en 1695 Passa sa vie en partie chez les grands seigneurs qui se faisaient un honneur de le protéger Auteur d'ouvrages divers : *Contes, élégies, ballades, rondeaux*. Mais son vrai titre de gloire, ce sont les *Fables* dont la lecture fait le régal de tous les âges et des hommes de toute condition.

VIII. — INDICATION DE LECTURES ET NOTES

ONZIÈME LEÇON

L'ESPRIT DE FAMILLE

I. — LECTURE

L'esprit de famille. — L'esprit de famille est un ensemble de traditions, une disposition particulière à les entretenir et à les continuer, une grande affinité pour ceux dont on partage les origines et dont on porte le nom, un profond respect pour les parents vivants ou morts, une vive tendresse pour ses enfants, ses frères, ses neveux, les frères et sœurs de son père ou de sa mère, une extrême déférence pour les aînés, une tendre sollicitude pour les jeunes, le plaisir d'être ensemble, la satisfaction de tout ce qui réjouit ou rehausse un membre de la famille, le culte de l'honneur attaché au nom des ancêtres et l'horreur de tout ce qui pourrait le souiller...

Où il n'y a pas d'esprit de famille, il y a désagrégation, isolement et faiblesse. L'esprit de famille préserve de bien des tentations et des fautes; il console de bien des revers; il relève de bien des chutes... L'esprit de famille peut se dénaturer. Il devient parfois une sorte d'égoïsme de race, une âpre jalousie de tout ce qui n'est pas de la famille, une cupidité collective, une habileté extraordinaire à pousser les siens à tous les gains, à tous les postes, à tous les avancements, un népotisme scandaleux qui s'exerce au détriment des autres et au mépris de la justice... Ainsi entendu, il perd sa moralité... Il n'a de valeur que s'il contribue à nourrir la vie de famille, à soutenir les individus contre l'isolement, à les arracher à l'égoïsme, à les fortifier de l'affection des leurs, à les aider, en un mot, dans l'ascension vers le progrès.

D'après J. STEEG [1].

II. — RÉSUMÉ ORAL DE LA LECTURE

III. — PLAN DE LA LEÇON

I. **PRÉAMBULE**. — Ce qui constitue la famille, ce n'est pas seulement l'ensemble des membres qui la composent, c'est le **lien** qui les unit, c'est l'étroite **communauté** d'idées, de sentiments, d'espérances, dans laquelle ils vivent.

II. **LA FAMILLE EST UNE PUISSANTE SOLIDARITÉ :**
  1° **Dans le présent :**
    a. Les **maladies** de quelques-uns ou

---

[1] Pédagogue contemporain, inspecteur général de l'Université, mort récemment.

leurs **mauvaises actions** ont une répercussion chez tous les autres. *Exemple :*

    b. Solidarité semblable dans le **bien** : le travail, la dignité de vie, le désir de se perfectionner, etc., d'un membre de la famille donnent du bonheur à tous les autres.

2° **Dans le passé :**

    a. Le **patrimoine** familial a été constitué par une longue lignée d'ancêtres qui ont été de rudes travailleurs, les uns plus, les autres moins ;

    b. Nos **qualités** et nos **défauts,** nous les tenons, par hérédité, de nos ascendants.

3° **Dans l'avenir :**

    Sacrifices et efforts continuels que nous faisons pour **léguer** à nos descendants un **patrimoine agrandi** et un **nom pur.**

III. CETTE SOLIDARITÉ NE PEUT SE MAINTENIR QUE PAR L'UNION DE TOUS LES MEMBRES DE LA FAMILLE. ET L'UNION EST RÉALISÉE PAR :

1° **La justice** (Rappeler les devoirs réciproques auxquels sont tenus parents et enfants) ;

2° **Le respect de soi-même:** les fautes

ou les bonnes actions des uns déshonorent ou honorent les autres en même temps.

3º **Le respect du nom** : travailler à agrandir ce nom ou à le réhabiliter quand il a été déshonoré.

4º **Le désir de travailler au bien-être et au bonheur communs**, en partageant les travaux, les joies, les peines, etc.

IV. **RÉSUMÉ ET CONCLUSION.**

IV. — RÉSUMÉ A APPRENDRE PAR CŒUR

Il n'y a pas de famille sans **communauté** d'idées, de sentiments, d'espérances, etc. La famille est donc une puissante **solidarité** dans le **présent**, le **passé** et l'**avenir**, et on appelle **esprit de famille** la disposition particulière qui pousse chacun des membres à resserrer cette communauté, à entretenir et à continuer cet ensemble de traditions. L'esprit de solidarité commande l'**union**, et l'union est réalisée par la **justice**, le **respect de soi-même**, le **respect du nom** qu'on porte et le **désir** pour chacun **de travailler au bien-être et au bonheur communs**.

V. — MAXIMES

1. **Soyons unis par l'affection et nous serons heureux.**

2. Le fils dégénère qui survit un moment
à l'honneur de son père.
3. Fais que tes aïeux soient fiers de se revoir
Dans l'acier de ton nom comme en un
[pur miroir.

VI. — DEVOIRS
1.

Sujet. — Qu'entendez-vous par esprit de famille ?

Plan

I. INTRODUCTION. — L'association la plus naturelle et la plus étroite, c'est la famille, dont les membres descendent d'une même souche, ont le même sang, les mêmes souvenirs, les mêmes tendances, les mêmes sympathies, les mêmes intérêts.

II. L'ESPRIT DE FAMILLE :
    1° C'est l'ensemble des **traditions** d'une famille, le **respect** pour tous ceux qui portent le même nom, la **tendresse**, la **déférence**, la **sollicitude** de chacun à l'égard de tous ;
    2° C'est surtout le **culte de l'honneur** attaché au nom que l'on porte et l'**horreur** de tout ce qui pourrait le souiller ;
    3° L'esprit de famille est un **gage de vertu**, car il préserve de bien des tentations, de bien des fautes ; il relève de bien des chutes ;
    4° Il est, aussi, un **gage de bonheur**: le prodigue, l'homme tombé dans le malheur retrouvent, auprès de leurs parents, des secours, des consolations, un refuge.

III. CONCLUSION. — L'esprit de famille ne doit pas être une association intéressée ; il n'a de valeur que s'il aide les membres de la famille dans l'acheminement vers la vertu.

2.

SUJET. — Rendez compte par écrit de la lecture morale : « La grappe de raisin ». — Que pensez-vous du sentiment qui a fait agir les divers membres de la famille ?

Plan

1° Où se passe la scène ?
2° Ce que fait la mère de famille ;
3° Ce que fait la fille ;
4° Ce que fait le frère ;
5° Ce que fait le père ;
6° **Conclusion.** — Union profonde et très morale qui existe entre les divers membres de cette famille.

VII. — RÉCITATION

Honorer le nom qu'on porte

Un nom ! pourquoi l'orgueil de ce hochet suprême !
C'est que ton nom, mon fils, est bien plus que toi-même :
C'est le sang des aïeux souillés ou triomphants ;
C'est pour eux l'aiguillon salutaire ou funeste ;
C'est ton père qui doit revivre en tes enfants,
C'est ta honte à leur front ou ta vertu qui reste.
Fais donc que tes aïeux soient fiers de se revoir
Dans l'acier de ton nom comme en un pur miroir.
Fais qu'au moins pour tes fils ce nom ait un prestige ;
Fais en l'arrêt fatal, la loi qui les oblige,
L'inflexible précepte et l'astre au firmament,
Que chacun d'eux consulte et suive à tout moment,
Qui sur eux veille, aux jours d'épreuve, au temps prospère,
Comme a veillé sur toi le regard de ton père.

V. DE LAPRADE (1).

---

(1) Poète lyrique français du XIXe siècle, né à Montbrison en 1812, mort en 1883. Son talent, qui s'applique à célébrer Dieu, la liberté, la patrie, la famille, égale parfois celui de Lamartine. Principaux ouvrages : *Poèmes évangéliques, Pernette, Poèmes civiques, Livre d'un père, Du sentiment de la nature*, etc.

VIII. — INDICATION DE LECTURES ET NOTES

DOUZIÈME LEÇON

MAITRES ET SERVITEURS

I. — LECTURE

Rapports des maîtres et des serviteurs dans la société actuelle. — Une société nouvelle s'élève. La domesticité doit changer de programme comme tout le reste. Qu'était-elle autrefois ? L'inféodation du serviteur à la personne du maitre : c'était un produit et un reste de tout le système féodal, où depuis les souverains jusqu'aux serfs tout homme était l'homme de quelqu'un. Aujourd'hui nul ne relève que de lui-même. Le titre d'électeur accordé aux domestiques vous indigne ; moi, il m'éclaire : j'y vois l'expression suprême du droit individuel. Dès lors, la facilité des domestiques à nous quitter ne m'apparait plus que comme une aspiration à l'indépendance, et, pour devenir une vertu, il suffit qu'elle produise ses effets naturels, la fierté du cœur et le respect de soi-même. C'est à nous, maîtres, à les faire germer dans le cœur de nos serviteurs. Qu'à leurs yeux comme aux nôtres ils soient, non plus seulement des inférieurs, mais des êtres libres, signant avec nous un contrat qui nous lie à eux, comme eux à nous, et pour la bonne exécution duquel chacun doit apporter sa part : nous, l'équité et l'humanité ; eux, l'exactitude et la probité..... Aimons-les, conseillons-les dans leurs embarras, soignons-les dans leurs maladies, et nous verrons l'attachement reprendre sa place entre eux et nous. Seulement cet attachement ne peut plus avoir le même caractère qu'autrefois.

LEGOUVÉ [1].

II. — RÉSUMÉ ORAL DE LA LECTURE

III. — PLAN DE LA LEÇON

I. — **INTRODUCTION.**

  1º Les domestiques (**domus,** maison) font partie de la famille ; ils sont moralement égaux aux maîtres.

  2º Condition des **esclaves** en Grèce et à Rome ; on croyait qu'ils n'avaient pas d'âme ; étaient donc considérés comme **indignes de la liberté** et étaient soumis à tous les travaux et à toutes les tortures.

---

(1) Écrivain français contemporain, conférencier de grand talent, né a Paris en 1807.

3° Influence du **christianisme** et, plus tard, des principes de la Révolution contenus dans la **Déclaration des droits de l'homme**. On a fini par reconnaître que « le serviteur n'est pas un autre homme que le maître. » (A. Tocqueville [1]).

II. **DEVOIRS DES MAITRES**. — Ils se résument en deux mots :

  1° **Justice** (payer les gages régulièrement, assurer bon entretien, bon logement, etc.).

  2° **Respect du domestique dans sa dignité** (user de bonté, de douceur, de politesse ; éviter les humiliations, l'orgueil, etc.)

III. **DEVOIRS DES DOMESTIQUES :**

  1° Ils doivent **remplir** scrupuleusement les **engagements contractés** ; ils doivent donc :

    a. Une **obéissance** prompte et exacte ;
    b. Leur **temps** et leur **travail**, qu'ils soient vus ou non ;
    c. Une stricte **probité** (ni gaspillage, ni vol) ;
    d. Une **propreté**, une **prévenance**, une **discrétion** continuelles ;

---

[1] Publiciste et homme politique français, né à Verneuil (Seine-et-Oise), en 1815, mort en 1859. Principaux ouvrages : *La Démocratie en Amérique, L'ancien régime et la Révolution,* etc.

e. En un mot, ils doivent **veiller aux intérêts de leurs maîtres** comme à **leurs propres intérêts** ;
　2° Une telle conduite leur vaut :
　　　a. La **satisfaction** de leur conscience ;
　　　b. L'estime de ceux qui les entourent.

IV. **RÉSUMÉ ET CONCLUSION.**

IV. — RÉSUMÉ A APPRENDRE PAR CŒUR

Les domestiques font partie de la famille. Moralement, ils sont **égaux** à leurs maîtres. Les maîtres doivent **payer** régulièrement et exactement **leurs gages** à leurs serviteurs ; ils doivent les traiter avec **bienveillance** et **politesse**. Les domestiques doivent à leurs maîtres **obéissance, déférence, probité, discrétion**. Les **engagements contractés** de part et d'autre doivent être scrupuleusement respectés.

V. — MAXIMES

1. **Traitez les autres comme vous voudriez être traité vous-même en pareille circonstance.**
2. **Les bons serviteurs sont sûrs de ne point manquer de travail.**
3. **Les bons serviteurs sont aveugles, sourds et muets.**

VI. DEVOIRS

1.

Sujet. — Développez cette pensée de Tocqueville :
« Le serviteur n'est pas un autre homme que son maître. »

Plan

I. INTRODUCTION. — Dire que le serviteur n'est pas un autre homme que son maître signifie qu'en tant qu'êtres humains, le maître et le serviteur sont égaux. La position sociale seule les sépare.

II. DEVOIRS QUE CETTE VÉRITÉ ENTRAINE POUR LE MAITRE :

- 1° **Dureté** de certains maîtres envers leurs domestiques ; ils exigent de ces derniers des **qualités** que bien souvent ils n'ont pas eux-mêmes ;
- 2° **Indulgence** qu'ils doivent avoir pour les défauts de leurs domestiques : ceux-ci ont, en général, moins d'éducation et d'instruction que leurs maîtres ;
- 3° **Respect** dans leurs paroles, **politesse** dans leurs ordres : ils s'adressent à des hommes de même nature qu'eux ;
- 4° **Reconnaissance** pour les services qu'ils rendent, — bienveillance. — Certains services, certains soins ne se payent pas en argent.

III. CONCLUSION. — Être juste, poli, indulgent envers les serviteurs, sans tomber dans une familiarité excessive, c'est le meilleur moyen de s'attirer leur affection, de conserver leur estime respectueuse.

2.

Sujet. — Que signifient ces mots :
« Les serviteurs sont aveugles, sourds et muets.»

Plan

1º Les maîtres ne peuvent s'imposer une **gêne continuelle** devant leurs domestiques ; ils agissent souvent devant eux comme devant les membres de leur famille ;

2º **Discrétion** que cette **confiance** commande aux serviteurs :

    a. Ils ne **voient** que ce qui regarde leur service ;
    b. Ils sont **sourds** aux conversation de leurs maîtres ; ils ne prennent part à ces conversations que si on les y invite ;
    c. Ils sont surtout **muets**, — ne **rapportent** jamais au dehors ce qui se passe dedans, — ne **parlent** de leurs maîtres que pour les **défendre** contre la médisance et la calomnie.

3º S'ils prouvent ainsi qu'ils méritent la confiance de leurs maîtres, ceux-ci ne leur marchanderont pas cette confiance.

VII. — RÉCITATION

Une bonne Servante

O ma vieille servante aux épaules penchées ;
Toi qui savais si bien, quand j'étais tout petit,
Calmer en souriant mes douleurs épanchées ;
Toi qui vis partir ceux que la mort engloutit ;

Toi qui partageas tout, ma douleur et ma joie ;
Toi que rien n'a lassée et dont le dévouement
Depuis trente-deux ans a marché dans ma voie,
Sans hésiter jamais, sans faiblir un moment ;

Toi qui respectas tout, injustice et caprice,
Du jour où tu m'as pris dans ton bras jeune et fort,
La lèvre humide encor du lait de ma nourrice,
Le lendemain du jour où mon père était mort;

Toi qui, vieille à cette heure et par les ans courbée,
Restes auprès de moi, comme un témoin vivant
De toute chose, hélas! sous le temps succombée,
De tout ce qu'ont brisé les jours en se suivant;

Ton vieux cœur dévoué, sans tendresse importune,
Ignorant l'intérêt et les calculs méchants,
A suivi ma mauvaise et bonne fortune
Pas à pas, m'entourant toujours de soins touchants!

Chacun de mes chagrins ou faux ou légitimes,
A fait couler des pleurs de tes yeux attristés;
Tu sus prendre ta part dans mes drames intimes,
Tu fus inébranlable en mes adversités!

M. DU CAMP (1).

---

(1) Écrivain français contemporain, 1822-1894

VIII. — INDICATION DE LECTURES ET NOTES

TABLEAU SYNOPTIQUE
DU CHAPITRE II

LA FAMILLE

- **I Définition**
  1. Nécessité de la famille,

- **II La famille fondement de la Société**
  2. La famille dans l'antiquité,
  3. « chez les nations modernes;
  4. « chez les peuples barbares,
  5. « chez les animaux,
  6. Poésie de la vie de famille

- **III Devoirs des enfants envers leurs parents**
  1. Obéissance
     - A. Raisons de l'obéissance
     - B. Comment faut-il obéir
  2. Respect
     - A. Définition du respect
     - B. Comment doit-on se montrer respectueux
  3. Reconnaissance
     - A. Définition de la reconnaissance
     - B. Comment la témoigner
     - C. L'ingratitude est odieuse
  4. Amour filial
     - A. Devoir impérieux
     - B. Moyens de le témoigner
       - a. Étant petits
       - b. Étant grands

- **IV Devoirs envers les grands-parents**
  1. Obéissance,
  2. Respect,
  3. Reconnaissance,
  4. Affection

- **V. Frères et sœurs.**
  1. Égalité de droits et de devoirs,
  2. Rôle du frère et de la sœur aînés,
  3. Devoirs des jeunes à l'égard des aînés,
     - A. Quand les parents sont morts
     - B. Quand ils sont encore en vie
  4. Devoirs réciproques
     - A. Éviter la taquinerie.
     - B. « la jalousie.
     - C. « la violence
     - D. Bienveillance réciproque
     - E. Égards particuliers pour les sœurs

- **VI L'esprit de famille**
  1. La famille est une puissante solidarité
     - A. Dans le présent
     - B. Dans le passé
     - C. Dans l'avenir
  2. Cette solidarité ne peut se maintenir que par l'union réalisée par
     - A. La justice
     - B. Le respect de soi-même
     - C. Le respect du nom qu'on porte.
     - D. Le désir de travailler au bonheur commun

- **VII Maîtres et serviteurs**
  1. Les domestiques
     - A. Les domestiques font partie de la famille
     - B. Les esclaves dans l'antiquité
     - C. Influence du christianisme.
     - D. Condition actuelle.
  2. Devoirs des maîtres
     - A. Justice et bonté
     - B. Respect de la dignité
  3. Devoirs des serviteurs
     - A. Obéissance
     - B. Travail
     - C. Probité et fidélité
     - D. Discrétion

CHAPITRE III

L'Ecole

TREIZIÈME LEÇON

LE ROLE DE L'ÉCOLE
L'ÉCOLE D'AUTREFOIS

I. — LECTURE

La puissance de la pensée. — L'homme était nu au jour de la création ; s'est-il résigné au froid ? non : il a pensé, et la flamme a jailli de la pierre pour le chauffer. Il était affamé ; s'est-il résigné à la faim ? non : il a pensé, et l'épi a mûri au soleil pour le nourrir. Il était blessé ; s'est-il résigné à voir couler son sang ? non : il a médité, et le fer a guéri sa blessure [1]. Il était tenu prisonnier dans l'espace par l'Océan ; s'est-il résigné à l'implacable surveillance du geôlier mugissant en sentinelle sur

---

[1] Allusion aux outils du chirurgien.

le rivage ? non : il a réfléchi, et le navire l'a porté à la rive d'un autre hémisphère. Il était isolé dans le temps ; s'est-il résigné ? non : il a incliné la tête, et l'écriture a fait de toutes les générations écoulées, une seule génération toujours en conversation avec elle-même, d'un bout à l'autre de la durée. Il était esclave de l'univers qui l'étouffait de toutes parts dans sa rude étreinte ; s'est-il résigné ? non : il a fait appel à son intelligence, et son intelligence a tourné la force contre la force, et maintenant il commande d'un geste à la nature.

Eugène PELLETAN [1].

II. — RÉSUMÉ ORAL DE LA LECTURE

III. — PLAN DE LA LEÇON

I. RÔLE DE L'ÉCOLE.

1º L'homme mérite le nom d'**homme** par la **raison, l'intelligence,** la **conscience.** Une raison haute, une intelligence cultivée, une conscience éclairée et droite font l'**homme supérieur.**

2º **C'EST CET HOMME QUE L'ÉCOLE A POUR BUT DE FORMER.**

   A) **Elle est un instrument de progrès moral :**

      a. Elle fait connaître à l'enfant ce par quoi

---

(2) Homme politique et publiciste français de grand talent, (1813-1883) Redoutable adversaire de l'Empire, partisan convaincu des idées démocratiques, il a fait, dans un livre intitulé la *Décadence de la Monarchie*, le procès de l'ancien régime.

il est grand et lui apprend à rester digne de sa supériorité.

 b. Elle est un **milieu moral** par excellence. L'enfant y fait l'apprentissage des vertus : **justice, politesse, obéissance, solidarité, travail, courage, soin, ordre, propreté,** amour de la **vérité**, etc.

B) **Et, comme conséquence, elle est un instrument de progrès individuel et social :**

 a. Elle prépare l'enfant à exercer intelligemment sa profession future.

 b. L'homme qu'elle forme ainsi comprendra et remplira exactement ses devoirs sociaux.

II. **L'ÉCOLE D'AUTREFOIS.** — 1º **LA SALLE :**

 a. Véritable **écurie**, sans lumière, sans air, malsaine.

 b En 1821, plus de 11000 communes sans école.

2º **LE MAITRE : ignorant,** pauvre, exerçant plusieurs métiers ; — mange tantôt chez l'un, tantôt chez l'autre ; — véritable valet louant ses services à la foire.

3º **L'INSTRUCTION ET L'ÉDUCATION**.

 a. Ce que l'**on enseignait** : lecture, écriture, calcul, histoire sainte, évangile, catéchisme.

b. **Insuffisance** de cette instruction et **inutilité** de certaines matières enseignées.

c. **Raisons** pour lesquelles on n'instruisait pas le peuple :

1. Un peuple ignorant se laisse conduire comme un troupeau de moutons,
2. Souffre sans se plaindre du despotisme des princes et des privilèges des grands,
3. Ne peut contrôler les actes du gouvernement et ignore les folles dépenses de celui-ci.
4. L'ignorance du peuple est la cause de tous les malheurs qui ont frappé la France.

4° **LA DISCIPLINE** : nerfs de bœuf, férules, verges, fouet, cachot, etc.

III. **RÉSUMÉ ET CONCLUSION.**

IV. — RÉSUMÉ A APPRENDRE PAR CŒUR

L'école a pour **but d'élever** l'homme, de le **préparer** à bien remplir ses **devoirs individuels** et ses **devoirs sociaux**. Elle est un **milieu moral** par excellence. **Autrefois**, le rôle de l'école était compris différemment. Les enfants se rendaient dans une sorte d'**écurie** où un homme, **ignorant et malheureux**, parvenait à grand peine à les faire **lire, écrire** et **compter.** On ne tenait pas à instruire le peuple, parce qu'un peuple instruit connait ses droits et qu'il ne veut pas de maître, sachant se gouverner lui-même.

V. — MAXIMES

1. **L'homme n'est qu'un roseau le plus faible de la nature, mais c'est un roseau pensant.** (Pascal [1]).
2. **L'ignorance est le pire des fléaux.**
3. **Après le pain, l'instruction est le premier besoin du peuple.** (Danton [2]).

VI. — DEVOIRS

1.

Sujet. — Dites pourquoi les gouvernements absolus négligent l'instruction du peuple.

Plan

1º **Ignorance** dans laquelle le peuple français a croupi pendant 18 siècles.
2º **La royauté néglige l'instruction du peuple :**
 a. Un **peuple ignorant se soumet** aveuglément à la volonté de ses chefs.

---

(1) Illustre savant, philosophe et écrivain français, né à Clermont-Ferrand en 1623, mort en 1662. Principaux ouvrages : *Les Provinciales, les Pensées*.

(2) Célèbre orateur et homme politique français, né à Arcis-sur-Aube en 1759, mort sur l'échafaud le 5 avril 1794. C'est l'un des plus grands hommes de la Révolution.

 b. Il n'ose murmurer et **souffre sans se plaindre :** (lourds impôts, misères du peuple au moyen-âge).

 c. Il **ne peut contrôler** les actes du gouvernement, lequel dispose, comme il lui plaît, de l'argent du peuple : (les millions inutilement employés par Louis XIV, Louis XV, etc.) Malheurs causés à la France par l'ignorance du peuple.

3° **Conclusion.** — Combien sont coupables aujourd'hui ceux qui ne profitent pas des bienfaits de la République !

2.

Sujet. — Faites le portrait d'une école primaire d'il y a cinquante ans.

Plan.

1. Une pauvre chambre dans un coin de bâtiment, moitié écurie, moitié classe.
2. La **Classe :** murs, bancs, lumière, etc.
3. Le **Maître :** manque de dignité.
4. L'**Enseignement** et l'éducation morale.
5. La **Discipline.**
6. Conclusion. — Quand cet état de choses a-t-il changé ?

VII. — RÉCITATION

L'Avenir appartient aux Ecoliers

Les efforts individuels font les grands résultats ; c'est faire acte d'honnête homme que de s'efforcer de devenir un homme éclairé. L'avenir appartient aux écoliers. Si tous les écoliers travaillent, l'avenir du pays s'en ressentira. Les générations nouvelles ajouteront à la gloire et au bonheur de la patrie. C'en serait fait de la nation si, pendant vingt ans, tous les écoliers étaient des paresseux. Il n'est pas un pays au monde qui ne tombât en décadence si les petits enfants s'entendaient tous un beau jour pour être ignorants. C'est donc être un mauvais citoyen, ce n'est pas aimer la France, ce n'est pas aimer l'humanité dont le sort est lié à la France, que de ne pas apprendre sa leçon, que de ne pas faire son devoir, que ne pas avoir, dès l'école, l'amour du bien et du bon, l'amour du devoir.

P.-J. STAHL [1] (1814-1893.)

---

[1] Pseudonyme de Hetzel, homme de lettres distingué, délicat; éditeur célèbre, né à Chartres en 1814, mort en 1893.

VIII. — INDICATION DE LECTURES ET NOTES

QUATORZIÈME LEÇON

L'ÉCOLE D'AUJOURD'HUI

I. — LECTURE

L'école d'aujourd'hui. — Aujourd'hui, mes amis, on ne vous reçoit plus dans une grange ; c'est une belle salle de classe que celle où vous venez tous les jours vous asseoir. Regardez autour de vous : mille objets, cartes, tableaux, gravures, vous distraisent en vous instruisant. Vos livres ne sont plus écrits en latin, mais en bonne langue française. Ils vous enseignent des choses utiles et nécessaires : l'histoire, qui raconte les gloires et les deuils de notre chère patrie, et qui vous la fait aimer ; la géographie, qui vous fait connaître la position et l'importance de chacun des pays de la terre ; la morale et l'instruction civique, qui vous apprennent à devenir d'honnêtes hommes et d'excellents citoyens ; les sciences physiques et naturelles, l'agriculture, qui vous préparent à votre profession de cultivateurs ; l'arithmétique, qui vous permettra de régler vos comptes vous-mêmes ; etc.

La discipline est moins sévère qu'autrefois ; plus de bâtons, plus de cachots pour vous punir. Le maître, qui vous aime, vous gronde bien quelquefois, quand vous le méritez, mais que sont les remontrances qu'il vous adresse auprès des rudes bastonnades d'autrefois ?

Soyez bien reconnaissants, mes amis, envers la République qui a construit pour vous ces belles salles de classe et qui dépense tant d'argent pour vous faire instruire et vous faire élever.

A. Dès.

II. — RÉSUMÉ ORAL DE LA LECTURE

III. — PLAN DE LA LEÇON

1º **LA SALLE.**
    a. **Véritable palais,** salle bien aérée, bien éclairée, bien ornée ;
    b. Des **écoles partout,** jusque dans les plus petits hameaux.

2º **LE MAITRE** : nommé par l'Etat ; instruit, dévoué.

3º **L'INSTRUCTION ET L'ÉDUCATION :**
    a. On enseigne des **choses nécessaires :** l'histoire, la géographie, la morale, l'instruction civique, l'arithmétique, les sciences, etc.

    b. Raisons pour lesquelles **on instruit le peuple :**
        1. En République, les hommes se gouvernent eux-mêmes ; ils doivent connaître leurs droits et leurs devoirs.
        2. L'instruction élève l'homme, l'affranchit ; la République a voulu que tous les Français possédassent l'instrument de leur affranchissement.

4° **LA DISCIPLINE :** douce, paternelle.
5° **RÉSUMÉ ET CONCLUSION :**
    a. Les enfants fréquentent l'école avec plaisir.
    b. Ils doivent aimer la République qui fait tant de sacrifices pour eux.

IV. — RÉSUMÉ A APPRENDRE PAR CŒUR

Je viens à l'école avec **plaisir.** Je me plais à regarder les **belles cartes** et les **jolis tableaux** suspendus aux murailles. Mon maître m'enseigne des **choses utiles** ; tout ce que j'apprends avec lui me servira plus tard. Je m'applique à l'étude, car je n'ignore pas que, **seul, l'homme instruit peut remplir aujourd'hui sa carrière et exercer dignement ses droits de citoyen.**

V. — MAXIMES

1. **La République est l'institutrice du peuple.**
2. **Le peuple qui a les meilleures écoles est le premier peuple ;** s'il ne l'est pas aujourd'hui, il le sera demain.
3. **L'école est la plus grande découverte que l'homme ait jamais faite.** (Horace MANN [1]).

VI. — DEVOIRS

1.

SUJET. — Quels sont les caractères de l'école d'aujourd'hui ? Expliquez-les en les justifiant.

Plan

1° L'école d'aujourd'hui, créée par les fameuses lois de 1881 et 1882, est **OBLIGATOIRE, GRATUITE, LAIQUE.**

2° **NÉCESSITÉ DE L'OBLIGATION :**
- *a.* Droit et devoir de l'Etat de protéger la raison, l'intelligence, la conscience de l'enfant contre l'**incurie des parents ;**
- *b.* Un peuple qui se gouverne lui-même doit être instruit ;
- *c.* La **liberté** des parents est d'ailleurs sauvegardée, puisqu'ils ont le droit de **choisir leur école** et leurs maîtres.

---

[1] Jurisconsulte et homme politique éminent des Etats-Unis, promoteur de l'éducation populaire, né à Franklin en 1796, mort en 1859.

3° L'OBLIGATION ENTRAINE LA GRATUITÉ :

a. Les **parents pauvres** n'auraient pu payer la rétribution scolaire ;
b. Sous un **régime d'égalité**, tous doivent pouvoir s'instruire gratuitement.

4° L'OBLIGATION ENTRAINE LA LAICITÉ :

a. La **conscience** étant ce qu'il y a, chez l'homme, de plus respectable, la **neutralité** s'impose dans un milieu fréquenté par des catholiques, des protestants, des juifs, des libres-penseurs, etc.
b. L'éducation y est donnée au nom de la **morale indépendante**, au nom du **devoir pur** dont la voix se fait entendre de la même manière dans toutes les consciences.
c. Repousser avec indignation la calomnie de ceux qui prétendent que l'école laïque est une pépinière de criminels.

5° CONCLUSION.

— L'école obligatoire, gratuite et laïque est le plus grand des bienfaits que le peuple doit à la République.

2.

SUJET. — Faites le portrait de l'école primaire d'aujourd'hui.

Plan

1. L'école d'aujourd'hui est **le plus beau monument** de la commune ;
2. La **salle de classe,** grande, bien aérée, bien ornée ; le matériel scolaire ;
3. Le **maître ;**
4. L'**enseignement ;**

5. L'**éducation** et la **discipline** ;
6. **Conclusion** : hommage à la République.

VII. RÉCITATION

Devoirs du Père de Famille

Il y a un certain nombre de gens qui sont persuadés qu'on attente à la liberté du père de famille quand on le contraint à faire apprendre à lire à ses enfants. Les mêmes gens le contraignent sans remords à les loger, à les nourrir, à les vêtir : aucune de ces prescriptions n'est, suivant eux, attentatoire à la liberté ; mais, pour l'instruction, c'est différent. A les entendre, le père de famille doit être absolument libre : si cela lui convient, il instruira son fils ; et, si cela ne lui convient pas, il le laissera croupir dans l'ignorance. Un père qui maltraite son fils, qui compromet sa santé, est un criminel et un scélérat ; on le traîne devant les tribunaux. S'il se borne à l'empêcher d'étudier, s'il ne maltraite que son esprit, il est dans son droit ; il use de la liberté du père de famille. Nous, nous pensons que ce père ferait moins de mal à son fils s'il lui cassait un bras ou une jambe, et c'est aussi la pensée de toute l'Europe.

J. SIMON [1].

---

[1] Philosophe et homme d'État français contemporain, né en 1814, mort en 1896. Principaux ouvrages : Victor Cousin, Notice sur Michelet, Mémoires des autres, le Devoir, l'Ouvrier. Il a été un orateur de l'opposition sous l'Empire.

VIII. — INDICATION DE LECTURES ET NOTES

QUINZIÈME LEÇON

L'INSTRUCTION ET L'ÉDUCATION

I. — LECTURE

Donner aux élèves une instruction aussi complète que possible, sérieuse et pratique surtout, ce n'est qu'une partie de la tâche de l'instituteur, ce n'en est même pas la partie la plus importante. On n'apprend à bien penser que pour bien agir : la science doit conduire à la vertu. L'instruction doit être complétée par l'éducation. Le maître doit par-dessus tout chercher à faire de ses élèves des **hommes** dans toute l'acception du mot : convaincus et honnêtes ; moraux, c'est-à-dire aimant le bien et sachant le pratiquer ; il doit leur inspirer le respect de tout ce qui est respectable, graver profondément dans leur âme le sentiment de leurs devoirs envers la patrie, envers leurs parents, envers les autres hommes et envers eux-mêmes. Il a, pour atteindre ce but, deux moyens que j'appellerai : l'un, **l'éducation indirecte**, celle qui doit résulter de tout son enseignement ; l'autre, l'**éducation directe**, celle qui consiste dans la formation du caractère et dans les bonnes habitudes.

I. Carré [1].

II. — RÉSUMÉ ORAL DE LA LECTURE

III. — PLAN DE LA LEÇON

1° EN QUOI CONSISTE L'ÉDUCATION ?

a. Montrer comment, par les **soins du jardinier**, les arbres de son verger se transforment : l'églantier devient rosier, etc.

b. L'homme a **domestiqué beaucoup d'animaux sauvages** et les dresse aux exercices auxquels il les destine.

c. Les parents, l'instituteur agissent sur le **cœur**, le **caractère**, la **volonté** des enfants, combattent les mauvais instincts et développent en eux les bonnes habitudes.

d. Un enfant qui a reçu une **bonne éducation** se distingue d'un enfant **mal élevé** par sa manière d'être (*tenue*) et par sa manière d'agir (*actes*).

---

(1) Pédagogue français contemporain Inspecteur général de l'Université.

2° DIFFÉRENCE ENTRE L'INSTRUCTION & L'ÉDUCATION :

   a. **L'instruction orne l'esprit** : acquisition des connaissances.

   b. **L'éducation forme le cœur** : acquisition des bonnes habitudes morales.

   c. **Instruction et éducation sont inséparables.**

3° RÉSUMÉ & CONCLUSION : s'instruire pour devenir meilleur.

IV. — RÉSUMÉ A APPRENDRE PAR CŒUR

L'**instruction** augmente les connaissances de l'homme et le rend plus capable de remplir les devoirs de sa profession ; l'**éducation** le fait honnête et sage. Acquérons une solide instruction et une bonne éducation, si nous voulons faire bonne figure dans le monde et parcourir honnêtement notre chemin.

V. — MAXIMES

1. Ceux-là seuls sont des hommes vraiment hommes qui à l'instruction joignent l'éducation morale.

2. Science sans conscience n'est que ruine de l'âme (Rabelais [1].)

---

[1] Célèbre écrivain français, né à Chinon vers 1495, mort en 1553 Auteur de *Gargantua* et de *Pantagruel*, livres dans lesquels il raille la société de son temps sous son triple aspect politique, économique et religieux.

3. Chaque enfant qu'on enseigne est un homme qu'on gagne (V. Hugo [1]).

VI. — DEVOIRS

1.

SUJET. — Croyez-vous qu'il suffise d'être instruit pour être un honnête homme ?

Plan

1º S'il suffisait d'être instruit pour être honnête, on ne trouverait des **criminels** que parmi les **ignorants**. Cela n'est pas.
2º Cependant l'instruction est d'un grand secours : l'homme instruit a **plus de force morale** que l'ignorant pour résister au mal.
3º Comment on peut acquérir l'**instruction** : études, lectures, conférences, etc.
4º Comment on peut acquérir une **bonne éducation** : étudier la morale, suivre les bons exemples, dompter ses mauvais penchants, s'habituer à la pratique du bien, etc. Une mauvaise éducation peut gâter le meilleur des enfants.
5º Le développement de l'intelligence est, en général, une garantie du développement de la moralité.
6º **Conclusion**. — S'efforcer, pendant l'enfance, d'acquérir une instruction solide et une bonne éducation.

2

SUJET — Faites le portrait d'un enfant gâté.

---

(1) V. p 28, note 1.

Plan

I. INTRODUCTION : Ce qu'est un fruit gâté. Les vers qui rongent le fruit, ce sont les défauts de l'enfant.

II. PORTRAIT D'UN ENFANT GATÉ :

1º Jean est gâté : boudeur, volontaire, colère, mauvais écolier, etc.

2º Ses parents ont tort de le gâter :
- *a.* Ils font le malheur présent de Jean qui n'est jamais content de rien et que personne n'aime.
- *b.* Ils font le malheur futur de Jean que la société ne gâtera pas.
- *c.* Ils font leur propre malheur, parce qu'un tel fils est un sujet de soucis pour eux.

III. CONCLUSION. — Estimons-nous heureux de n'être point gâtés par nos parents.

VII. — RÉCITATION
L'école

L'ignorance n'est pas la nuit, c'est pis encore !
L'aveugle errant, qui cherche à tâtons son chemin,
Dans son ténébreux monde, a pour guide sa main ;
Mais l'âme est plus qu'aveugle au monde qu'elle ignore.

C'est une halluciné ! Esclave, elle décore
Du nom de liberté son délire sans frein ;
Le saint pacte des lois lui semble un joug d'airain,
Et le travail auguste, un tyran qu'elle abhorre.

Mère de la Justice et tutrice du Beau,
Divine Vérité ! perce avec ton flambeau
Le mirage des yeux, masque de la Nature,

Arrache l'âme neuve à son lange grossier,
Mêle, dans les combats de la France future,
Ta splendeur éternelle aux éclairs de l'acier !

SULLY PRUDHOMME (1)

---

(1) Poète parnassien, admirable ciseleur de la langue française, né à Paris en 1839.

VIII. — INDICATION DE LECTURES ET NOTES

SEIZIÈME LEÇON

L'ENFANT DANS L'ÉCOLE
L'ASSIDUITÉ

I. — LECTURE

Le mauvais écolier. — Il arrive en classe le plus tard possible, et s'assied à son pupitre avec indolence : pendant la leçon du maître, il tourne la tête de tous côtés, écoutant avec ennui, ou plutôt n'écoutant pas. Aussi, pendant que ses camarades marchent et font des progrès, il reste en chemin. Mais peu lui importe d'être le dernier : l'important pour lui, c'est de s'épargner tout travail, tout effort. Et cependant il a, comme les autres, des parents qui l'encouragent ; mais il est indifférent à leurs conseils. Comme les autres, il a une intelligence qui le rend propre à l'étude ; mais il n'en fait aucun usage. Il est à craindre qu'au sortir de l'école il ne soit bon à rien. Qu'il médite ces paroles qu'un maître semble avoir écrites pour lui : « Que penserais-tu d'un oiseau qui, ayant des ailes ne volerait pas ; d'un poisson qui ne nagerait pas ; d'un gland qui aimerait mieux pourrir dans la boue que devenir chêne ; d'un œuf qui refuserait d'éclore ? Tu te dirais : « Ces êtres et ces choses sont indignes des dons de Dieu. » — Paresseux, mon ami, tu es cet oiseau, ce poisson, ce gland, cet œuf, cet indigne ; de plus, tu es un ingrat et un sot, car tu fuis le travail, ton meilleur ami, pour écouter et suivre la paresse, ta plus mortelle ennemie. »

STAHL [1].

II. — RÉSUMÉ ORAL DE LA LECTURE

III. — PLAN DE LA LEÇON

I. **NOTIONS PRÉLIMINAIRES.**

1º L'enfant commence dans la **famille** son **instruction** et son **éducation**. — Comment le père et la mère peuvent enseigner les premières notions à leurs enfants. Comment ils peuvent leur inculquer les premiers bons sentiments. [2]

2º Mais c'est l'école qui complète ces premières notions d'instruction et d'éducation. Il y faut cependant une

---

(1) V. page 94, note 1.
(2) Voir l'excellent livre de M. Bidard, les *Parents éducateurs*. — Voir aussi le beau livre de M. Legouvé, *Pour nos fils*. Mais le premier est plus pratique, plus immédiatement utile. Pour tout dire en un mot, il est indispensable.

condition, qui est la **régularité** ou **assiduité**

II. **INCONVÉNIENTS D'UNE FRÉQUENTATION DÉFECTUEUSE ; AVANTAGES DE LA RÉGULARITÉ :**

   1° La **science** et la **moralité** comparées à une **chaîne** : il ne faut pas rompre cette chaîne.

   2° L'enfant **irrégulier néglige** ses **devoirs** et ses **leçons**, parce qu'il n'a pas tout compris ; honteux de son infériorité, il se décourage. — Et s'il néglige ses devoirs d'écolier, il **négligera plus tard** ses **devoirs d'homme** et de **citoyen**.

   3° La **régularité facilite l'étude, fait naître** et développe l'**émulation** et donne des habitudes d'**ordre**, de **ponctualité** en tout. — Le gouvernement, qui attache une grande importance à la régularité des études, a fait une loi punissant les absences de plus de trois classes par mois.

III. **RÉSUMÉ ET CONCLUSION.** — Faire remarquer le **mauvais calcul** de certains **parents** qui se figurent qu'une absence d'un ou deux jours par semaine ne nuit nullement à la bonne marche des études. — Nécessité pour eux de faire quelques sacrifices en se privant autant que possible de leurs enfants.

IV. — RÉSUMÉ A APPRENDRE PAR CŒUR

L'**assiduité** est la première **condition** d'une **bonne instruction** et d'une **culture morale** soignée. Elle **facilite l'acquisition** des **connaissances** et fait naître le **goût**, le **soin**, l'**ordre**, l'**émulation**, qualités indispensables pour devenir un honnête homme et un citoyen soucieux de ses devoirs et des intérêts de sa patrie.

V. — MAXIMES

1. **La première condition de toute bonne instruction et de toute bonne éducation, c'est la régularité.** (LEGOUVÉ [1]).
2. **Laissez dire les sots, le savoir a son prix.** (LA FONTAINE [2]).
3. **L'éducation est l'œuvre de la vie entière.** (GRÉARD [3]).

VI. — DEVOIRS

1.

SUJET. — Nécessité de l'exactitude à l'école et dans toutes les relations sociales.

Plan

1° Qu'entend-on par **exactitude** ?

---

(1) Voir page 80, note 1
(2) Voir page 70, note 1
(3) Pédagogue contemporain, vice-recteur de l'Académie de Paris, académicien

2º L'exactitude **nécessaire dans toutes les positions :**
   a. **L'enfant à l'école ;** conséquences de son inexactitude : retard, punitions, disparition du goût, etc.
   b. Obligation de **l'exactitude dans les affaires.**
   c. L'exactitude indispensable dans les **services publics :** chemins de fer, armée, etc.
3º **Conclusion.** — C'est une excellente habitude qu'il faut prendre dès le jeune âge. — Résolutions.

2.

SUJET. — Une de vos parentes refuse d'envoyer ses enfants à l'école. Elle dit que l'instruction n'est pas nécessaire aux enfants d'ouvriers, surtout aux filles. Vous lui faites comprendre, en termes respectueux, combien elle est dans l'erreur.

Plan

1º **Introduction.**
2º L'instruction **nécessaire à tout le monde :** instrument d'émancipation morale et sociale.
   3º **Nécessaire aux ouvriers :** agriculteur, maçon, etc.
   4º **Nécessaire aux femmes :** elles ont à **élever des enfants,** à former des hommes ;. **maîtresses de maison,** elles ont tout intérêt à connaître les **principes d'hygiène** et **d'économie domestique.** Enfin, la **lecture** est pour elles le **meilleur délassement** et la **distraction** la plus morale.
5º Conclusion et formule finale.

3.

SUJET. — Votre première journée d'école.

Plan

1. La décision de vos parents. — 2. Départ de la maison paternelle. — 3. Accueil qui vous a été fait par le maître, les camarades. — 4. Vos dispositions d'esprit pendant la classe. — 5. Les incidents de la récréation. — 6. Retour chez vos parents. — 7. Résolutions.

VII. — RÉCITATION

Sonnet à l'Écolier

Écolier qui pars pour l'école,
Garde toi de traîner le pas;
En chemin ne t'amuse pas,
Mais songe à l'heure qui s'envole.

Pour ton modèle et ton symbole;
Si tu m'en crois, tu choisiras
Non pas le papillon frivole,
Trop ami des joyeux ébats,

Mais l'abeille toujours pressée,
Qui butine dans la rosée
Toutes les fleurs riches en miel.

« Jamais d'école buissonnière! »
Dit cette bonne conseillère
Qui voltige entre terre et ciel.

H. DURAND [1].

---

[1] Inspecteur général de l'Instruction publique.

VIII. — INDICATION DE LECTURES ET NOTES

DIX-SEPTIÈME LEÇON

L'ENFANT DANS L'ÉCOLE
LE TRAVAIL

I. — LECTURE

Le Travail à l'École. — Le matin, aussitôt l'école finie, j'allais trouver la mère Balais dans notre baraque sur la place ; elle me demandait presque toujours : « Eh bien ! Jean-Pierre, ça marche ? » Et je répondais : « Oui ! mais c'est dur tout de même d'étudier. — Hé ! faisait-elle, tout est dur dans ce monde. Si les pommes et les poires roulaient sur la grande route, on ne planterait pas d'arbres ; si le grain venait dans notre poche, on ne retournerait pas la terre et on ne sèmerait pas le grain ; ça serait bien commode, mais ça ne peut pas venir tout seul, il faut que les gens s'en mêlent. Et plus on prend de peine, mieux ça vaut ; comme la vigne au milieu des pierrailles sur les hauteurs, où l'on porte du fumier dans des hottes : c'est aussi bien dur, Jean-Pierre, mais le vin est aussi bien bon. Si tu voyais comme on travaille au soleil, tu dirais :

« C'est encore bien heureux de rester assis à l'ombre, et d'apprendre quelque chose qui nous profitera toujours ! »

ERCKMANN-CHATRIAN [1].

II. — RÉSUMÉ ORAL DE LA LECTURE

III. — PLAN DE LA LEÇON

A. — LE TRAVAIL OBLIGATOIRE POUR TOUS LES HOMMES :

1º **Tout travaille** dans la nature : la fleur, la fourmi, l'abeille, les animaux domestiques, etc.

2º Il est de la **dignité de l'homme** de travailler : avilissement du paresseux qui prétend vivre aux dépens de ses semblables.

B. — LES BIENFAITS DU TRAVAIL :

1º **Point de vue individuel :**

    a. Le travail **assure** à l'homme les **biens de la vie matérielle ;**

    b. Il **développe** les **organes** et les **facultés** intellectuelles.

---

(1) Deux écrivains alsaciens nés, l'un en 1822, l'autre en 1826. Ils ont écrit, en collaboration, toute une remarquable série de romans populaires très intéressants, très instructifs, très patriotiques. Citons le *Fou Yégof*, *Épisode de l'invasion*, *l'Ami Fritz*, *Histoire d'un paysan*, *Histoire d'un Conscrit de 1813*, etc.

> *c.* **Il moralise l'homme** : il chasse l'**ennui**, engendre la **gaieté** et la plupart des vertus : la **tempérance**, la **prudence**, le **courage**, tandis que la paresse prédispose à tous les vices.

2° **Point de vue social :**
> Une **société** n'est **forte** et prospère que lorsque ses membres **travaillent**: tous les Etats luttent pour l'existence, et ceux dans lesquels il y a beaucoup d'**oisifs** ont une **décadence rapide** et finissent par être éliminés.

3° **Point de vue particulier à l'élève :**
> *a.* **Nécessité** de se faire une **situation** : on n'y parvient que par le travail — Ex. : Stephenson[1], Franklin[2], Michelet[3], etc.
>
> *b.* L'écolier travailleur **fait plaisir** à ses **parents**, à son **maître**, donne le bon exemple à ses **camarades**. — En travaillant, il remplit un **devoir de justice** envers l'**Etat** qui fait des dépenses considérables

---

(1) Inventeur de la locomotive, né en Angleterre.
(2) V. page 64, note 1.
(3) Célèbre historien français, né à Paris en 1798, mort en 1874. Très savant, très sensible et doué d'une ardente imagination, il a vraiment ressuscité l'histoire. Ses principaux ouvrages, outre l'*Histoire de France* et l'*Histoire de la Révolution*, sont Le *Peuple*, l'*Oiseau*, l'*Insecte*, la *Femme*, la *Mer*, la *Montagne*, etc.

pour l'instruction du peuple ; envers ses **parents** qui font des sacrifices pour l'entretenir à l'école ; — et un **devoir de dignité** envers lui-même.

C. — **COMMENT S'ACQUIERT LE GOUT DE L'ETUDE ?**

1° **Par l'habitude**. — Influence de l'habitude : elle diminue les difficultés et est une condition de progrès rapides.

2°' **Par la volonté**. — Surmonter les répugnances ; secouer la torpeur, apporter **le plus grand soin** à tous les exercices ; s'habituer à la réflexion ; fuir le travail machinal.

D. — **RÉSUMÉ ET CONCLUSION.**

IV. — RÉSUMÉ A APPRENDRE PAR CŒUR

Le **travail** est **obligatoire** pour tous les hommes. Le **paresseux aliène** son **indépendance, avilit** sa **dignité** et ne mérite pas le pain qu'il mange. Le **travail honore** l'homme et le **moralise.** Une société n'est forte que du travail de tous ses membres. Pour l'**écolier,** le travail est un **devoir** de **prudence,** de **dignité** et de **justice.** On acquiert le **goût de l'étude** en prenant l'**habitude du travail** et en apportant **le plus grand soin** à l'étude de toutes les **leçons** et à la rédaction de tous les **devoirs.**

V. — MAXIMES

1. **L'étude poursuivie avec sincérité élève et purifie le cœur en même temps qu'elle enrichit et orne l'esprit pour toutes les carrières de la vie** (Guizot [1]).

2. **L'étude chasse l'ennui, distrait le chagrin, étourdit la douleur ; elle anime et peuple la solitude** (De Ségur [2]).

3. **Le travail procure le bien-être, l'abondance et la considération** (Franklin [3]).

VI. — DEVOIRS

I.

Sujet. — « L'homme est né pour travailler, comme l'oiseau pour voler », dit un proverbe. Expliquer ce proverbe, puis montrer que le travail est utile, qu'il est bienfaisant et honorable.

Plan

A. **Explication.** — Ce proverbe signifie que la **nature a assigné** à tout être un rôle qu'il doit scrupuleusement remplir.

B. **ARGUMENTATION :**

---

(1) Célèbre historien et homme d'État français, né à Nîmes en 1787, mort en 1874.

(2) Écrivain français, né en 1753, mort en 1843. Auteur de contes, de fables et d'une *Histoire universelle* que l'on ne consulte plus.

(3) V. page 64, note 1.

1° La plupart des êtres ne manquent pas à ce devoir : **L'oiseau vole**, non pour voler, quoique la nature semble avoir disposé ses organes pour cette fin, mais pour **accomplir sa tâche** plus aisément et plus rapidement.

L'**abeille**, la **fourmi**, etc... ne se relâchent pas dans leur labeur actif.

2° L'**homme** serait-il le seul être **qui se refuserait** au **travail**? Il a été créé non pour passer sur cette terre en simple spectateur, mais pour y apporter sa **contribution à l'œuvre de civilisation**, de **solidarité** et de **progrès** qui s'y poursuit.

3° Et d'ailleurs, l'**intérêt** proprement dit commande à l'enfant de travailler, car :

    a. **Le travail est utile** : par lui, nous nous procurons les biens nécessaires à notre existence, et nous sauvegardons notre indépendance et notre dignité.

    b. **Il est bienfaisant** :

        1° Il habitue à l'effort et à la fatigue;
        2° Il est une condition de gaieté et de vertu ;
        3° Il entretient nos organes et nos facultés en bon état ;
        4° Il élève et purifie l'âme.

    c. **Il est honorable** : considération qui s'attache à l'**homme actif**.
— Il n'y a pas de sot métier. — Noblesse du travail manuel. — Seuls, les **paresseux sont méprisés**.

C. **CONCLUSION.** — Remplissons notre rôle, travaillons !

2.

Sujet. — La paresse. — Montrez comment le paresseux fait tort à lui-même, à son maître, à ses parents et à sa patrie.

Plan

I. **INTRODUCTION.** — Quelques mots sur la paresse.

II. **LES TORTS DU PARESSEUX.** — Le paresseux fait tort :

  1° **A lui-même :**
    a. Il **avilit** sa dignité,
    b. **Néglige** de développer ses **organes** et ses **facultés**,
    c. Se prépare un **avenir misérable.**

  2° **A son maître :**
    a. Il ne remplit pas ses devoirs de **reconnaissance** ;
    b. Il porte **atteinte** à la **considération** du maître en faisant croire au peu d'influence de ce dernier sur ses élèves.

  3° **A ses parents :**
    a. Qui font parfois des sacrifices énormes pour le faire instruire,
    b. Qui souffrent dans leur amour-propre,
    c. Qui redoutent pour leur fils les tristes suites de la paresse.

  4° **A sa Patrie :**
    a. Qui dépense annuellement près de cent trente millions pour l'instruction du peuple,

b. Qui a besoin, pour être forte, du travail de tous ses enfants.

III. **CONCLUSION**. — La paresse est donc un manquement à notre **dignité** d'abord ; c'est, ensuite, une forme d'**ingratitude**; un manquement aux devoirs de **justice** envers notre maître, nos parents et notre Patrie.

VII. — RÉCITATION

Au travail.

Au travail ! Au travail ! Qu'on entende partout
Le bruit saint du travail et d'un peuple debout !
Que partout on entende et la scie et la lime,
La voix du travailleur qui chante et qui s'anime !
Que la fournaise flambe et que le lourd marteau,
Nuit et jour et sans fin, tourmente les métaux !
Rien n'est plus harmonieux comme l'acier qui vibre,
Et le cri de l'outil aux mains d'un homme libre !
Au fond de l'atelier, rien n'est plus noble à voir
Qu'un front tout en sueur, un visage tout noir,
Un sein large et bronzé que la poussière souille,
Et deux robustes bras tout recouverts de houille.
Au travail ! au travail ! à l'œuvre ! aux ateliers !
Et vous de la pensée, habiles ouvriers,
A l'œuvre ! Travaillez tous dans votre domaine,
La matière divine et la matière humaine !
Inventez, maniez, changez, embellissez ;
La liberté jamais ne dira : c'est assez.

A. BRIZEUX (1).

---

(1) Poète français, né à Lorient en 1806, mort en 1858. Il a chanté la Bretagne avec une grâce pleine de charme et de sensibilité. Ses principales poésies sont : *Marie*, *les Bretons*, etc.

VIII. — INDICATION DE LECTURES ET NOTES

DIX-HUITIÈME LEÇON

L'ENFANT DANS L'ÉCOLE
DEVOIRS ENVERS L'INSTITUTEUR

I. — LECTURE

Gratitude. — Respecte et aime ton instituteur, mon fils. Aime-le, parce que ton père l'aime et le respecte ; aime-le, parce qu'il consacre sa vie au bonheur de tant d'enfants qui l'oublieront. Aime-le, parce qu'il ouvre et éclaire ton intelligence et élève ton âme. Plus tard, quand tu seras un homme, et que nous ne serons plus de ce monde, ni lui ni moi, son souvenir se présentera à toi souvent auprès du mien ; et alors, vois-tu, certaines expressions de douleur et de fatigue de son bon visage te feront de la peine, même après trente ans. Et tu auras honte, tu regretteras de ne pas l'avoir aimé, de t'être mal comporté avec lui. Aime ton instituteur, parce qu'il appartient à cette grande famille enseignante éparse dans le monde entier, qui élève des milliers d'enfants, grandissant avec toi.

Je ne serai pas fier de l'affection que tu me portes,

si tu ne l'éprouves pas aussi pour ceux qui te font du bien; et, entre eux, ton maître est le premier après tes parents.

AMICIS [1].

II. — RÉSUMÉ ORAL DE LA LECTURE

III. — PLAN DE LA LEÇON

1º SERVICES RENDUS PAR L'INSTITUTEUR :

    a. « Il **fabrique des esprits** : » il développe les facultés intellectuelles et morales de l'enfant : mémoire, imagination, jugement, raison, sensibilité, etc.

    b. Il met à la disposition de ses élèves une source de bien-être, l'**instruction**, qui est, en même temps, un instrument d'émancipation morale et sociale.

    c. Il **suit l'enfant** avec sollicitude **dans la vie**, et, en outre, par l'œuvre des **cours d'adultes, conférences populaires, associations d'anciens élèves**, etc., il rend un grand service à ses concitoyens et à la patrie.

---

[1] Célèbre romancier italien contemporain. A écrit un livre remarquable pour les écoliers de son pays. *Grands Cœurs*.

  d. Il est, enfin, dans la commune, un **conseiller**, un ami pour tous.

2º DEVOIRS DES ÉLÈVES ENVERS L'INSTITUTEUR : Les élèves lui doivent :
- *a.* Le **respect**, qu'il mérite par sa supériorité et le dévouement qu'il apporte à l'accomplissement de sa tâche. — Le respect se témoigne par la **politesse**, la **convenance**, la **docilité**, le **soin**, l'**attention**, etc. ;
- *b.* L'**Obéissance**, à laquelle il a droit comme représentant de l'Etat et des familles. — Nécessité pour lui de punir, et, pour les élèves, de se soumettre à la règle sans raisonner, sans récriminer.
- *c.* L'**affection**, car il aime ses élèves comme un père aime ses enfants ;
- *d.* **La reconnaissance**, qu'il ne réclame pas d'eux, mais qui constitue pour lui la meilleure des récompenses, le plus précieux encouragement, un baume pour ses peines morales.

3º DEVOIRS DES PARENTS ET DES POUVOIRS PUBLICS ENVERS L'INSTITUTEUR :
- *a.* Les **parents** doivent **seconder** les **efforts** de l'instituteur et non les **contrarier**.

b Les **pouvoirs publics doivent :**
1. **Assurer** à l'instituteur un **traitement** en rapport avec la dignité et l'importance de ses fonctions ;
2. Le **défendre** contre les **calomnies** et les **haines** que sa mission d'instituteur **laïque** et **républicain** lui attire de la part des journaux et des hommes, hostiles à la démocratie.

4° **Résumé et conclusion.**

IV. — RÉSUMÉ A APPRENDRE PAR CŒUR

L'instituteur est un ouvrier dont le rôle est de **former des esprits**, de **faire des hommes**. Il rend donc un précieux **service** non seulement à l'**enfant**, mais encore à la **patrie** et à la **société**. Les élèves qu'il instruit sont tenus de le **respecter**, de lui **obéir**, de lui témoigner de l'**affection** et de la **reconnaissance**. Les **parents** doivent le **seconder** et non le **contrarier** dans son œuvre. Les **pouvoirs publics** doivent lui assurer un **traitement suffisant** et le **défendre** contre ses **ennemis**.

V. — MAXIMES

1. Mon cœur battait à peine et vous l'avez
|formé;
Vos mains ont dénoué le fil de ma pensée.
(Mme DESBORDES-VALMORE [1])

---

[1] Née à Douai en 1786, morte en 1859. Connue pour ses poésies douces, sentimentales et pieuses.

2. Recevez doucement la leçon ou le blâme.

(V. Hugo [1]).

3. Après la prédication, le métier d'instituteur est le ministère le plus utile et le plus grand, et encore ne sais-je pas lequel des deux doit passer le premier.

(Luther [2]).

VI. — DEVOIRS

1.

Sujet. — Expliquez pourquoi le métier d'instituteur demande beaucoup de travail et mérite beaucoup de respect.

Plan

I. **INTRODUCTION**. — Le menuisier fabrique des meubles, le maçon construit des maisons, etc... **L'instituteur fabrique des esprits**. Les premiers rendent de grands services, mais le dernier a une occupation bien plus importante.

II. **LE MÉTIER D'INSTITUTEUR DEMANDE BEAUCOUP DE TRAVAIL :**

    1° Sens de l'expression « **fabriquer des esprits** ».

    2° Nécessité de l'étude des caractères et des lois psychologiques.

    3° Nécessité, pour bien enseigner, de **connaissances étendues et profondes**.

---

[1] V. page 28, note 1.

[2] Célèbre théologien et écrivain allemand, né en Saxe en 1483, mort en 1546. C'est le promoteur de la Réforme.

4° Les **titres** de l'instituteur : temps et fatigues qu'il a fallus pour les obtenir.
5° Les **occupations** de l'instituteur:
   a. **scolaires;** *b.* **post-scolaires;** *c.* **extra-scolaires.**

III. LE MÉTIER D'INSTITUTEUR MÉRITE BEAUCOUP DE RESPECT :

1° Si le **respect** s'accorde à tout ce qui est noble, il doit aller droit à l'instituteur dont la profession, la **mission,** plutôt que le **métier,** est noble entre toutes.
2° Comment l'**enfant** et les **parents** peuvent-ils **témoigner** ce respect au maître d'école ?
3° Que ces marques de respect, loin de finir à la sortie de l'école, doivent être, toute la vie, continuées à l'instituteur.

IV. CONCLUSION.
— Quelques personnes méprisent encore l'instituteur : elles font preuve d'inintelligence, d'ingratitude ou de méchanceté intéressée. Il faut éclairer et moraliser les unes, déjouer les calculs haineux des autres.

2.

SUJET. — Services que l'instituteur rend à ses élèves.

Plan

1° Il les **instruit;**
2° Il cultive leurs **facultés intellectuelles** et **morales;**
3° Il les aide à devenir **meilleurs.**
4° Il les prépare à leurs futurs devoirs d'**hommes,** de **soldats** et de **citoyens.**
5° **Conclusion.** — Reconnaissance qui lui est due. Comment peut-on la lui témoigner ?

VII — RÉCITATION

Le Maître d'École.

A-t-on jamais réfléchi a ce que c'est qu'un maître d'école? A-t-on jamais songé à ce que c'est que l'homme qui enseigne les enfants? Vous entrez chez un homme : il fabrique des roues et des timons; vous dites : c'est un homme utile ; vous entrez chez un tisserand : il fabrique de la toile ; vous dites : c'est un homme précieux; vous entrez chez un forgeron : il fabrique des pioches, des marteaux, des socs de charrue; vous dites : c'est un homme nécessaire; ces hommes, ces bons travailleurs, vous les saluez. Vous entrez chez un maître d'école, saluez plus bas; savez-vous ce qu'il fait? Il fabrique des esprits.

V. Hugo [1].

2.

Adieu d'une jeune Fille à l'école

Mon cœur battait à peine et vous l'avez formé ;
Vos mains ont dénoué le fil de ma pensée,
Madame, et votre image est à jamais tracée
Sur les jours de l'enfant que vous avez aimée.

Si le bonheur m'attend, ce sera votre ouvrage,
Vos soins l'auront semé sur mon doux avenir,
Et, si pour m'éprouver mon sort couve un orage,
Votre jeune roseau cherchera du courage,
Madame, en s'appuyant sur votre souvenir.

Mme Desbordes Valmore. (2).

---

(1) V. page 28, note 1.
(2) V. page 128, note 1.

VIII. — INDICATION DE LECTURES ET NOTES

DIX-NEUVIÈME LEÇON

L'ENFANT DANS L'ÉCOLE : DEVOIRS ENVERS LES CAMARADES

I. — LECTURE

La camaraderie. — Dans son enfance, Henry Martyn[1] était d'une constitution faible et délicate ; il n'en avait pas moins un caractère assez vif et un peu emporté. Ses camarades d'école, qui s'en étaient aperçus, s'amusaient à le taquiner pour le mettre en colère. Comme ils étaient plus forts que lui, ses emportements les divertissaient, au lieu de leur faire peur.

L'un des plus grands le prit cependant en amitié, précisément parce qu'il le voyait faible et opprimé. Il se fit son protecteur contre ceux qui le persécutaient, se battit au besoin pour lui, et l'aida même dans ses devoirs. Se sentant ainsi soutenu et encouragé, Martyn commença par se guérir des accès de colère. Puis, sous la direction du même ami, qui aimait le travail, il devint à son tour laborieux.

---

[1] Savant naturaliste anglais du dix-huitième siècle

Sans cette heureuse rencontre, il aurait peut-être fort mal terminé ses études, comme il les avait mal commencées.

MÉZIÈRES [1]

II. — RÉSUMÉ ORAL DE LA LECTURE

III. — PLAN DE LA LEÇON

1º LA CAMARADERIE :
- *a.* Elle **assouplit** les **caractères** : concessions réciproques ; soumission à une règle égale pour tous.
- *b.* Les camarades **dévoilent** impitoyablement nos **défauts** et nous amènent à nous en corriger.
- *c.* La vie scolaire, qui repose sur deux principes : **justice** et **solidarité**, prépare à la vie sociale.

2º DEVOIRS RÉCIPROQUES :
- *a.* **Justice** : ne pas abuser de sa force, ne pas tricher au jeu, en composition, etc. ;
- *b.* **Respect,** forme de la justice ; ni mots grossiers, ni querelles, ni moqueries ; — pas de souffre-douleur ;

---

(1) Historien et critique français du dix-neuvième siècle

    c. **Assistance** : dans quels cas ? — Dans quels cas doit-elle être refusée ? — Devoirs des grands.

3° NÉCESSITÉ D'UN CHOIX PARMI LES CAMARADES :

    a. Il faut **s'attacher** plus spécialement à **un** ou **deux camarades**; ils seront de précieux amis pour le reste de la vie.

    b. Il **faut les bien choisir** : honnêtes, laborieux, polis, dévoués ;

    c. Il **faut savoir les garder** : être juste et bon.

4° Résumé et conclusion.

IV. — RÉSUMÉ A APPRENDRE PAR CŒUR

La **camaraderie** forme le **caractère** des enfants. Elle inculque à ces derniers les idées de **justice** et de **bonté** qui sont la **base** des **relations sociales**. Il faut avoir, avec tous les camarades, de bons rapports, mais il est bon de prendre pour confidents ou **amis** un ou deux camarades qu'il importe de **bien choisir** d'abord et de savoir **conserver** ensuite. Être **juste** et **bon**, voilà en quoi se résument les devoirs de camaraderie.

V. — MAXIMES

1. Ceux qui ont le plus de défauts sont les premiers à remarquer ceux des autres.

2. On ne peut que gagner en bonne compagnie.

3. La camaraderie est le commencement de l'amitié.

VI. — DEVOIRS

1.

Sujet. — Trop aider ses camarades dans leurs devoirs d'écoliers, c'est leur rendre un mauvais service.

Prouvez-le dans une lettre à un camarade que vous avez souvent aidé.

Plan

1° Expliquer votre refus de continuer à aider votre ami plus longtemps.
2° C'est par intérêt et par amitié pour lui que vous refusez.
3° Rappeler les éloges non mérités et la honte de celui qui les recevait.
4° Manque de loyauté, supercherie, mensonges.
5° Préjudice causé aux condisciples.
6° Conseils : Efforts personnels à faire pour vaincre les difficultés ; les progrès, lents d'abord, seront de plus en plus rapides ; les succès sont beaucoup plus doux quand ils sont mérités.
7° Formule finale.

2.

Sujet. — Portrait du bon camarade.

Plan

I. SES QUALITÉS :
    a. **Bienveillance** pour tous ;
    b. **Assistance** aux plus faibles ;
    c. **Franchise,** droiture du caractère, discrétion ;
    d. **Conduite** exemplaire.

II. DÉFAUTS QU'IL ÉVITE :
    a. **Jalousie ;**
    b. **Rancune ;**
    c. **Hypocrisie ;**
    d. **Délation.**

III. CONCLUSION : Il faut s'efforcer d'imiter le bon camarade ; il faut se garder des défauts signalés.

VII. — RÉCITATION

Le Déjeuner à l'École

Un usage bien doux régnait dans mon jeune âge :
Tous les jours, les enfants, munis de leur bagage,
Se rendaient à l'école, et suivant la saison,
Sur une longue table, ils versaient à foison
      Figues, raisins, gâteaux, fromage,
      Pains de maïs, de seigle, de froment ;
Chacun, selon son goût, s'en donnait librement.
Les plus riches, pour tous, puisaient dans leur corbeille
Les débris délicats du souper de la veille ;
Et si l'enfant trop pauvre, à la communauté
      N'avait rien apporté,
On choisissait pour lui, sans blesser sa misère,

Les morceaux les plus savoureux.
Comme nous nous aimions! Que nous étions heureux!
Aussi, chaque matin, le maître à l'œil sévère,
Me voyait dans sa classe arriver sans retard,
Non pas pour les leçons, que je ne savais guère,
Mais pour le doux festin où tous nous avions part.

       LACHAMBEAUDRE (1).

(*Fables;* Delagrave, édit.)

---

(1) Auteur d'un recueil de *Fables populaires* d'une morale très élevée. Fils de paysans, il naquit à Sarlat en 1806 et mourut en 1878.

VIII. — INDICATION DE LECTURES ET NOTES

TABLEAU SYNOPTIQUE
DU CHAPITRE III

L'ÉCOLE

- **I. Rôle de l'École**
  1. Nous ne sommes homme que par la raison, l'intelligence, la conscience
  2. L'École forme cet homme
     - A. Elle est un instrument de progrès moral
     - B. Elle est un instrument de progrès individuel et social.

- **II. L'École d'aujourd'hui et l'école d'autrefois**
  1. La salle;
  2. Le maître;
  3. L'instruction et l'éducation;
  4. La discipline

- **III. L'instruction et l'éducation**
  1. En quoi consiste l'éducation;
  2. Différences entre l'instruction et l'éducation
     - A. L'instruction orne l'esprit.
     - B. L'éducation forme le cœur
     - C. Instruction et éducation sont inséparables

- **IV. Devoirs de l'écolier envers lui-même**
  1. Assiduité.
     - A. L'école continue et complète l'éducation de la famille
     - B. Son œuvre n'est possible que si elle n'est point interrompue
     - C. Inconvénients d'une fréquentation irrégulière
     - D. Avantages de l'assiduité
  2. Travail.
     - A. Obligatoire pour tous
       - a. Point de vue individuel
       - b. Point de vue social.
       - c. Point de vue particulier à l'élève
     - B. Bienfaits.
     - C. Comment s'acquiert le goût de l'étude
       - a. Par l'habitude.
       - b. Par la volonté.

- **V. Devoirs envers l'Instituteur**
  1. Services rendus par l'instituteur;
  2. Devoirs des écoliers envers lui
     - A. Respect
     - B. Obéissance.
     - C. Affection
     - D. Reconnaissance.
  3. Devoirs des parents et des pouvoirs publics envers l'instituteur.

- **VI. Les camarades**
  1. Avantages de la camaraderie;
  2. Devoirs réciproques.
     - A. Justice
     - B. Respect
     - C. Assistance
  2. Nécessité d'un choix parmi les camarades

CHAPITRE IV

DEVOIRS INDIVIDUELS

VINGTIÈME LEÇON

L'AME ET LE CORPS
DIGNITÉ PERSONNELLE

I. — LECTURE

L'âme et le corps. — Si je vous demandais, mes enfants, quel est le plus fort, du cheval et de l'homme, vous souririez en disant : « C'est le cheval ». Si un homme vous soutenait que ses bœufs ont appris l'arithmétique, l'histoire et la géographie, vous le traiteriez de fou et vous auriez peur de lui ; si un voyageur vous assurait qu'il a vu un loup affamé s'éloigner, plein de pitié, du petit agneau qui passait près de lui, vous le traiteriez de menteur et d'impudent, et vous auriez raison.

Eh bien ! quoique le cheval soit plus fort que son maître, vous voyez tous les jours des hommes dompter des chevaux, les réduire à leur **volonté** et les obliger à l'obéissance la plus servile. Vous voyez à chaque instant, parmi vous et autour de vous, des hommes, des enfants acquérir des connaissances profondes, fortifier leur **intelligence.** Enfin, les exemples abondent de gens qui sont **sensibles** à la douleur des autres et qui s'efforcent de la calmer par la charité, cette vertu sublime que les anciens appelaient amour.

Il y a donc en nous quelque chose que l'on ne voit pas, quelque chose qui n'est pas sensible au toucher et qui fait que nous sommes supérieurs au cheval, au bœuf, au tigre, etc. Cette chose s'appelle l'**âme.** L'autre partie de notre être, celle qui nous place au niveau de l'animal, c'est le **corps.**

Lœtitia Dès.

II. — RÉSUMÉ ORAL DE LA LECTURE

III. — PLAN DE LA LEÇON

I. — **L'HOMME ET L'ANIMAL.**

  1° **Les êtres inférieurs :** minéraux, plantes et animaux.

  2° **L'homme** se distingue des précédents par :
    a. Son **intelligence** (langage, instruction, etc.);
    b. Sa **sensibilité** (accessible au plaisir et à la douleur autrement que les animaux);

c. Sa **volonté** (se détermine en connaissance de cause; maître de l'univers).

II. — DUALITÉ DE L'HOMME.

1º L'homme est composé de deux parties :
    a. Le **corps** (matériel) ;
    b. L'**âme** (immatérielle, mais dont les actes sont réels). — Preuves : oppositions fréquentes du corps et de l'âme : le corps va au plaisir, l'âme lui résiste ; le corps craint la douleur, l'âme a honte de la lâcheté. (Turenne avant une bataille).

2º **Fonctions propres du corps** : digestion, respiration, circulation.

3º **Fonctions propres de l'âme** : faits d'**intelligence**, de **sensibilité**, de **volonté**.

4º **Fonctions communes** : phénomènes de la vision, de l'audition, de la marche, du langage, etc.

5º La **vie**, c'est l'**union intime du corps et de l'âme**, qui exercent l'un sur l'autre une influence réciproque ; quand cette union cesse, l'âme quitte son enveloppe qui tombe en poussière.

III. **DIGNITÉ PERSONNELLE** : La supériorité de l'homme sur tous les autres êtres, constituée par l'âme et ses facultés : intelligence, volonté, sensibilité, conscience, raison, liberté, se nomme dignité personnelle. — Le sentiment de cette dignité se manifeste par le **respect de soi-même** :

1º **Respect de son corps** : devoirs de propreté, de tempérance, de sobriété, etc ;

2º **Respect de son âme** : ni flatterie, ni mensonge, ni servilité, ni trahison, etc.

IV. **Résumé et conclusion.**

IV. — RÉSUMÉ A APPRENDRE PAR CŒUR

Les êtres terrestres se distinguent en **êtres inférieurs** (minéraux, plantes, animaux), et **êtres supérieurs** (l'homme). — L'homme est supérieur aux animaux par son **intelligence,** sa **sensibilité** et sa **volonté.** Il est composé de deux parties : le **corps** et l'**âme.** Le corps et l'âme ont leurs **fonctions propres;** ils ont aussi des **fonctions communes.** Ils sont intimement **unis,** et leur séparation amène la **mort.** L'homme ne mérite le **nom d'homme** que par la partie qui le distingue de la bête, par l'âme. **Qu'il reste toujours digne de sa supériorité !**

V. — MAXIMES

1. **L'homme est une âme qui se sert d'un corps comme un ouvrier d'un instrument.** (PLATON [1]).

---

[1] Illustre philosophe spiritualiste grec, disciple de Socrate (430-347 avant J. C.). Auteur d'un grand nombre de *Dialogues* métaphysiques, moraux, politiques, esthétiques.

2. L'homme n'est ni un ange ni une bête, et qui veut faire l'ange fait la bête. (PASCAL [1]).

3. Quiconque se fait ver ne doit pas se plaindre si on vient à l'écraser. (KANT [2]).

VI. — DEVOIRS

1.

SUJET. — Qu'est-ce qui rapproche et qu'est-ce qui distingue les hommes des animaux ?

Plan

1° Hommes et animaux ont un **corps** et des **organes** ;

2° Hommes et animaux remplissent des **fonctions animales analogues**: locomotion, digestion, circulation, respiration, etc...

3° **Mais l'homme :**
   a. Se **meut** volontairement,
   b. **Pense,**
   c. **Aime** ou **hait,**
   d. **Veut ;**

4° Autant de fonctions que l'**animal ne remplit pas** au sens philosophique du mot.

Remarque. — Les lueurs d'intelligence, de sensibilité et de volonté qui se manifestent en lui, ne sont que des lueurs irrégulières, primesautières. Les actions des animaux ne sauraient avoir de **sanction morale**. Les animaux **ne sont pas responsables** ; ils n'ont pas d'âme.

---

(1) V. page 92, note 1.

(2) Célèbre philosophe allemand, né à Kœnigsberg en 1724, mort en 1804. Théoricien de la morale fondée sur le devoir pur.

5° **Conclusion**. — La supériorité de l'homme sur l'animal est évidente ; tâchons de la conserver.

2.

Sujet. — Qu'entend-on par respect de soi-même ? Conséquences de ce sentiment. — Est-il possible de l'éveiller de bonne heure en soi ?

Plan

1° L'homme est **supérieur** aux animaux par :
    a. La **conscience** (discernement du bien et du mal) ;
    b. La **raison** (faculté de concevoir un idéal et de se sentir obligé d'y tendre) ;
    c. La **liberté** (pouvoir de se déterminer entre le bien et le mal).

2° L'ensemble de ces attributs constitue la **DIGNITÉ HUMAINE**, et le souci de cette dignité prend le nom de **RESPECT DE SOI-MÊME.**

3° **CONSÉQUENCES DE CE SENTIMENT :**

Ne se permettre aucune action, aucune pensée indigne d'un être intelligent et libre :
    a. **Remplir** tous ses **devoirs** envers le **corps** ;
    b. **Remplir** tous ses **devoirs** envers l'âme ;
    c. **Obéir**, en toute occasion, à la **voix** de la **conscience** qui commande le **juste**, le **bien.**

4° **MOYENS DE L'ÉVEILLER DE BONNE HEURE CHEZ LES ENFANTS :**

a. **Parler** souvent aux enfants de la **dignité,** de la noblesse, de la supériorité de l'**homme,** mais rabattre l'orgueil s'il vient à naître ;

b. **Agir par l'exemple** : tenue, langage, actions, proscription des punitions corporelles, confiance.

5° **CONCLUSION**. — Montrer à l'enfant ce qu'il vaut : il se respectera, il voudra être respecté et il respectera les autres.

VII. — RÉCITATION

Le Roseau pensant.

L'homme n'est qu'un roseau, le plus faible de la nature, mais c'est un roseau pensant. Il ne faut pas que l'univers entier s'arme pour l'écraser. Une vapeur, une goutte d'eau suffit pour le tuer. Mais quand l'univers l'écraserait, l'homme serait encore plus noble que ce qui le tue, parce qu'il sait qu'il meurt. Et l'avantage que l'univers a sur lui, l'univers n'en sait rien.

Toute notre dignité consiste donc dans la pensée. C'est de là qu'il faut nous relever, non de l'espace et de la durée, que nous ne saurions remplir. Travaillons donc à bien penser : voilà le principe de la morale.

PASCAL [1].

---

(1) V. page 92 note 1.

VIII. — INDICATION DE LECTURES ET NOTES

VINGT ET UNIÈME LEÇON

DEVOIRS ENVERS SOI-MÊME.
DEVOIRS RELATIFS AU CORPS.
LE SUICIDE.

I. — LECTURE

Le suicide. — Il t'est donc permis de cesser de vivre ? Je voudrais bien savoir si tu as commencé. Quoi ! fus-tu placé sur la terre pour n'y rien faire ! Le ciel ne t'imposa-t-il point avec la vie une tâche pour la remplir ?... Ne dis pas qu'il t'est permis de n'être pas homme, qu'il t'est permis de te révolter contre l'auteur de ton être et de tromper ta destination... Qui es-tu ? Qu' as-tu fait ? Crois-tu t'excuser sur ton obscurité ? Ta faiblesse t'exempte-t-elle de tes devoirs ? et pour n'avoir ni nom ni rang dans ta patrie, en es-tu moins soumis à ses lois ? Il te sied bien d'oser parler de mourir, tandis que tu dois l'usage de ta vie à tes semblables ! Apprends qu'une mort telle que tu la médites est honteuse et furtive ; c'est un vol fait au genre humain. Avant de le quitter, rends-lui ce qu'il a fait pour toi. Mais je ne tiens à rien… je suis inutile en ce monde… Philosophe d'un jour ! ignores-tu que tu ne saurais faire un pas sur la terre sans y trouver quelque devoir à remplir, que tout homme est utile à l'humanité par cela seul qu'il existe?

Ecoute-moi, jeune insensé : tu m'es cher, j'ai pitié de tes erreurs. S'il te reste au fond du cœur le moindre sentiment de vertu, viens, que je t'apprenne à aimer la vie. Chaque fois que tu seras tenté d'en sortir, dis en toi-même : « Que je fasse encore une bonne action avant de mourir. » Puis va chercher quelque indigent à secourir, quelque infortuné à consoler, quelque opprimé à défendre. Si cette considération te retient aujourd'hui, elle te retiendra encore demain, toute la vie. Si elle ne te retient pas, meurs : tu n'es qu'un méchant.

J.-J. ROUSSEAU [1].

II. — RÉSUMÉ ORAL DE LA LECTURE

III. — PLAN DE LA LEÇON

I. DIVISION DES DEVOIRS :
1º Devoirs envers **soi-même** ;
2º Devoirs envers **autrui** ;

---

(1) Célèbre philosophe français, né à Genève en 1712, mort en 1778. Ses principales œuvres, qui eurent une grande influence sur les hommes de la Révolution, sont : *la Nouvelle Héloïse, le Contrat Social, l'Emile* et *les Confessions*.

3° Devoirs envers les êtres **inférieurs** : les animaux ;
4° Devoirs envers la **patrie** ;
5° Devoirs envers **Dieu**.

II. DEVOIRS ENVERS SOI-MÊME :

L'homme étant un être **raisonnable** et **libre** a des devoirs envers lui-même :
1° Devoirs relatifs au **corps** ;
2° Devoirs relatifs à l'**âme**.

III. DEVOIRS RELATIFS AU CORPS :

1° Devoirs de **conservation** : condamnation du suicide ;
2° Devoirs de **perfectionnement** :
    a. Propreté ; *b.* tempérance et sobriété ; *c.* l'alcoolisme ; *d.* le tabac ; *e.* gymnastique.
3° Devoirs relatifs aux **biens extérieurs.**

IV. LE SUICIDE :

1° Avant d'être un **devoir**, la conservation de la vie est un **instinct** qu'il faut combattre, parce qu'il est parfois la source de beaucoup de lâchetés ;
2° **Condamnation du suicide** :
    a. Le suicide est une **transgression des devoirs envers les autres hommes** : si humble qu'on soit, on peut toujours faire quelque bien à ses semblables ; on leur doit, en tout cas,

le bon exemple de supporter avec courage les ennuis de la vie.

 b. Le suicide est une **transgression des devoirs envers soi-même**, puisqu'il est la désertion de tous les devoirs.

 c. En aucun cas, le **suicide ne peut être absous** : 1. Ni pour échapper à la **maladie** ou à la **misère** ; 2. ni pour éviter la honte d'un **désastre financier** ; 3. ni même par désespoir d'une **grande cause** perdue (Suicide de Caton d'Utique).

 d. Distinguer le **suicide** et le **dévouement** pour la **patrie**, l'**humanité** ou la **vérité**.

 e. Condamnation des **mutilations** et des **mortifications** : il ne faut pas nuire à la santé.

3° **Moyens de remédier aux causes du suicide :**

 a. Réprimer les passions ;

 b. Améliorer les conditions sociales.

V. RÉSUMÉ ET CONCLUSION.

IV. — RÉSUMÉ A APPRENDRE PAR CŒUR

L'homme a des devoirs à remplir envers **lui-même**, envers ses **semblables**, envers les **animaux**, envers la **Patrie** et envers **Dieu**. Les devoirs

DEVOIRS RELATIFS AU CORPS, LE SUICIDE 153

envers soi-même reposent sur le sentiment de la **dignité personnelle.** Ils se subdivisent en **devoirs relatifs au corps** et **devoirs relatifs à l'âme.** Le **suicide** est une **transgression de tous les devoirs.** C'est une **lâcheté,** puisque, entre deux maux, celui de vivre et celui de mourir, on choisit le moindre. Quand on s'est mal conduit, la justice ordonne, non de se dérober aux conséquences de ses actes, mais de les accepter comme une expiation. Les **mutilations** et les **mortifications** sont également **condamnées** par la morale.

V. — MAXIMES

1. **Se tuer, c'est dire : « Je ne veux plus faire mon devoir ».**
2. **L'homme est un soldat qui ne doit pas quitter son poste tant qu'on ne l'en a pas relevé.** SOCRATE [1]
3. **Il faut entretenir la vigueur du corps pour conserver celle de l'esprit.**
 VAUVENARGUES [2].

VI. — DEVOIRS

1.

SUJET. — Quels sont vos devoirs envers vous-mêmes ?

---

(1) Illustre philosophe grec, né à Athènes en 469 ou 468 av. J.-C., mort en 401 ou 400.

(2) Moraliste français du dix-huitième siècle, (1715-47). Ses *Maximes* morales sont d'une remarquable élévation.

Plan

1° **INTRODUCTION.** — L'homme étant un être **raisonnable** et **libre** a des devoirs envers lui-même :

2° **CES DEVOIRS SONT :**

   a. **Devoirs envers le corps ;** conservation et développement du corps : suicide, préceptes d'hygiène, gymnastique, propreté, tempérance, sobriété.

   b. **Devoirs envers l'âme :** cultiver son intelligence, combattre ses passions, diriger sa volonté vers le bien.

3° **CONCLUSION.** — Prendre comme règle de conduite le proverbe ancien : **Une âme saine dans un corps sain.**

2.

Sujet. — Expliquer cette pensée :

« Se tuer, c'est dire : Je ne veux plus faire mon devoir ».

IDÉE GÉNÉRALE

L'homme ne doit pas ignorer qu'il a un double devoir à remplir : il doit poursuivre en lui l'idéal moral que sa conscience lui a fait entrevoir. De plus, vivant au milieu de ses semblables dont il reçoit les bienfaits, il a pour obligation d'acquitter envers eux une dette de reconnaissance.

Abandonner la vie par le suicide, c'est donc faire acte d'égoïsme, de lâcheté et d'ingratitude ; c'est dire : « Je ne veux plus faire mon devoir ».

VII. — RÉCITATION

A la Jeunesse

Aimez, ô jeunes gens, et respectez la vie :
Elle est bonne à celui qui va droit son chemin,
Et qui ne garde, au fond de son âme ravie,
Que le rêve d'hier et l'espoir de demain.

Elle est bonne à tous ceux qui courent à leur tâche,
Comme au laboureur qui se lève au matin,
Et retourne son bien, sans plainte, sans relâche,
Malgré la terre dure et le ciel incertain.

Votre aube vient de naître a l'Orient tranquille.
Vos bœufs frais attelés se passent d'aiguillon ;
Votre charrue est neuve et votre champ fertile ;
Déjà l'épi futur germe dans le sillon.

Au travail, au travail ! Faites votre journée ;
Vous êtes au matin, laissez venir le soir ;
Vous êtes en avril, laissez finir l'année :
L'herbe d'ennui se fane où fleurit le devoir.

H. CHANTAVOINE [1].

---

(1) Poète contemporain, né en 1850.

VIII. — INDICATION DE LECTURES ET NOTES

VINGT-DEUXIÈME LEÇON

LA PROPRETÉ

I. — LECTURE

La Propreté. — Ne souffrez aucune malpropreté sur vous, sur vos vêtements, ni dans votre demeure. Il faut être propre par respect pour soi-même et par respect pour les autres. Nous tous qui sommes ici, petits et grands, pauvres ou riches, nous voulons être des gens bien élevés, de bonne compagnie ; pour cela, il est nécessaire que notre personne soit décente, agréable à voir, que notre corps soit propre, nos vêtements brossés et nettoyés. Nous avons beau n'être pas riches et porter d'humbles habits, nous n'en sommes pas moins dignes de respect, puisque nous nous respectons nous-mêmes et nous pouvons nous montrer aux regards de tous sans embarras et sans honte. Ainsi il faut être propre par décence et par respect de nous-mêmes. Mais ce n'est pas tout, il faut être propre pour se bien porter.

Dr Élie PÉCAUT [1].

---

(1). Publiciste contemporain, a fait des ouvrages scientifiques à l'usage des élèves des écoles normales.

II. — RÉSUMÉ ORAL DE LA LECTURE

III. — PLAN DE LA LEÇON

1º IL FAUT ÊTRE PROPRE :
- *a.* Par **dignité humaine** : respect dû à l'âme ;
- *b.* Par **respect humain** : respect dû à nos semblables.
- *c.* La **propreté** est, d'ailleurs, **instinctive** chez l'être vivant : preuves par l'exemple de certains animaux.

2º AVANTAGES DE LA PROPRETÉ :
- *a.* Elle entretient la **santé** : régularise les fonctions de la peau ;
- *b.* Elle nous vaut **l'estime publique** et, par le désir de ne pas déchoir qu'elle fait naître et entretient en nous, elle nous **conduit à la vertu.**
- *c.* Importance de la propreté chez la **maîtresse de maison.**

3º Résumé et Conclusion.

IV. — RÉSUMÉ A APPRENDRE PAR CŒUR

La **propreté** est presque une **vertu.** L'homme propre respecte en lui la **dignité humaine** ; il respecte aussi ceux qu'il approche ou qui vivent autour de lui. En régularisant les fonctions de la peau, la propreté entretient la **santé**. Enfin, en nous conciliant **l'estime d'autrui,** elle contribue à nous **rendre meilleurs.**

V. — MAXIMES

1. **Ce qu'est la pureté pour l'âme, la propreté l'est pour le corps.** (ÉPICTÈTE [1]).
2. **La maison que votre âme habite, c'est votre corps. Il ne faut pas que la maison donne mal à croire de l'habitant** (STAHL [2]).

VI. DEVOIRS

1.

SUJET. — Expliquez cette pensée :
« La maison que votre âme habite, c'est votre corps. Il ne faut pas que la maison donne mal à croire de l'habitant. »

Plan.

1° Que pense-t-on d'une ménagère dont la maison est mal tenue ?
    a. Qu'elle néglige ses devoirs ;
    b. Qu'elle a peu de souci de la santé et du bonheur de sa famille ;
    c. Qu'elle « défait » la maison dont elle a la charge.

---

[1] Philosophe stoïcien grec du 1er siècle avant J.-C.
[2] V. page 94, note 1.

2º **Que pense-t-on d'un enfant sale ?**
  a. Qu'il manque de dignité ;
  b. Qu'il ne respecte pas ceux qu'il approche ;
  c. Qu'il n'a nul souci de bien faire, qu'il se livre, par conséquent, à la paresse et à tous les vices qu'elle entraîne.

3º **La propreté nous concilie l'estime de nos semblables.**

Soyons donc propres pour que nos semblables nous jugent bien. La propreté, d'ailleurs, qui se distingue de la coquetterie, de la recherche dans la toilette, s'obtient à peu de frais.

2.

Sujet. — Avantages de la propreté pour une jeune fille.

Plan

I. **Soins de propreté nécessaires à tous :**
  1º La propreté entretient la santé (maladies produites par la saleté) ;
  2º Aide au développement du corps (étiolement des enfants sales) ;
  3º Est le signe que l'âme se développe et triomphe sur le corps.

II. **Nécessaires surtout à la jeune fille qui sera plus tard mère de famille.**
  1º Il faut qu'elle prenne l'habitude de la propreté, car plus tard elle sera chargée de la propreté des enfants, des vêtements, de l'habitation.
  2º **Propreté des enfants :** bains fréquents, leurs bons effets.
  3º **Propreté des vêtements :**
    a. La propreté apparente ne suffit pas ;

  b. La propreté du linge assure la bonne santé, car le linge malpropre est chargé de poussière et de microbes;
  c. Linge et vêtements propres se conservent longtemps.
 4° **Propreté de l'habitation :**
  a. Les amas d'ordures et de détritus empoisonnent l'air;
  b. Nettoyage fréquent des meubles, murs, planchers, pour enlever les poussières et les microbes.

III. **Avantages moraux de la propreté :**
 1° Elle prouve le respect de soi-même et des autres;
 2° Elle inspire sympathie et respect;
 3° Elle mène à la vertu, car elle éloigne de ce qui est laid.

IV. **Conclusion.** — Il est donc indispensable à la jeune fille d'aimer la propreté et de s'initier de bonne heure aux soins qu'elle comporte.

VII. — RÉCITATION

Gnathon le malpropre.

Non content de remplir à une table la première place, il occupe lui seul celle de deux autres : il oublie que le repas est pour lui et pour toute la compagnie; il se rend maître du plat, et fait son propre de chaque service : il ne s'attache à aucun des mets qu'il n'ait achevé d'essayer de tous : il voudrait pouvoir les savourer tous, tout à la fois : il ne se sert à table que de ses mains, il manie les viandes, les remanie, démembre, déchire, et en use de manière que les conviés, s'ils veulent manger, mangent ses restes ; il ne leur épargne aucune de ces malpropretés dégoûtantes, capables d'ôter l'appétit au plus affamé : le jus et les sauces lui dégouttent du menton et de la barbe : s'il enlève un ragoût de dessus un plat, il le répand en chemin dans un autre plat et sur la nappe : on le suit a la trace ; il mange haut et avec grand bruit ; il roule les yeux en mangeant ; la table est pour lui un râtelier : il écure ses dents, et il continue à manger.

La Bruyère [1].

---

(1) Célèbre moraliste français du dix-septième siècle, né à Paris en 1645, mort en 1696. Dans son livre, *Les Caractères*, il a peint, avec autant d'originalité que de vérité, les travers et les vices des hommes de son époque et de l'homme universel.

VIII. — INDICATION DE LECTURES ET NOTES

VINGT-TROISIÈME LEÇON

TEMPÉRANCE ET SOBRIÉTÉ

I. — LECTURE

Cliton le gourmand. — Cliton n'a jamais eu toute sa vie que deux affaires, qui est de dîner le matin et de souper le soir ; il ne semble né que pour la digestion ; il n'a de même qu'un entretien : il dit les entrées qui ont été servies au dernier repas où il s'est trouvé ; il dit combien il y a eu de potages, et quels potages ; il place aussi le rôt et les entremets ; il se souvient exactement de quels plats on a relevé le premier service ; il n'oublie pas les hors-d'œuvre, le fruit et les assiettes : il nomme tous les vins et toutes les liqueurs dont il a bu ; il possède le langage des cuisines autant qu'il peut s'étendre, et il me fait envie de manger à une bonne table où il ne soit point ; il a surtout un palais sûr, qui ne prend point le change, et il ne s'est jamais vu exposé à l'horrible inconvénient de manger un mauvais ragoût ou de boire un vin médiocre. C'est un personnage illustre dans son genre, et qui a porté le talent de se bien nourrir jusqu'où il pouvait aller.

La Bruyère [1].

---

(1) V. page 162, note 1.

II. — RÉSUMÉ ORAL DE LA LECTURE

III. — PLAN DE LA LEÇON

1º C'est un **devoir,** non pas seulement de **ne pas détruire son corps,** ni de le **mutiler,** mais encore de **NE PAS L'AFFAIBLIR** par l'**ABUS DES PLAISIRS.**

2º La modération dans le manger et le boire se nomme **SOBRIÉTÉ ;** la modération dans les autres plaisirs des sens se nomme **TEMPÉRANCE.** A la sobriété s'opposent la **GOURMANDISE** et l'**Ivrognerie ;** à la tempérance s'oppose l'**INTEMPÉRANCE.**

3º La satisfaction des besoins procure du plaisir ; or, la raison ordonne à l'homme de **goûter ce plaisir avec modération ;** l'animal ne connaît pas cette modération, et l'homme qui ne l'observe pas **ressemble à l'animal.**

4º La gourmandise amène les **excès de table** et ces derniers sont la **source de nombreuses maladies :** la gourmandise tue plus d'hommes que la fièvre, la phtisie, la peste, etc. En outre, elle **affaiblit** les facultés intellectuelles.

5º La gourmandise, **cause de ruine.**

6° Elle engendre d'autres défauts : **négligence, paresse, égoïsme, corruption, mensonge.**

7° **Résumé et conclusion.**

IV. — RÉSUMÉ A APPRENDRE PAR CŒUR

Il est du **devoir** de l'homme, non seulement de ne pas détruire son corps, mais encore de **ne pas l'affaiblir par l'abus des plaisirs.** Il doit observer la **tempérance** et la **sobriété.** Ces deux qualités nous sont inspirées par les sentiments de notre dignité personnelle; elles s'opposent à la **gourmandise** et à l'**ivrognerie.** La **gourmandise tue plus d'hommes que les maladies les plus terribles;** elle cause la **ruine** de beaucoup de **familles;** elle est enfin la **source** de **nombreux défauts :** égoïsme, mensonge, paresse, etc.

V. — MAXIMES

1. **La santé dépend plus des précautions que des remèdes.** (BOSSUET [1])
2. **Estomac plein, tête vide.**
3. **Les grands mangeurs et les grands dormeurs sont incapables de rien faire de grand.** (HENRI IV [2])

---

(1) Évêque de Meaux, précepteur du Dauphin, né à Dijon en 1627, mort en 1704. Il fut à la fois historien, philosophe, théologien et orateur distingué. Ses *Oraisons funèbres* et ses *Sermons* le mettent au premier rang des orateurs de la chaire.

(2) Roi de France. (1589-1610).

VI. — DEVOIRS

1.

Sujet. — Expliquez cette pensée :
« Les grands mangeurs et les grands dormeurs sont incapables de rien faire de grand ».

Plan

1° **Faire quelque chose de grand**, c'est accomplir un haut exploit militaire, c'est faire une découverte, une invention, une œuvre quelconque contribuant aux progrès de la civilisation ;

2° Pour faire quelque chose de grand, il faut avoir les **membres robustes** et agiles, s'il s'agit d'exploit militaire (Mayenne et Henri IV) ; l'**esprit sain**, l'intelligence vive, la volonté persévérante, s'il s'agit d'invention, de découverte ;

3° Or, le corps n'est agile que si l'on **observe les règles de l'hygiène**. Ces règles sont : la propreté, la tempérance, l'exercice.

4° La **bonne chère épaissit le corps**, elle cause de nombreuses maladies : goutte, maladies d'estomac, etc. Elle **alourdit l'esprit** qui n'a, d'ailleurs, d'autre préoccupation que la recherche continuelle de mets de plus en plus délicats.

5° Les grands dormeurs, qui passent la moitié de leur existence au lit, sont incapables de secouer leur torpeur et de penser à autre chose qu'à leur doux **far niente**. Ce manque d'activité amène l'affaiblissement graduel des facultés intellectuelles.

4° **Conclusion**. — Henri IV avait raison. Gardons-nous donc de l'intempérance et de la paresse.

2.

Sujet. — C'est un devoir de conserver son corps en bonne santé : pour cela, il faut observer les règles de l'hygiène. Ces règles sont principalement la propreté, la tempérance et l'exercice.

En quoi consiste la propreté ?

En quoi consiste la tempérance ou sobriété ?

En quoi consiste l'activité physique ? Dangers à éviter.

Plan

1° C'est un devoir de conserver son corps en bonne santé.
2° Pour cela, il faut observer les règles de l'hygiène, dont les principales sont : la propreté, la tempérance et l'exercice.
3° La propreté, ses avantages ;
4° La tempérance ; en quoi elle consiste. Ses effets : elle conserve la santé, elle facilite le travail de l'esprit, elle nous assure une verte vieillesse ;
5° L'activité physique : course, jeux, natation, équitation, bicyclette, gymnastique. Tous ces exercices stimulent les fonctions physiologiques, fortifient les muscles, accroissent la force corporelle, contribuent à la santé.
6° Dangers à éviter : éviter les excès, le surmenage, qui épuisent les forces au lieu de les accroître. Éviter les refroidissements, qui déterminent les fièvres, les maladies de poitrine, etc.

VII. — RÉCITATION

La Mort choisissant un premier Ministre

La Mort, reine du monde, assembla certain jour
    Dans les enfers toute sa cour.
Elle voulait choisir un bon premier ministre
Qui rendît ses États encor plus florissants.
    Pour remplir cet emploi sinistre,
Du fond du noir Tartare avancent à pas lents
    La Fièvre, la Goutte et la Guerre.
    C'étaient trois sujets excellents :
    Tout l'enfer et toute la terre
    Rendaient justice à leurs talents
La Mort leur fit accueil. La Peste vint ensuite ;
On ne pouvait nier qu'elle n'eût du mérite.
    Nul n'osait lui rien disputer,
Lorsque d'un médecin arriva la visite,
Et l'on ne sut alors qui devait l'emporter.
    La Mort même était en balance ;
    Mais les Vices étant venus,
Dès ce moment, la Mort n'hésita plus :
    Elle choisit l'Intempérance.

FLORIAN. (1).

---

(1) Voir page 36, note 1.

VIII. — INDICATION DE LECTURES ET NOTES

VINGT-QUATRIÈME LEÇON

L'IVROGNERIE

I. — LECTURE

L'alcoolisme et ses répercussions sociales.
— Il y a à Paris de trente à cinquante mille marchands de vin où vont s'empoisonner les gens du peuple. L'homme « distingué » passe en détournant la tête avec mépris : qu'a-t-il de commun avec ces gens-là ?

Voyons pourtant.

Cet homme qui est là, debout près du comptoir, en train d'avaler quelque horrible mixture, cet homme se dit : J'ai bu tout mon argent, je n'ai plus le sou, il faut que je fasse un coup. Tiens, ce beau monsieur qui passe là... je vais le filer, sans en avoir l'air, et, au premier coin désert, je lui plante un couteau entre les deux épaules....

Cet autre, à boire, est devenu alcoolique, terrible dans ses colères, meurtrier dans ses accès, et d'ailleurs, par son tempérament ruiné, proie désignée de toutes les maladies. Il échoue à l'hôpital où il est soigné aux frais.... des travailleurs sobres et vaillants! Mais il y a plus; il a engendré des enfants. Les uns sont nés idiots, à charge pour toujours à la société; les autres sont des fous, des épileptiques, danger permanent et charges permanentes pour leurs concitoyens.

Enfin tous ces gens-là, plus ou moins malsains de corps ou d'âme, tous ces gens-là font nombre. Par le suffrage ou par l'émeute, ils interviennent puissamment dans les affaires publiques. C'est d'eux que sortent périodiquement l'anarchie ou la dictature...

Direz-vous encore : Qu'ai-je de commun avec tous ces gens-là ?

J. Izoulet [1]. *(La Cité moderne).*

II. — RÉSUMÉ ORAL DE LA LECTURE

III. — PLAN DE LA LEÇON

1º **PEINTURE DE L'IVROGNE** : gestes, langage, etc. L'**ivrogne** n'est pas un homme : **C'est moins qu'un animal.**

2º **EFFETS DE L'ALCOOL SUR LA SANTÉ** :
 a. L'alcool ne réchauffe pas : il **brûle les muqueuses** de l'estomac et du tube digestif ;

---

(1) Philosophe contemporain.

    b. Il **atrophie** le **cerveau**, le foie, les poumons, le cœur, etc.
    c. Il **pervertit** le **goût**.
    d. L'ivrogne est **prêt pour toutes les maladies** : une blessure insignifiante pour l'homme sobre est incurable pour l'alcoolisé.

3° **EFFETS DE L'ALCOOL SUR L'INTELLIGENCE :**
    a. Il **affaiblit** toutes les **facultés intellectuelles** : l'homme qui s'adonne à l'ivresse redevient enfant ; il perd son bon sens, son jugement.
    b. Il **nuit** à la **conception** et à l'**association** des idées ; pauvreté d'esprit de l'ivrogne ; ses enfantillages, ses discours ineptes.

4° **EFFETS DE L'ALCOOL SUR LA MORALITÉ :**
    a. Il **détruit** le **sentiment de la famille :** l'ivrogne n'a qu'une affection : le vin et les boissons alcoolisées.
    b. **L'ivrogne s'abandonne** chaque jour avec moins de **remords** à sa passion honteuse : il **perd** ainsi graduellement **le sentiment de sa dignité** et finit par **négliger tous ses devoirs.**

5° **CONSÉQUENCES SOCIALES DE L'IVROGNERIE ET DE L'ALCOOLISME :**

a. **L'ivrogne se ruine,** car sa passion s'accompagne presque toujours de celle du jeu et **ruine sa famille.**

b. Les **fils** de l'alcoolique **sont alcoolisés** et meurent épileptiques ou fous furieux (Ex. historiques.)

c. Les progrès de la **criminalité** et de la **folie** correspondent aux progrès de l'alcoolisme.

6° **CONCLUSION** : Fuir le cabaret, s'habituer de bonne heure à la tempérance.

IV. — RÉSUMÉ A APPRENDRE PAR CŒUR

L'ivrognerie est l'un des **vices** les plus **honteux** que l'homme puisse contracter. Il **ruine la santé, affaiblit l'intelligence** et **détruit le sentiment de la dignité personnelle**. Aussi, l'ivrogne est-il un **fléau pour sa famille** et un **objet de mépris** pour ses semblables. L'**alcoolisme** est encore un véritable **fléau pour le pays,** car il peuple à la fois les hôpitaux et les bagnes. Celui qui connaît ces effets, et qui, malgré cela, s'y expose, est absolument sans excuse.

V. — MAXIMES

1. **L'alcool est le pourvoyeur de l'hôpital et du bagne.**
2. **Savez-vous ce que boit cet homme dans

ce verre qui vacille en sa main tremblante? Il boit les larmes, le sang, la vie de sa femme et de ses enfants.

(LAMENNAIS [1]).

3. L'alcool fait de nos jours plus de ravages que ces trois fléaux historiques : la famine, la peste et la guerre. Plus que la famine et la peste, il décime; plus que la guerre, il tue; il fait pis que de tuer, il déshonore. (GLADSTONE [2])

VI. — DEVOIRS

1.

SUJET. — Expliquez cette pensée :

« L'alcool est le pourvoyeur de l'hôpital et du bagne ».

Plan

1° L'alcool use la santé et affaiblit les facultés intellectuelles ; il est la cause de nombreuses maladies de l'appareil digestif, du cœur, des poumons et du cerveau ;
2° L'ivrogne se ruine et, étant malade, l'hôpital est le refuge de ses vieux jours.
3° L'alcool fait perdre à l'homme sa raison et le transforme en fou furieux ou criminel. Or, les fous finissent à l'hospice et les criminels au bagne. (Selon les pays, 40 à 70 % des meurtres sont commis par des alcooliques).
4° Se garder de l'alcool comme de la peste.

---

(1) Philosophe français du dix-neuvieme siecle, ne a Saint-Malo en 1782, mort en 1854. *Paroles d'un croyant* est son plus bel ouvrage

(2) L'un des hommes d'Etat les plus fameux de l'Angleterre Il a joue un grand role dans la politique anglaise et europeenne du dix-neuvieme siecle.

2.

Sujet. — Gardons-nous de l'alcoolisme.

CANEVAS.

1° Pour la **santé du corps,** de l'**esprit** et de l'**âme;**
2° Pour la **dignité** et la **moralité;**
3° Pour la **famille;**
4° Pour nos **descendants;**
5° Pour notre **pays** et nos **semblables.**

3.

Sujet. — Portrait de l'ivrogne.

Plan

1° **Son aspect :** les yeux, la figure ;
2° Sa **démarche ;**
3° Ses **gestes** et ses **actes ;**
4° Ses **regrets :** — Conséquences de sa passion.

VII. — RÉCITATION

Le bon Ouvrier des Villes

On vient de demander à un ouvrier ce qu'il fait le dimanche, comment il passe son temps, s'il ne va pas au cabaret, s'il ne boit pas d'absinthe. Il répond :

L'absinthe ? ce poison couleur de vert-de-gris,
Qui vous rend idiot, sans qu'on soit jamais gris ?
Merci ! Le cabaret ? l'on sait ce qu'on y gagne !
Singulier goût d'aimer à battre la campagne !
Je n'ai jamais compris, sobre dès le matin,
Les éblouissements de ce comptoir d'étain !
Voyez-vous, ma raison, qu'un pareil soupçon blesse,
Fait de la tempérance un titre de noblesse.
La misère et le vice ont besoin de l'oubli ;
J'aime trop mon bon sens pour le voir affaibli ;
Et nous n'avons pas trop de notre intelligence,
Nous autres, pour combattre et vaincre l'ignorance.

Eug. Manuel (1).

---

(1) V. page 21, note 1.

VIII. — INDICATION DE LECTURES ET NOTES

VINGT-CINQUIÈME LEÇON

LE TABAC

Les effets du tabac. — Même à petite dose, le tabac est toujours dangereux. Tu es trop intelligent, d'ailleurs, pour ne pas t'en être rendu compte. Est-ce que tu n'as pas remarqué, sur toi-même, que la cigarette et la pipe alourdissent l'esprit, épuisent l'estomac, rendent la digestion plus pénible ? Si tu avais plus d'expérience et si tu connaissais un plus grand nombre de fumeurs, tu aurais pu constater que beaucoup d'entre eux sont sujets à des troubles très graves : l'abus du tabac agit d'abord sur la vue; la pupille se dilate, les yeux deviennent larmoyants, la vision est moins nette, ce qui peut être extrêmement fâcheux pour un ouvrier comme toi ; les autres sens fréquemment sont atteints comme la vue ; on a des bourdonnements d'oreilles, on distingue moins bien les odeurs et les saveurs. Quelquefois le mal est plus terrible encore ; car ils ne sont pas rares les fumeurs qui ont à souffrir de maladies de cœur, et deviennent incapables de tout travail pénible. Heureux encore lorsqu'ils ne sont pas atteints par la paralysie ou l'horrible cancer qui leur ronge la langue et les lèvres! Au reste, comment en serait-il autrement, puisque le tabac contient l'un des poisons les plus violents, la nicotine, dont une seule goutte à l'état pur suffit à terrasser l'animal le plus robuste ? P.-Félix THOMAS [1].

II. — RÉSUMÉ ORAL DE LA LECTURE

III. — PLAN DE LA LEÇON

1° **EFFETS DU TABAC SUR LA SANTÉ :**
- a. **Troubles d'estomac,** digestions pénibles, manque d'appétit, maladies de cœur, **épuisement de la poitrine,** phtisie ;
- b. Dilatation de la pupille, **bourdonnements d'oreilles,** perte du **goût** et de l'**odorat.**
- c. **Paralysie** fréquente, **cancer** à la langue et aux lèvres.

2° **EFFETS DU TABAC SUR L'INTELLIGENCE :**
- a. **Alourdissement** de l'esprit, perte de la **mémoire** ;

---

[1] Professeur de philosophie. Auteur de livres scolaires très estimés, notamment d'un livre de lecture, *Pierre et Suzette*, à l'usage des écoles primaires. C'est un pur chef-d'œuvre pour la simplicité unie à l'élévation morale.
Bibliothèque d'éducation, 15, rue de Cluny, Paris

b. **Affaiblissement** de l'activité.

3° **EN OUTRE :**
    a. Le **fumeur épuise sa bourse ;**
    b. Il **incommode,** par l'odeur qu'il répand, ceux qui vivent avec lui ou qui l'approchent.
    c. Un mot sur la conduite du fumeur en voyage.

4° **CONCLUSION.** — On fume de bonne heure pour être « un homme ». C'est donc par un respect humain mal compris qu'on prend cette mauvaise habitude.

IV. — RÉSUMÉ A APPRENDRE PAR CŒUR

Le **tabac** contient un poison violent, la **nicotine.** L'habitude de fumer est l'une des plus fâcheuses que l'on puisse contracter. Elle est **fâcheuse** surtout **chez l'enfant** dont l'organisme n'est pas encore formé et qu'elle empêche de se développer. Le **fumeur** est **désagréable** à ceux qui l'approchent : i. **épuise** sa **bourse** et sa **santé;** il **affaiblit** ses **facultés** intellectuelles, la mémoire en particulier ; il devient **paresseux :** tout cela pour le plaisir de voir s'envoler la fumée de sa cigarette !

V. — MAXIMES

Le jeune homme fume par vanité et sot respect humain; l'homme fait continue à

fumer par habitude, et le vieillard par besoin : que d'argent s'en va ainsi en fumée !

VI. — DEVOIRS

Sujet. — Quelles conséquences entraine l'habitude de fumer ?

Plan

1° Le tabac et la **santé ;**
2° Le tabac et l'**intelligence ;**
3° Le tabac et la **bourse ;**
4° Le tabac et les **convenances sociales ;**
5° **Conclusion.**

2.

Sujet. — La première pipe.

CANEVAS

1° Paul, voulant faire le jeune homme. fume sa première pipe ;
2° Comment il se procure de l'argent ;
3° Les phases diverses de son expérience ;
4° Les malaises, retour à la maison, au lit ;
5° Conclusion : réflexions de Paul qui se souvient maintenant de la leçon de l'instituteur. — Résolutions

VII. — RÉCITATION

Un bon emploi du temps.
(Suite d'*Un bon ouvrier des villes*)

Je suis de ces rêveurs, charmés de leur trouvaille,
Dont l'esprit va son train lorsque la main travaille !
Et, quand je ne vais pas, — c'est la tout mon roman, —
Bras dessus, bras dessous, promener la maman,

— Car les mères aussi veulent être amusées! —
Je dessine chez moi, je vais dans les musées!
Je suis les cours publics; il s'en fait à foison!
J'apprends tant bien que mal à forger ma raison.
A quoi sert d'habiter une pareille ville,
Si c'est pour y moisir comme une âme servile?
Ma mère, en nos longs soirs d'entretiens sérieux,
Des choses de l'esprit m'a rendu curieux.
Puis, on veut être utile, étant célibataire;
J'ai des sociétés dont je suis sociétaire;
Car le Ciel m'a donné, sans nulle ambition,
Des instincts au dessus de ma condition.
On doit joindre au métier tout ce qui le relève,
Aider au bien qu'on voit par le mieux que l'on rêve;
    Travailler sans relâche, afin d'être plus fort,
    Et contre la misère user un moindre effort.
Et d'ailleurs il le faut, Monsieur, le flot nous pousse!
Et doit encor plus haut nous porter sans secousse.
Arbre ou peuple, toujours la force vient d'en bas;
La sève humaine monte et ne redescend pas!
Aux livres je dois tout; j'en ai là sur la planche,
Qui me font sans ennui passer tout mon dimanche.
Avec eux j'ai senti mon âme s'assainir;
Ils m'ont donné la foi que j'ai dans l'avenir.
Ma mère me l'a dit: l'ignorance est brutale;
Elle imprime au visage une marque fatale;
Au mal, comme au carcan, l'ignorant est rivé,
Mais quiconque sait lire est un homme sauvé.

Eug. MANUEL (1).

---

(1) V. page 21, note 1.

VIII. — INDICATION DE LECTURES ET NOTES

VINGT-SIXIÈME LEÇON

EXERCICES PHYSIQUES. LA GYMNASTIQUE.

. — LECTURE

Il faut fortifier le corps par l'exercice. — On formera le corps par des exercices convenables et un régime modéré. Les aliments simples font les corps sains ; le mouvement et le grand air les rendent vigoureux, et l'adresse acquise, en donnant un air d'agilité et d'élégance, augmente la force ou y supplée. Les hommes sont trop mous parce qu'on élève trop délicatement les enfants ; endurcir la peau à tous les temps ; assouplir les muscles à tous les exercices ; accoutumer l'estomac à tous les mets simples : voilà qui donne aux enfants une santé ferme. Les études rendent l'éducation assez sédentaire, il faut les couper par des délassements actifs. Le corps ne peut être sans se mouvoir, non plus que l'âme sans penser.

DIDEROT [1].

---

[1] Philosophe français du dix-huitième siècle (1713-1784). Collabora à l'Encyclopédie.

II. — RÉSUMÉ ORAL DE LA LECTURE

III. - PLAN DE LA LEÇON

1° **LE BON ÉTAT DU CORPS IMPORTE A L'AME**; de là la nécessité des exercices physiques qui entretiennent la santé, augmentent les forces et assouplissent les organes.

2° **DIVERSES SORTES D'EXERCICES PHYSIQUES :**
    a. Jeux, course, natation, équitation, bicyclette, etc.
    b. Gymnastique.

3° **LES EXERCICES PHYSIQUES ET LA SANTÉ :**
    a. Ils **stimulent** les fonctions physiologiques ;
    b. **Assouplissent** et fortifient les muscles ;
    c. **Redressent** — la gymnastique surtout — les organes qui dévient ;
    d. **Augmentent** l'adresse, la force, l'agilité.

4° **LES EXERCICES PHYSIQUES ET LES FACULTÉS INTELLECTUELLES :**
Ils **développent l'attention, l'imagination** ; contribuent à la formation du **jugement** ; éveillent la **présence d'esprit** ; etc.

5° LEURS EFFETS MORAUX : (1)

 a. Ils stimulent l'**amour-propre**, l'**émulation**, le **sentiment de l'honneur**.
 b. En révélant en nous le sentiment de nos forces, ils fortifient notre **courage**, notre **confiance** en nos propres moyens d'action.

6° ILS PRÉPARENT AU SERVICE MILITAIRE :

 a. Le bon soldat est **dur à la fatigue, adroit, discipliné**.
 b. La **gymnastique** et les exercices physiques font l'homme robuste, agile, discipliné.

7° RÉSUMÉ ET CONCLUSION.

IV. — RÉSUMÉ A APPRENDRE PAR CŒUR

C'est un **devoir** de **fortifier son corps** par les exercices physiques et la gymnastique. L'activité physique stimule les **fonctions physiologiques**, assouplit les **muscles**, augmente la **force**, l'**adresse** et l'**agilité**. En outre, elle a une heureuse influence sur le développement général de nos **facultés intellectuelles** ; et, au point de vue moral, elle nous donne du **courage**, excite notre **amour-propre** et notre **émulation**. Enfin, la gymnastique et les exercices physiques nous préparent au **service militaire**.

---

(1) Lire, à ce sujet, l'ouvrage remarquable de M. Magendie *Les Effets moraux de l'exercice physique*, qui est un chef-d'œuvre d'originalité, d'observation et de style — Colin, éditeur.

V. — MAXIMES

1. L'exercice est une des meilleures provisions de santé. (BACON [1]).
2. Les exercices du corps sont tout aussi utiles que ceux de l'esprit, et contribuent tout autant à former la volonté. (J. SIMON [2]).
3. La première condition de succès en ce monde, c'est d'être un bon animal. (H. SPENCER [3]).

VI. — DEVOIRS

1.

SUJET. — Un de vos amis s'étonne de votre ardeur pour la gymnastique et les exercices physiques en général. Il prétend que vous épuisez vos forces inutilement, que vous perdez un temps précieux qui pourrait être consacré à l'étude. Il vous engage à suivre son exemple, c'est-à-dire à vous asseoir pendant les récréations, à vous dépenser physiquement le moins possible.

Répondez-lui.

Plan

1° **Introduction.**

---

[1] Philosophe et homme politique anglais du XVIe siècle
[2] V page 101, note 1
[3] Philosophe anglais du 19e siècle, célèbre par sa théorie sur l'évolution des êtres

2° Corps de la lettre.
   - *a.* Les exercices physiques, loin d'épuiser les forces, les augmentent ;
   - *b.* En outre, ils contribuent au développement général de l'intelligence et ont un heureux effet au point de vue moral ;
   - *c.* L'enfant qui se livre aux exercices physiques ne perd donc pas son temps. — De plus, on se livre avec plus d'ardeur à l'étude après une récréation joyeuse et animée ; le travail est plus aisé parce qu'on vient de faire provision d'énergie physique, intellectuelle et morale. — **Après le jeu, le travail est un plaisir.**
   - *d.* **Excès à éviter:** il faut savoir **partager son temps entre le jeu et l'étude;** il faut prendre des **précautions d'hygiène.**

   3° Conclusion et formule finale.

2.

SUJET. — Montrez comment la gymnastique et les exercices physiques préparent au service militaire.

Plan

1° Les qualités d'un bon soldat : force, résistance à la fatigue, adresse, agilité, respect de la discipline.
2° Comment la gymnastique et les exercices physiques développent-ils ces qualités ? (V. plan de la leçon).
3° Conclusion.

EXERCICES PHYSIQUES, LA GYMNASTIQUE 189

VII. — RÉCITATION.

Le Bataillon scolaire

Les Hommes

Petits enfants, petits soldats,
Qui marchez comme de vieux braves,
Sabre au côte, fusil au bras,
Les yeux ardents et les fronts graves ;

Petits soldats, petits enfants,
Vous qui desertez la grammaire,
Pour marquer le pas, triomphants,
Sous les regards de votre mère,

Que pensez vous, que faites vous ?
Têtes rieuses, corps fragiles.
Retournez au jeu : laissez nous
Le fardeau des armes viriles.

Les Enfants

Nous sommes les petits enfants
De la vieille mère patrie ;
Nous lui donnerons dans dix ans
Une jeune armée aguerrie.

Nous sommes les petits soldats
Du bataillon de l'Espérance,
Nous exerçons nos petits bras
A venger l'honneur de la France.

Et Bara, le petit tambour,
Dont on nous a conté l'histoire,
En attendant, bat, chaque jour,
Le rappel dans notre mémoire.

H. CHANTAVOINE (1).

---

(1) Homme de lettres français contemporain, né en 1850

VIII. — INDICATION DE LECTURES ET NOTES

VINGT-SEPTIÈME LEÇON

DEVOIRS RELATIFS AUX BIENS EXTÉRIEURS

AVARICE, PRODIGALITÉ, ÉCONOMIE

I. — LECTURE

Un Avare. — Monsieur, puisque vous le voulez, je vous dirai franchement qu'on se moque partout de vous, qu'on nous jette de tous côtés cent brocards à votre sujet, et que l'on n'est point plus ravi que de faire sans cesse des contes de votre lésine. L'un dit que vous faites imprimer des almanachs particuliers, où vous faites doubler les quatre-temps et les vigiles, afin de profiter des jeûnes où vous obligez votre monde ; l'autre, que vous avez toujours une querelle toute prête à vos valets dans le temps des étrennes ou de leur sortie d'avec vous, pour vous trouver une raison de ne leur donner rien. Celui-là conte qu'une fois vous fîtes assigner le chat d'un de vos voisins pour vous avoir mangé un reste d'un gigot de mouton ; celui-ci, que l'on vous surprit une nuit en venant dérober vous-même l'avoine de vos chevaux, et que votre cocher, qui était celui d'avant moi, vous donna, dans l'obscurité, je ne sais combien de coups de bâton dont vous ne voulûtes rien dire. Enfin, voulez-vous que je vous dise? on ne saurait aller nulle part où l'on ne vous entende accommoder de toutes pièces. Vous êtes la fable et la risée de tout le monde; et jamais on ne parle de vous que sous les noms d'avare, de ladre, de vilain, et de fesse-mathieu.

Molière [1], l'Avare.

II. — RÉSUMÉ ORAL DE LA LECTURE

III. — PLAN DE LA LEÇON

1º CE QU'ON APPELLE BIENS EXTÉRIEURS : ceux qui sont nécessaires à l'homme pour assurer son existence :
Aliments, vêtements, logement, voitures, armes, meubles, œuvres d'art, livres, **terre, argent.**

2º LEUR NÉCESSITÉ.

3º DEUX SORTES DE DEVOIRS :
a. Comment en **user** quand on les possède :
Avarice, cupidité, prodigalité, économie.

---

(1) Le plus grand poète comique français, né à Paris en 1622, mort en 1673. Il a peint admirablement les travers et les vices de l'humanité. Ses principales pièces sont le *Bourgeois gentilhomme*, les *Précieuses ridicules*, le *Misanthrope*, *Tartufe*, l'*Avare*, les *Femmes savantes*, etc.

  b. Comment les **acquérir** quand on ne les possède pas : **travail**.
4º **LA CUPIDITÉ ET L'AVARICE :**
  a. En quoi elles consistent. la **cupidité** est **l'amour immodéré de l'argent**; — l'**avarice** consiste à entasser de l'argent pour le seul plaisir d'entasser.
  b. **L'avare** possède le superflu et se prive du nécessaire ;
  c. Il **vit chichement** ; il est **sale** ; il est **malheureux,** car il craint à tout instant d'être dérobé.
  d. C'est un **fléau pour sa famille** ;
  e. Il est **dur pour ses semblables.**
  f. **Laideur** de ce **vice** qui a sa source dans l'égoïsme. — **Que les enfants s'habituent de bonne heure à penser aux autres.**
5º **LA PRODIGALITÉ** est le vice contraire.
  a. Elle consiste à **dépenser sans compter**, sans discernement.
  b. Le **prodigue** a perdu tout empire sur lui-même ; il **se livre entièrement à ses passions.**
  c. Il fait la **charité par vanité**, et son argent sert souvent à encourager le vice, la prodigalité, la corruption.
  d. Il manifeste parfois une **inclination** fâcheuse **à l'avarice,** car celui qui aime à « jeter l'argent par les fenêtres » éprouve

le besoin d'entasser pour pouvoir ensuite satisfaire son caprice.

e. En résumé, l'**avare** et le **prodigue** sont **nuisibles** à la société : l'un en retenant un argent qui pourrait, en d'autres mains, être utilement employé ; l'autre en le distribuant inconsidérément. Leur injustice.

6° **L'ÉCONOMIE** est une vertu qui tient le **juste milieu** entre l'avarice et la prodigalité.

a. L'économe modère ses dépenses, et met en réserve quelques ressources afin de les trouver aux jours d'épreuves et afin de pouvoir remplir ses devoirs de charité.

b. L'économie se complète par l'**épargne**, qui consiste à placer son argent pour le faire fructifier, et l'**association mutuelle** qui assure la tranquillité des vieux jours.

c. L'économie et l'épargne sont des **devoirs de dignité** en même temps que des **devoirs de conservation**, car l'homme qui sait mesurer ses moyens d'existence assure son **indépendance**.

7° **RÉSUMÉ ET CONCLUSION.** — S'habituer de bonne heure aux petits sacrifices, afin de prévenir le penchant à l'avarice et d'acquérir l'esprit de charité ; d'autre part, avoir le plus grand soin des vêtements, des jouets, des outils d'écolier, afin de ne pas devenir prodigue.

IV. — RÉSUMÉ A APPRENDRE PAR CŒUR

Les **biens extérieurs** sont aussi **nécessaires** à l'homme que son corps lui-même. On doit en user convenablement quand on les possède ; il faut les acquérir quand on ne les a pas. L'**Avare** et le **prodigue** usent mal de l'argent, qui est l'un des plus importants des biens extérieurs. L'avare amasse pour le seul plaisir d'amasser ; le prodigue dépense sans prévoyance et sans discernement. L'homme **économe** use convenablement de ses biens. Il est à la fois **prudent, prévoyant, charitable.**

V. — MAXIMES

1. **Il faut posséder les richesses et non pas en être possédé.**
2. **Si tu achètes le superflu, tu vendras bientôt le nécessaire.**
3. **Les petits ruisseaux font les grandes rivières.**

VI. — DEVOIRS

1.

SUJET. — Portrait de l'avare.

Plan

1º Ce qu'est un **avare.**
2º **Effets** de son vice odieux :
   a. Sur **lui-même :** habits. nourriture, soucis, etc...
   b. **Sur sa famille :** souffrances physiques et morales ; démoralisation (maison d'Harpagon).
   c. **Sur les autres hommes :** les malheureux sont chassés ; la société est privée de l'argent que l'avare a entassé dans un coin.
3º **Conclusion.** — S'habituer de bonne heure à la bonté, à la générosité.

2.

Sujet. — Définissez la prodigalité et l'avarice. *Exemples.* — Dites en quoi consiste la véritable économie. *Exemples.*

Plan

1º **Définition de la prodigalité :** penchant qui nous entraine à dépenser sans discernement, à gaspiller inutilement nos ressources sans souci de l'avenir.
   Exemples :
   a. Jeune femme qui ruine sa maison ;
   b. Ouvrier qui dépense tout ce qu'il gagne et se prépare ainsi une triste vieillesse.
2º **Définition de l'avarice :** amour immodéré des richesses ; besoin tyrannique d'entasser.
   Exemples :
   a. L'avare qui a perdu son trésor.
   b. L'avare de Molière ; l'avare de Balzac, etc.
2º **La véritable économie** consiste à dépenser juste ce qui est nécessaire pour notre entre-

tien et à réserver le superflu pour l'avenir. Ce superflu, il faut le faire fructifier : épargne.

Exemple :

Tableau d'une maison dirigée par une femme économe.

4° **Conclusion.** — Comment un enfant peut combattre le penchant à l'avarice tout en conservant l'esprit d'économie

---

VII. — RÉCITATION

L'avare qui a perdu son trésor

  Certain avare attendait,
Pour jouir de son bien, une seconde vie ;
Ne possédait pas l'or, mais l'or le possédait.
Il avait dans la terre une somme enfouie,
Son cœur avec, n'ayant d'autre déduit
  Que d'y ruminer jour et nuit,
Et rendre sa chevance à lui même sacrée.
Qu'il allât ou qu'il vînt, qu'il bût ou qu'il mangeât,
On l'eût pris de bien court, à moins qu'il ne songeât
A l'endroit où gisait cette somme enterrée.
Il y fit tant de tours qu'un fossoyeur le vit,
Se douta du dépôt, l'enleva sans rien dire
Notre avare, un beau jour, ne trouva que le nid.
Voilà mon homme aux pleurs : il gémit, il soupire,
  Il se tourmente, il se déchire.
Un passant lui demande à quel sujet ses cris :
« C'est mon trésor que l'on m'a pris.
—Votre trésor ! où pris ? Tout joignant cette pierre.
- Eh ! sommes nous en temps de guerre
Pour l'apporter si loin ? N'eussiez vous pas mieux fait
De le laisser chez vous en votre cabinet,
  Que de le changer de demeure ?
Vous auriez pu sans peine y puiser à toute heure.
— A toute heure, bons dieux ! ne tient-il qu'à cela ?
  L'argent vient il comme il s'en va ?
Je n'y touchais jamais. — Dites moi donc, de grâce,
Reprit l'autre, pourquoi vous vous affligez tant :
Puisque vous ne touchiez jamais à cet argent,
  Mettez une pierre à la place,
  Elle vous vaudra tout autant
        LA FONTAINE (1).

---

(1) V. page 70, note 1.

VIII. — INDICATION DE LECTURES ET NOTES

VINGT-HUITIÈME LEÇON

LES DETTES. — LE JEU.
NE PAS TROP AIMER L'ARGENT

I. — LECTURE

Ne faisons pas de dettes. — Un poète a dit : « Mon verre n'est pas grand, mais je bois dans mon verre ».

Dans la bouche d'un travailleur, cela signifie : mes enfants ne mangent de la viande qu'une fois par semaine, mais je ne dois rien au boucher.

Ils ont du pain à leur appétit et le boulanger tient à me conserver pour client, car je ne prends pas un pain sans le payer.

C'est ma femme qui lave le linge de la famille; de cette façon nous ne devons rien à la blanchisseuse.

L'année dernière nous avons acheté une belle commode. Nous l'avons attendue cinq ans, car nous avions décidé de ne pas l'acheter tant que nous n'aurions pas les 80 francs qu'elle nous a coûté.

Mon voisin aime mieux faire autrement. Il dit que le crédit n'est pas fait pour les chiens. Il s'est meublé tout de suite. Il paye tant par mois. Je ne l'en blâme pas : chacun fait comme il veut. Mais je préfère ne pas faire des dettes, j'aurais trop peur d'être malade et de ne pouvoir payer. Je verrais mon créancier en rêve, et puis l'huissier, et puis la saisie. J'en aurais la fièvre. J'aime mieux me priver un peu et ne devoir rien à personne.

« Mon verre n'est pas grand, mais je bois dans mon verre ».

Ch. Boniface [1].

II. — RÉSUMÉ ORAL DE LA LECTURE

III. — PLAN DE LA LEÇON

I. DETTES.
  1° Inconvénients des dettes:
  a. **Elles nuisent à la prospérité des affaires :** on paie plus cher les marchandises qu'on achète à crédit. On est exproprié parfois, si à l'échéance on ne peut pas payer.
  b. **Elles ont un effet désastreux au point de vue moral :** elles enlèvent sa liberté, son indépendance, à l'homme qui en a contracté ; elles avilissent sa dignité en l'obligeant à ruser ou à

---

[1] Chef de bureau au Ministère de l'Instruction publique

mentir : « Le mensonge monte en croupe de la dette. » (Franklin).

2º **Elles naissent d'habitudes d'imprévoyance et de dépenses mal réglées.** — Conclusion applicable aux écoliers.

II. **LE JEU.**

1º **Le jeu, dans le sens où on le prend à l'école.**

Il est utile parce que :

a. Il fortifie et assouplit les organes.

b. Il repose et distrait l'esprit.

c. Il a une réelle valeur éducative (V. 26ᵉ leçon).

d. Mais, quand on s'y livre à l'excès, le jeu prend le pas sur le travail, conduit à la dissipation et est alors une véritable passion qu'il faut réprimer.

2º **Jeux de hasard.** — Définition. — Leurs dangers :

a. Ils captivent l'attention de l'homme qui **néglige** ses **occupations** ordinaires.

b. L'appât du gain amène le joueur à **sacrifier** au jeu **sa fortune** personnelle, celle de sa famille, et à contracter des dettes.

c. Le joueur finit parfois par le **suicide** ou la **folie**. Il est rare qu'un joueur ne soit pas en même temps un **fumeur** et un **buveur.**

III. **NE PAS TROP AIMER L'ARGENT.**

Il faut user à propos de cette marchandise si commode appelée l'argent.

1º Il ne faut pas l'aimer pour lui-même : éviter l'**avarice,** la **cupidité,** la **lésinerie,** le **jeu**.

2º Il faut le ménager : éviter la **prodigalité** et les **dettes.**

IV. **Résumé et Conclusion.**

IV. — RÉSUMÉ A APPRENDRE PAR CŒUR

Il ne faut pas faire de dettes parce que les **dettes nuisent à la prospérité des affaires** et qu'elles **enlèvent** toute **dignité** et toute **liberté** à l'homme qui en contracte. Le jeu, comme exercice physique, est utile et permis jusqu'à une certaine limite. Les **jeux de hasard** sont **condamnables** et ont des **conséquences désastreuses.** L'argent n'a de valeur que par le bon emploi qu'on en fait : il faut **fuir** à la fois l'**avarice,** la **cupidité,** la **lésinerie,** la **prodigalité** et les **dettes.**

V. — MAXIMES

1. Qui paye ses dettes s'enrichit.
2. Le goût du jeu, fruit de l'avarice et de

l'ennui, ne prend que dans un esprit et dans un cœur vides.

3. **L'argent est un bon serviteur et un mauvais maître.**

VI. — DEVOIRS

1.

Sujet. — Quels sont les mauvais effets des dettes ?

Plan

I. **DÉFINITION.**

II. **LEURS EFFETS :**
  1° Elles nuisent à la prospérité des **affaires;**
  2° Au point de vue moral :
   a. Elles portent atteinte à la **liberté ;**
   b. Elles diminuent la **dignité ;**
   c. Elles conduisent au **mensonge.**

III. **CONCLUSION.** — Les dettes, naissant d'habitudes d'imprévoyance et de dépenses mal réglées, s'habituer à l'économie, réfléchir avant de faire une dépense.

2.

Sujet. — Que pensez-vous du jeu et des joueurs ?

Plan

I. **INTRODUCTION.** — La passion du jeu est une de celles qui ne sont **jamais seules.**

II. **LES EFFETS DU JEU :**
  1° Le jeu entraîne à la **paresse.**

2° Il conduit souvent au **vol,** au **crime** ou au **suicide.**

3° Le joueur **ruine** et **déshonore** sa **famille.**

4° Histoire d'un joueur :
- *a.* Henri fête d'abord une partie du dimanche ; enjeux peu importants ; il prend goût au jeu.
- *b.* Sa bourse s'en trouve-t-elle mieux ? — Et sa besogne ?
- *c.* Sa passion augmente avec ses pertes.
- *d.* Il triche, il est pris sur le fait ; ce qui lui arrive.

III. CONCLUSION.

1° Se méfier, quand on est jeune, de son penchant pour le jeu ;

2° Eviter les paris, les enjeux, ne jamais se livrer aux jeux de hasard.

VII. — RÉCITATION

Le Sifflet.

Quand j'étais un enfant de cinq ou six ans, mes amis, un jour de fête, remplirent ma petite poche de sous. J'allai tout de suite à une boutique où l'on vendait des babioles ; mais, charmé du son d'un sifflet que je vis, chemin faisant, dans les mains d'un autre petit garçon, je lui offris et lui donnai volontiers en échange tout mon argent.

Revenu chez moi, fort content de mon achat, sifflant par toute la maison, je fatiguai les oreilles de toute la famille ; mes frères, mes sœurs, mes cousines, apprenant que j'avais tout donné pour ce mauvais instrument, me dirent que je l'avais payé dix fois plus qu'il ne valait ; alors ils me firent penser au nombre de choses que j'aurais pu acheter avec le reste de ma monnaie, si j'avais été plus prudent ; ils me tournèrent tellement en ridicule, que j'en pleurai de dépit, et la réflexion me donna plus de chagrin que le sifflet de plaisir.

Cet accident fut cependant par la suite de quelque utilité pour moi ; car l'impression resta dans mon âme. Aussi, lorsque j'étais tenté d'acheter quelque chose qui ne m'était pas nécessaire, je disais en moi-même : Ne donnons pas trop pour le sifflet, et j'épargnais mon argent.

FRANKLIN [1].

---

(1) V page 64, note 1.

VIII. — INDICATION DE LECTURES ET NOTES

VINGT-NEUVIÈME LEÇON

LE TRAVAIL

I. — LECTURE

Noblesse du travail manuel. — Sais-tu, mon enfant, pourquoi je n'ai pas voulu que tu essuyasses le sopha tandis que ton camarade était là? dit papa. Parce que c'eût été pour ainsi dire lui reprocher de l'avoir sali. Et cela n'eût pas été bien, car outre qu'il ne l'avait pas fait exprès, il l'avait sali avec les vêtements que son père a blanchis en travaillant. Les marques du travail sont toujours respectables. C'est de la poussière, de la chaux, du vernis, tout ce que tu voudras, mais non de la malpropreté. Le travail ne salit pas. Ne dis jamais d'un ouvrier qui revient du travail : « Il est sale ». — Tu dois dire: « il a sur ses habits les traces de son travail ». Souviens toi de cela, et aime bien le petit maçon, d'abord parce qu'il est ton camarade, ensuite parce que c'est le fils d'un travailleur.

Amicis [1]. — Grands Cœurs.

---

(1) V. page 126, note 1.

II. — RÉSUMÉ ORAL DE LA LECTURE

III. — PLAN DE LA LEÇON

1º DÉFINITION. — Application de l'activité en vue d'une fin utile.

2º LE TRAVAIL EST UNE NÉCESSITÉ DE LA VIE MATÉRIELLE :
    a. Pour vivre, l'homme doit se procurer des **aliments,** des **vêtements,** une **maison,** de la **terre,** de l'**argent,** etc. ;
    b. Or, ces biens ne doivent être acquis que par des **moyens honnêtes,** c'est-à-dire par le **travail ;**
    c. Le travail est **intellectuel** ou **manuel ;** sous ses deux formes, il est également respectable ; il est la **source de la richesse.**

3º LE TRAVAIL EST UNE OBLIGATION MORALE :
    a. Tout travaille dans la nature ; l'homme doit travailler par **respect pour lui-même ;**
    b. Il a pour **devoir de se perfectionner** en éloignant de lui les vices ou les passions. Or, dit Voltaire, le travail éloigne de nous trois grands maux : l'**ennui,** le **vice** et le **besoin.**

4º **LE TRAVAIL EST UNE OBLIGATION SOCIALE.**
    a. Le travail de **chacun** profite à **tous** et réciproquement.
    b. Une **nation** n'est forte que du travail de tous ses enfants.
    c. Travail, **devoir de justice** envers notre patrie et nos semblables.

5º **Résumé et Conclusion.**

IV. — RÉSUMÉ A APPRENDRE PAR CŒUR

Le **travail** est l'**application** de son **activité en vue d'une fin utile.** Par le travail, on se procure tous les **biens nécessaires à la vie** et on parvient à l'aisance et même à la fortune. Le travail **moralise** l'homme en le préservant des passions mauvaises. Enfin, le travail est une **obligation sociale :** c'est un **devoir de justice** envers notre patrie et envers nos semblables.

V. — MAXIMES

1. Le travail est le père de toutes les vertus.
2. L'ennui est entré dans le monde par la paresse (La Bruyère [1]).
3. De toutes les consolations, le travail est la plus fortifiante et la plus saine parce

---

(1) V page 162, note 1.

qu'il soulage l'homme, non en lui apportant des douceurs, mais en lui demandant des efforts (Taine[1]).

VI. — DEVOIRS

1.

SUJET. — Utilité et valeur morale du travail.

Plan

I. INTRODUCTION : Définition.

II. UTILITÉ DU TRAVAIL :
 1° Il procure les choses nécessaires à l'existence : **aliments, vêtements, logement,** argent, livres, etc...
 2° En assurant l'aisance et la fortune, il donne l'**indépendance** et sauvegarde la **dignité**.
 3° Il est la condition essentielle du **progrès** individuel et social.

III. VALEUR MORALE DU TRAVAIL :
 1° Il **développe** nos **facultés** physiques, intellectuelles et morales.
 2° Il est une **consolation** dans nos peines, une source de **joie**, un **préservatif** contre les tentations mauvaises.
 3° Il nous permet de venir en **aide** à nos semblables.

IV. CONCLUSION. — Sans travail, point d'aisance, mais plutôt la misère ; le paresseux, incapa-

---

(1) Critique, historien et philosophe français contemporain ((1828-1893). Principaux ouvrages *Littérature anglaise, La Fontaine et ses Fables, Origines de la France contemporaine De l'intelligence*, etc.

ble d'accomplir aucun de ses devoirs se dégrade et traine péniblement une vie qui, le plus souvent, se termine au bagne ou à l'échafaud.

2.

Sujet. — A l'examen du certificat d'études, Paul, qui n'a pas travaillé en classe, prie Jean. élève studieux, de lui venir en aide, s'il le peut. quand on composera. Faites le récit de la conversation en vous rappelant la fable **La Cigale et la Fourmi.**

Plan

1° **Le jour du certificat d'études primaires est arrivé.** Les candidats de l'école de Q. se rendent ensemble au siège de l'examen. — Conversation animée. — Etat d'esprit des candidats.

2° **Dialogue entre Jean et Paul.**
  a. Portraits moraux de Paul et de Jean.
  b. Paul prie Jean de lui venir en aide.
  c. Jean ne peut rendre le service demandé : à l'examen, il est défendu, sous peine d'exclusion, de venir en aide à un camarade.
  d. Regrets de Jean qui n'eût pas voulu ressembler à la Fourmi de la fable.
  e. Remords de Paul qui compare son cas à celui de la Cigale.

3° **Dénouement.** — Les examens viennent de finir. Les enfants quittent la salle, les uns la tête haute et la joie au cœur ; les autres s'esquivent tout honteux. Jean est reçu : il est premier. Paul a échoué. L'un et l'autre ont reçu la récompense qu'ils méritaient. — Résolutions.

VII. — RÉCITATION

Le Travail.

Au joug de bois poli le timon s'équilibre ;
Sous l'essieu gémissant le soc se dresse et vibre ;
L'homme saisit le manche, et sous le coin tranchant,
Pour ouvrir le sillon, le guide au bout du champ..
La terre qui se fend sous le soc qu'elle aiguise,
En tronçons palpitants s'amoncelle et se brise,
Et tout en s'entr'ouvrant, fume comme une chair
Qui se fend et palpite et fume sous le fer
En deux monceaux poudreux les ailes la renversent ;
Les racines a nu, les herbes se dispersent ;
Ses reptiles, ses vers, par le soc déterrés,
Se tordent sur son sein en tronçons torturés
L'homme les foule aux pieds et, secouant le manche,
Enfonce plus avant le glaive qui les tranche ;
Le timon plonge, et tremble, et déchire ses doigts.
La femme parle aux bœufs du geste et de la voix,
Les animaux, courbés sous leur jarret qui plie,
Pèsent de tout leur front sur le joug qui les lie ;
Comme un cœur généreux leurs flancs battent d'ardeur ;
Ils font bondir le sol jusqu'en sa profondeur.
L'homme presse ses pas, la femme suit a peine :
Tous au bout du sillon arrivent hors d'haleine.
Ils s'arrêtent ; le bœuf rumine, et les enfants
Chassent avec la main les mouches de ses flancs..

   O travail, sainte loi du monde,
   Ton mystère va s'accomplir !
   Pour rendre la glèbe féconde,
   De sueur il faut l'amollir
   L'homme, enfant et fruit de la terre,
   Ouvre les flancs de cette mère
   Ou germent les fruits et les fleurs,
   Comme l'enfant mord la mamelle
   Pour que le lait monte et ruisselle
   Du sein de sa nourrice en pleurs

          LAMARTINE (1).

---

(1) L'un de nos plus grands poetes lyriques du dix-neuvieme siecle, né a Macon en 1790, mort en 1869 Ses œuvres principales sont : Les *Méditations*, les *Harmonies*, *Jocelyn*, — *Histoire des Girondins*, *Raphael*, *Graziella*, etc

VIII. — INDICATION DE LECTURES ET NOTES

TRENTIÈME LEÇON

DEVOIRS ENVERS L'AME

A.
DEVOIRS RELATIFS A LA SENSIBILITÉ

I. — LECTURE

La sensibilité morale. — Lorsqu'un enfant se fait du mal, il pleure : mais je suis sûr que vous avez vu pleurer pour d'autres motifs. Nous ne sommes pas sensibles seulement au plaisir et à la douleur que ressent notre corps, mais aussi aux sentiments de joie ou de peine que nous éprouvons dans notre âme.

Le sort de notre famille ne fait-il pas battre notre cœur ? C'est que c'est là que nous sommes nés, que nous avons vécu, que nous avons été entretenus, aimés. Si l'on nous parle d'un grave accident, si l'on nous lit dans un journal le récit d'une horrible catastrophe, notre cœur s'émeut. La vue d'un malade, d'un vieillard infirme, d'un estropié nous afflige. Lorsque nos soldats sont engagés dans une guerre, lorsque le drapeau tricolore flotte sur un champ de bataille, nous éprouvons des sentiments d'anxiété jusqu'à ce que nous connaissions l'issue du combat, et des sentiments de joie et d'orgueil lorsque nous recevons la nouvelle d'une victoire. C'est que nous aimons notre patrie comme une grande famille et rien ne nous semble plus naturel et plus beau que de la servir et de donner notre vie pour elle.

Tout ce qui est bien et beau nous touche. Les grands spectacles de la nature nous frappent d'admiration : les hautes montagnes, la mer immense, les splendeurs du soleil couchant, les espaces infinis d'une nuit étoilée. Notre pensée se porte vers l'auteur de ce merveilleux univers, et nous l'adorons sans le connaître.

Cette sympathie pour tout ce qui est noble s'appelle sensibilité morale.

J. Steeg [1].

II. — RÉSUMÉ ORAL DE LA LECTURE

III. — PLAN DE LA LEÇON

I. LES TROIS GRANDES FACULTÉS DE L'AME :
1. L'âme **sent, pense, veut.**
2. La faculté de **sentir,** c'est-à-dire d'éprouver du **plaisir** et de la **douleur,** de l'**amour** ou de la **haine,** se nomme **SENSIBILITÉ.**

---

(1) V p 73, note 1

3. La faculté de **penser** et de **connaître** se nomme **INTELLIGENCE**.

4. La faculté de **vouloir**, de se **déterminer** en connaissance de cause, se nomme **VOLONTÉ**.

5. A chacune de ces trois grandes facultés correspondent des devoirs particuliers.

II. **DEVOIRS RELATIFS A LA SENSIBILITÉ** : La soumettre à la raison :

1º **Modération** dans le plaisir ;

2º **Résignation** dans la douleur ;

3º **Être en garde** contre les **affections irréfléchies** (bon choix des amis) et les **haines irraisonnées** (injustice) ;

4º Affections et aversions excessives conduisent à la **passion**. Or, les passions mauvaises sont très dangereuses.

5º **LA COLÈRE**. — Ses funestes effets :

    a. Elle **avilit** l'homme en le transformant en fou furieux. Portrait et actes de l'homme en colère.

    b. Elle **voile la vérité** à l'homme qu'elle rend parfois **injuste** ; elle cause souvent des **regrets amers**.

III. **RÉSUMÉ ET CONCLUSION**.

IV. — RESUMÉ A APPRENDRE PAR CŒUR

L'âme possède trois facultés : la **sensibilité, l'intelligence** et la **volonté.** La sensibilité est la faculté d'éprouver du **plaisir** ou de la **douleur,** d'**aimer** ou de haïr. Les devoirs relatifs à la sensibilité sont : la **modération dans les plaisirs,** la **résignation dans la douleur,** la **lutte contre les passions** mauvaises. La **colère,** l'une des plus terribles passions, est un court délire ; elle entraîne aux pires actions.

V. — MAXIMES

1. **Contentement passe richesse.**
2. **Quand on se plaint de la vie, c'est presque toujours parce qu'on lui a demandé l'impossible.** (RENAN [1]).
3. **La colère est un court délire.** (HORACE [2]).

VI. — DEVOIRS

1.

SUJET. — Etablissez la différence entre la sensibilité physique et la sensibilité morale. Quels sont les devoirs relatifs à la sensibilité en général ?

---

(1) Philosophe et historien français du XIXe siècle, né a Tréguier en 1823, mort en 1892. Principaux ouvrages l'*Avenir de la Science*, les *Origines du Christianisme*, *Histoire du peuple d'Israël*, *Souvenirs d'enfance et de jeunesse*, etc.

(2) Célèbre poète latin du siècle d'Auguste (689-746 av. J.-C.)

Plan

1º L'homme, composé d'un **corps** et d'une **âme**; le corps et l'âme peuvent éprouver du **plaisir** et de la **douleur.** — *Exemples.*
2º La sensibilité du corps, c'est la **sensibilité physique**; la sensibilité de l'âme, c'est la **sensibilité morale.**
3º **Les devoirs relatifs à la sensibilité sont :**
    a. Le **choix** et la **modération** dans les **plaisirs ;**
    b. La **résignation** dans la **douleur ;**
    c. La **prudence** dans les **liaisons** ou les **ruptures** entre amis ;
    d. L'**horreur des passions** mauvaises en général et de la **colère** en particulier.
4º **Conclusion.** — La sensibilité, faculté délicate, est cause du bonheur ou du malheur de l'homme. Donc, nécessité de bien observer les devoirs qu'elle commande.

2.

Sujet. — Racontez l'histoire d'Alexis, et montrez les dangers de la colère.

(Lire et reproduire par écrit l'histoire d'Alexis : V. *Livre de l'Adolescent,* par Bruno, lib. Belin).

VII. — RÉCITATION.

A Villequier.

Maintenant, ô mon Dieu! que j'ai ce calme sombre
    De pouvoir désormais
Voir de mes yeux la pierre où je sais que dans l'ombre
    Elle doit pour jamais;

Maintenant qu'attendri par ces divins spectacles,
Plaines, forêts, rochers, vallons, fleuve argenté,
Voyant ma petitesse et voyant vos miracles,
Je reprends ma raison devant l'immensité ;

Je sais que le fruit tombe au vent qui le secoue ;
Que l'oiseau perd sa plume et la fleur son parfum ;
Que la création est une grande roue
Qui ne peut se mouvoir sans écraser quelqu'un.

Les mois, les jours, les flots des mers, les yeux qui pleurent,
  Passent sous le ciel bleu ;
Il faut que l'herbe pousse et que les enfants meurent ;
  Je le sais, ô mon Dieu !

Seigneur, je reconnais que l'homme est en délire,
  S'il ose murmurer ;
Je cesse d'accuser, je cesse de maudire ;
  Mais laissez-moi pleurer !

V. HUGO (1)

---

(1) V. page 28, note 1.

VIII. — INDICATION DE LECTURES ET NOTES

TRENTE ET UNIÈME LEÇON

B.
DEVOIRS RELATIFS à l'INTELLIGENCE :
Véracité et Sincérité.
NE JAMAIS MENTIR.

I. — LECTURE.

Le mensonge. — L'animal ne ment pas. Le loup, le tigre, ne vous flattent pas pour vous mieux déchirer. Le lion ne se déride pas pour vous capter. Il ne se fait pas un rugissement de courtisan. La vipère se cache, il est vrai, mais dans ses yeux perçants vous pourriez lire sa haine. Elle ne ment pas. Le chien enragé montre par sa gueule écumante, par sa course effrénée, la rage qui le consume; il ne ment pas...

Ainsi de tous les autres. Ceux qui, comme l'araignée, tendent des embûches, ne caressent pas d'avance leur proie. Ils ne mentent pas.....

Un seul être ment sur la terre, c'est l'homme. Lui seul parvient à se composer un masque, un langage, un visage qui le fait paraître tout le contraire de ce qu'il est.....

Chez lui, tout peut mentir : le visage, la voix, la bouche, la main, les yeux, le geste, la marche, le corps entier.

Ce qui n'est chez l'animal qu'une transformation inconsciente est instantané chez l'homme. Il sait prendre la voix et la couleur de sa proie : il sait mimer sa victime.

E. QUINET [1].

II. — RÉSUMÉ ORAL DE LA LECTURE

III. — PLAN DE LA LEÇON

1° **Définition** de l'intelligence : faculté de connaître ;
2° Le premier devoir relatif à l'intelligence, c'est **la recherche passionnée de la vérité.**
3° Le deuxième devoir consiste à **ne pas altérer la vérité.**
4° On altère la vérité par le **mensonge** sous toutes ses formes : **parjure, mauvaise foi, hypocrisie,** etc.
5° **LE MENSONGE :**
   a. Mentir, c'est dire le contraire de la vérité.
   b. Le menteur porte un grand **préjudice** à celui qu'il trompe (injustice).

---

[1] Poète, philosophe et historien français du dix-neuvième siècle, né à Bourg en 1803, mort en 1875. Esprit original, remuevr d'idées, âme passionnée de liberté. Proscrit avec V. Hugo par Napoléon III, en 1852. Ses principaux ouvrages sont la *Révolution,* la *République,* la *Création,* le *Génie des religions, Histoire de mes idées,* etc.

c. Le mensonge cause un réel tort à celui qui ment : il l'**avilit** à ses propres yeux ; il le **diminue** aux yeux d'autrui.

d. Motifs de mensonge : **lâcheté, intérêt, vanité, méchanceté.**

e. **Ses diverses formes :**

    1. **PARJURE :** mensonge sous la foi d'un serment : faux témoins.

    2. **MAUVAISE FOI :** travestissement de la vérité dans un but intéressé : homme qui nie une dette, marchand qui trompe sur la qualité de ses marchandises, etc.

    3. **HYPOCRISIE :** mensonge qui se présente sous le masque de la vérité. — L'hypocrite connaît si bien l'art de la dissimulation (visage, paroles, tenue) qu'il passe souvent pour un homme vertueux.

    Le contraire de l'hypocrisie est la **franchise,** la **loyauté,** la **sincérité.**

6° **RÉSUMÉ ET CONCLUSION :** Dévouement qu'il faut apporter à la recherche et à la proclamation de la vérité. **Lutter** énergiquement, **courageusement** contre le mensonge et l'hypocrisie.

IV. — RÉSUMÉ A APPRENDRE PAR CŒUR

L'**intelligence** est la faculté de connaître la **vérité**. Nous avons le devoir de **rechercher** la vérité, de la **respecter** et de fuir le **mensonge** sous toutes ses formes. Mentir. c'est dire le contraire de ce qu'on sait. On ment par **lâcheté,** par **intérêt,** par **vanité,** par **méchanceté.** Le **parjure** est le mensonge qui passe sous la foi du serment. La **mauvaise foi** est le travestissement de la vérité dans un but intéressé. L'**hypocrisie,** c'est le mensonge qui se présente sous le couvert de la vérité. Le mensonge est à la fois odieux et préjudiciable.

V. — MAXIMES

1. **La vérité, comme la lumière, est inaltérable, immortelle.**
(Bern. DE SAINT-PIERRE [1]).
2. **La parole de l'homme est une monnaie qui ne doit pas être altérée et veut conserver toute sa valeur pour avoir cours.**
3. **Ce qu'il nous faut ramener ou préparer à tout prix, c'est le règne et la religion de la sincérité.** (E. QUINET [2])

---

(1) Prosateur français, né au Havre en 1737, mort en 1814. Dans un style pittoresque et plein de lumière, il s'est appliqué à peindre les scènes de la nature. Principaux ouvrages : *Voyage à l'Ile de France, Paul et Virginie, Études de la nature,* etc.

(2) V. page 222, note 1.

VI. — DEVOIRS

1.

Sujet. — Du mensonge sous toutes ses formes. — Laideur et effets du mensonge.

Plan

1° **Qu'est-ce que mentir ?**
2° **Motifs du mensonge :**
    a. Lâcheté. — Exemple ;
    b. Intérêt. — Exemple ;
    c. Vanité. — Exemple ;
    d. Méchanceté. — Exemple.
3° **Formes du mensonge :**
    a. Parjure ;
    b. Mauvaise foi ;
    c. Dissimulation et hypocrisie.
4° **Laideur du mensonge :** il dégrade l'homme.
5° **Effets du mensonge :**
    a. Il porte un réel tort au trompé ;
    b. Le menteur perd la confiance d'autrui ;
    c. Le parjure est puni par la loi.
6° **Conclusion.** — Le mensonge n'a aucun avantage, il ne présente que des inconvénients : on ne peut se perdre par la franchise, on se déshonore à coup sûr par la fausseté. Fuir le mensonge ; s'attacher à la vérité, la proclamer toutes les fois que c'est nécessaire.

2.

Sujet. — Racontez une anecdote qui prouve qu'un menteur n'est point écouté, même quand il dit la vérité.

(Anecdote de Guillot, le berger).

VII. — RÉCITATION.

Sincérité.
(Extrait du *Misanthrope*).

Non, je ne puis souffrir cette lâche méthode
Qu'affectent la plupart de vos gens à la mode ;
Et je ne hais rien tant que les contorsions
De tous ces grands faiseurs de protestations,
Ces affables donneurs d'embrassades frivoles,
Ces obligeants diseurs d'inutiles paroles,
Qui de civilités avec tous font combat
Et traitent du même air l'honnête homme et le fat.
Quel avantage a-t-on qu'un homme vous caresse,
Vous jure amitié, foi, zèle, estime, tendresse,
Et vous fasse de vous un éloge éclatant,
Lorsqu'au premier faquin il court en faire autant ?
. . . .
Puisque vous y donnez, dans ces vices du temps,
Morbleu ! vous n'êtes pas pour être de mes gens ;
Je refuse d'un cœur la vaste complaisance
Qui ne fait du mérite aucune différence ;
Je veux qu'on me distingue, et, pour le trancher net,
L'ami du genre humain n'est point du tout mon fait.

MOLIÈRE 1.

---

(1) V. page 192, note 1.

VIII. — INDICATION DE LECTURES ET NOTES

TRENTE-DEUXIÈME LEÇON

AVOIR HONTE DE L'IGNORANCE ET DE LA PARESSE

I. — LECTURE.

Les êtres surnaturels. — Toute la vie du moyen âge fut imbue de superstitions que la religion ne put extirper. L'une des plus tenaces fut la croyance à l'existence d'êtres surnaturels persistant à hanter le séjour des mortels. Les fées, armées de leur baguette magique, habitent les grottes, les forêts profondes, les landes désertes. En Bretagne, il y a les korrigans, qui vivent sous les anciennes pierres païennes, en sortent la nuit pour s'ébattre au clair de lune, entourent le voyageur anuité et l'obligent à danser avec eux jusqu'à la mort. Dans les eaux se cachent les ondines dont la beauté perfide attire les imprudents chevaliers ; dans les montagnes, les nains, qui ont la clef des trésors souterrains. Des ogres guettent les petits enfants pour les dévorer ; des goules viennent déterrer les morts pour ronger leurs os ; des vampires se lèvent la nuit de leurs tombes pour sucer le sang des vivants ; des loups-garous, hommes qui peuvent se transformer en bêtes attaquent le voyageur isolé ; des feux follets voltigent sur les marais et sont les âmes des petits enfants morts sans baptême; des lavandières, pendant la nuit, au bord des ruisseaux, battent on ne sait quel linge funèbre, et leur rencontre est un présage de malheur. A Toulouse, les passants attardés risquent de rencontrer la « male beste », et, à Tarascon, la tarasque. En Provence, les dracs enlèvent les enfants et les emmènent dans des palais souterrains ou aquatiques ; et, dans l'est, Hellequin promène, par les nuits d'orage, sa meute de loups.

A. RAMBAUD [1].

II. — RÉSUMÉ ORAL DE LA LECTURE

III. — PLAN DE LA LEÇON

1º **L'ignorance** n'est **plus permise** aujourd'hui avec les moyens d'instruction et d'éducation mis à la portée des plus pauvres.

2º **AVOIR HONTE DE L'IGNORANCE:**
    a. L'instruction étant universellement répandue, **l'ignorant est une exception ;**
    b. **L'ignorant** est **inférieur** à l'homme instruit :

---

[1] Historien et homme politique français contemporain

1. Dans toute profession, **supériorité de l'homme instruit** ;
2. **Plaisirs délicats** réservés à l'**homme instruit** : lectures, conversation, etc... ;
3. A l'ignorant, les divertissements grossiers : cabaret, jeux brutaux, etc... ;
4. L'instruction moralise.

   c. L'ignorant est incapable de **faire ses propres affaires**.
   d. L'ignorant **ne peut être un citoyen utile** ;
   e. L'ignorant est **imbu** de **préjugés**, et, à ce titre, il est dangereux. — Exemples historiques :
1. Au quatorzième siècle, lors d'une épidémie de peste noire, les Juifs accusés d'empoisonner l'eau, traqués et brûlés ;
2. Les médecins traités d'empoisonneurs, lors d'une récente épidémie de choléra à Marseille.

3° **AVOIR HONTE DE LA PARESSE :**
   a. La **paresse** est l'une des principales **causes de l'ignorance**.
   b. Le paresseux **ressemble**, par son apathie, à l'**animal de ce nom**. Il est méprisé ;
   c. L'enfant paresseux **manque** à tous ses devoirs de **reconnaissance** et se pré-

pare à lui-même un **avenir misérable.**

4º **Résumé et conclusion.**

IV. — RÉSUMÉ A APPRENDRE PAR CŒUR

L'**ignorance** n'est **plus permise** aujourd'hui. L'homme ignorant se condamne à l'**infériorité** et consent à devenir la **risée** ou la **proie** de ses semblables. L'ignorance est souvent **dangereuse**. L'ignorance a pour cause la **paresse** qui rend l'homme **incapable** et **méprisable**. Le paresseux **manque** à tous ses **devoirs** et se **prépare** à lui-même un **avenir misérable.**

V. — MAXIMES

1. **L'ignorance est la mort de l'intelligence.**
2. **Il y a la même différence entre un savant et un ignorant, qu'entre un vivant et un mort.**
3. **Quiconque ne fait rien ne vaut rien; un âne qui travaille est une majesté à côté de l'homme fainéant.**

VI. — DEVOIRS

1.

SUJET. — L'ignorance et la paresse; mépris qu'elles inspirent.

Plan

1º **Causes de l'ignorance :**
   a. Défaut de moyens pour s'instruire ;
   b. Paresse.
2º **L'ignorant ; son infériorité** parmi ses semblables ; mépris qui s'attache à l'homme ignorant et imbu de préjugés.
3º **La paresse.** — Portrait du paresseux ; inutilité de sa vie, mépris inspiré par l'enfant paresseux.
4º **Conclusion.** — L'ignorance rend l'homme inférieur et incapable ; la paresse le dégrade en le rendant non seulement inutile, mais dangereux. Il faut donc avoir honte de l'ignorance et de la paresse.

2.

Sujet. — Dites ce que vous pensez de la croyance aux sorciers, aux magiciens, aux revenants. Citez d'autres erreurs ou préjugés qui passent pour des vérités dans certains pays où l'instruction est peu répandue.

Plan

I. **INTRODUCTION.** — Les enfants et les peuples primitifs croient aux sorciers, aux magiciens, aux revenants, etc.

II. **CE QU'IL FAUT PENSER DE CETTE CROYANCE :**
   1º Elle est **absurde** et a pour cause **l'ignorance** et le manque de réflexion.
   2º **Il n'y a pas de sorciers,** c'est-à-dire d'hommes capables de pactiser avec le diable, ou autres esprits imaginaires, et de nuire, par ce moyen, à leurs semblables.

3° **Il n'y a pas de magiciens,** c'est-à-dire d'hommes capables de produire des effets contre l'ordre de la nature, ou de prédire l'avenir.

4° **Il n'y a pas de revenants,** ni d'esprits malfaisants.

5° A ce point de vue, **tous les hommes sont égaux;** ils diffèrent simplement par le degré d'intelligence et d'instruction.

III. AUTRES ERREURS OU PRÉJUGÉS:

1° C'est par ignorance qu'on croit qu'il est nécessaire de sonner les **cloches en temps d'orage ;**

2° C'est par ignorance qu'on croit que par des **signes** on puisse **guérir certaines maladies** : entorses, maladies des bestiaux, etc.

3° C'est par ignorance que, dans certains pays, on suppose qu'un **tison du feu** de la Saint-Jean, déposé dans le potager, en **fait disparaître les limaces,** etc.

4° C'est toujours l'ignorance qui explique la persistance, dans certaines contrées, d'autres préjugés ou superstitions qui tendent à disparaître avec les progrès de l'instruction : le **vendredi,** le **nombre 13,** l'**araignée du matin,** le **cri de la chouette,** les **korrigans** de Bretagne, la « **male beste** » de Toulouse, la **tarasque** de Tarascon, etc., etc.

IV. **CONCLUSION.** — Combattre les préjugés ; s'instruire, réfléchir. Selon le conseil de Descartes, **n'admettre comme vrai que ce que nous reconnaissons évidemment être tel.**

VII. — RÉCITATION

L'Écolier, l'Abeille et l'Absinthe

« Que fais-tu donc sur cette plante ?
Disait un écolier paresseux et mutin
    A l'ouvrière diligente
    Qui butinait de grand matin.
— Du miel. — Y penses-tu ? quoi, du miel de l'absinthe ?
— Sans doute — Ah! pour le coup, c'est te moquer de moi!
De ton rare talent, à te parler sans feinte,
Tu fais, ma chère, un sot emploi.
    — Ainsi l'âge de l'ignorance
    Toujours juge à tort, à travers !
    Quand mon utile prévoyance
    De cette plante aux sucs amers
Tire un miel aussi doux que celui de la rose:
Du travail, mon ami, c'est la métamorphose.
Mets à profit, crois-moi, la leçon d'aujourd'hui ;
    Pour la trop paresseuse enfance,
    L'absinthe est la peine et l'ennui
    Qu'un long travail traîne après lui ;
Le miel, c'est le doux fruit que produit la science. »

A. NAUDET (1)

---

(1) Auteur d'un recueil de fables assez estimé (1785-1847).

VIII. — INDICATION DE LECTURES ET NOTES

TRENTE-TROISIÈME LEÇON

LA MODESTIE.
Eviter l'orgueil, la vanité, la coquetterie, la frivolité.

I. — LECTURE

De l'orgueil mal placé. — Il y a longtemps que je vous parle de cet orgueil mal placé que je tâche de détruire à Saint-Cyr [1] et cependant je l'y trouve encore. Je ne saurais comprendre ce qu'a fait une de vous. On l'envoie balayer, et parce qu'on lui marque ce qu'elle doit faire, elle s'en choque et dit: « Une servante ne doit pas me commander ; c'est à nous à faire ce que nous voulons. » Peut-on voir une telle insolence ? Quoi! parce qu'on vous dit: Vous balayerez là, ou vous ferez cela, vous êtes choquées! Mais si on m'envoyait aider à une servante, la première chose que je ferais serait de demander ce qu'elle veut que je fasse, car certainement je ne saurais par où commencer. Il faut qu'il

---

(1) Pension fondée par Mme de Maintenon en 1685 et ou était donnée, aux frais de l'Etat, l'éducation à 250 jeunes filles de la noblesse pauvre

y ait bien du travers dans votre tête. Et où en serions-nous si c'était un affront de s'instruire de gens au-dessous de soi? On le fait tous les jours, et personne ne s'avise de s'en croire déshonoré.

Mme DE MAINTENON [1].

II. — RÉSUMÉ ORAL DE LA LECTURE

III. — PLAN DE LA LEÇON

I. **LA DIGNITÉ PERSONNELLE ET LE RESPECT DE SOI-MÊME.** (Retour sur la vingtième Leçon).

II. **IL NE FAUT NI S'EXAGÉRER SA VALEUR PROPRE NI S'AVEUGLER SUR SES DÉFAUTS.**

III. **LA MODESTIE** est le **sentiment de sa juste valeur.** C'est une vertu qui convient à tout le monde, et particulièrement aux jeunes filles.

IV. **ÉVITER L'ORGUEIL, LA VANITÉ, LA COQUETTERIE, LA FRIVOLITÉ :**

    1° **Orgueil.**—C'est le **sentiment exagéré** de nos avantages, de notre supériorité sur les autres hommes. L'or-

---

[1] Femme de lettres du 17e siècle (1635-1719), célèbre par l'influence qu'elle a exercée sur Louis XIV. Elle a écrit, pour les jeunes filles de Saint-Cyr, des *Lettres* et des *Entretiens* sur l'éducation.

gueil est un vice insupportable. On s'enorgueillit de ses richesses, de ses ancêtres, de ses succès. L'orgueilleux est un brutal et un insolent.

2° **Vanité.** — C'est un **diminutif de l'orgueil.** Elle consiste à tirer gloire des plus petites choses : beauté physique, ameublement, vêtements, etc.

3° **Coquetterie.** — **Désir** d'attirer l'attention et **de plaire** ; travers fréquent chez les jeunes filles ;

4° **Frivolité.** — **Amour des bagatelles** ; signe de tête légère, marque d'un petit esprit, incapable de s'attacher aux choses grandes ; employant son temps et ses soins à des futilités.

V. **Résumé et conclusion.**

IV. — RÉSUMÉ A APPRENDRE PAR CŒUR

L'homme est **supérieur** aux animaux. Il doit toujours rester **digne** de cette supériorité, et, pour cela, il faut qu'il conserve le **sentiment de sa juste valeur.** Ce sentiment est la **modestie** qui convient à tout le monde et, en particulier, aux jeunes filles. Le sentiment exagéré de sa valeur se nomme **orgueil.** L'orgueilleux est insupportable. Les diminutifs de l'orgueil sont : la **vanité,** la **coquetterie** et la **frivolité.**

V. — MAXIMES

1. Le sage a honte de ses défauts, mais n'a pas honte de s'en corriger (Confucius [1]).
2. La modestie rehausse le mérite.
3. L'orgueil déjeune avec l'abondance, dîne avec la pauvreté et soupe avec la honte.
(Franklin [2]).

VI. — DEVOIRS

1.

Sujet. — Quel sens faut-il donner au mot **orgueil** dans ces vers d'Alfred de Musset :

> L'orgueil, c'est la constance
> Du soldat dans le rang, du martyr sur la croix.
> L'orgueil, c'est la vertu, l'honneur et le génie ;
> C'est ce qui reste encor d'un peu beau dans la vie,
> La probité du pauvre et la grandeur des rois.

Plan [3]

I. **INTRODUCTION.** — Généralement le mot orgueil est pris en mauvaise part ; cependant un poète contemporain donne à l'orgueil une haute valeur morale. Citation des vers. Position du sujet.

II. **ARGUMENTATION :**

   1° **Sens usuel du mot orgueil.** — L'orgueil est une opinion trop avantageuse de soi-même. Il se distingue de l'amour-propre et de l'égoïsme.

---

(1) Philosophe et ministre chinois (551-479 av. J.-C.) Réformateur des mœurs et de l'administration de son pays.
(2) V. page 64, note 1.
(3) Extrait des *Plans de compositions françaises*, par Jules Legrand. Librairie Picard et Kaan.

2° **Sens du mot orgueil dans les vers cités.** Cet orgueil est le sentiment :
    a. **De la dignité humaine :** honneur, vertu, sacrifice du martyr, probité du pauvre.
    b. **De la dignité professionnelle :** constance du soldat, grandeur des rois, génie.

III. **CONCLUSION.** — Si l'on doit éviter l'orgueil ordinaire, qui fait qu'on se croit supérieur à tous les autres, il faut avoir cet orgueil qui consiste à se faire respecter et surtout à se respecter soi-même. Il peut et doit s'allier à une sincère modestie.

2.

SUJET. — N'y a-t-il pas, dans votre classe, des élèves vaniteux, orgueilleux, tandis que d'autres sont simples et bons ? Etablissez la différence.

Plan

I. **INTRODUCTION.** — Les élèves de ma classe forment une petite société dans laquelle se trouvent des enfants doux, modestes et des enfants insupportables par leur vanité et leur caractère hautain.

II. **QUELQUES PORTRAITS :**
    1° **Paul, orgueilleux.** — Sa conduite à l'égard de ses maîtres, de ses camarades, en récréation, après une bonne note, une mauvaise note ; ses gestes, ses poses quand il a une belle toilette, etc.
    2° **Jacques, modeste.** — Sa conduite dans les circonstances analogues.

III. — **CONCLUSION.** — Paul n'a pas d'amis ; toute la classe aime Jacques. Dans la vie, le premier s'attirera le mépris de ses semblables ; le second sera estimé, considéré. Je veux ressembler à Jacques.

VII. — RÉCITATION

La Grenouille et le Bœuf.

Une grenouille vit un bœuf
Qui lui sembla de belle taille.
Elle, qui n'était pas grosse en tout comme un œuf,
Envieuse, s'étend et s'enfle et se travaille
Pour égaler l'animal en grosseur,
Disant : « Regardez bien, ma sœur.
Est-ce assez ? dites moi ; n'y suis-je point encore ?
— Nenni. — M'y voici donc ! — Point du tout. — M'y voilà.
— Vous n'en approchez point ». La chétive pécore
S'enfla si bien qu'elle creva
Le monde est plein de gens qui ne sont pas plus sages...
Tout bourgeois veut bâtir comme les grands seigneurs ;
Tout petit prince a des ambassadeurs,
Tout marquis veut avoir des pages.

LA FONTAINE (1).

---

(1) Voir page 70, note 1.

VIII. — INDICATION DE LECTURES ET NOTES

TRENTE-QUATRIÈME LEÇON

C.

DEVOIRS RELATIFS A LA VOLONTÉ.
LE COURAGE.

I. — LECTURE

A. — **Courage militaire : Une ruse sublime.** — On raconte que, dans la dernière insurrection de la Pologne, un chef polonais sauva la petite troupe qu'il commandait par un acte de dévouement. Il venait de faire traverser une rivière à ses soldats, et avait voulu rester le dernier sur la rive par où pouvait venir l'ennemi. Tout à coup, en effet, au moment où les derniers de ses hommes disparaissaient dans les roseaux de la rive opposée, il voit accourir sur lui un bataillon russe. Immobile, il attend. On le saisit, on l'interroge, on veut lui faire dire que les Polonais ont passé par là. « Je n'en sais rien, répond-il. — La riviere est-elle guéable ? — Je l'ignore ». Alors on lui ordonne d'entrer dans l'eau ; on veut s'assurer par lui-même que le passage est praticable. Sa résolution est bientôt prise.

A tout prix, il faut faire croire à l'ennemi que la traversée est dangereuse, impossible ; il faut gagner du temps. S'il passe, les Russes le suivent, et les Polonais, rejoints par une troupe deux fois plus forte, sont perdus sans ressources. Il avance donc dans l'eau, et feint d'enfoncer brusquement jusqu'à la ceinture, puis jusqu'aux épaules, enfin de perdre pied comme dans une eau profonde.

Entraîné, roulé par le courant, il pousse jusqu'au bout sa généreuse ruse et son sacrifice : il se laisse noyer sous les yeux des Russes, persuadés que la rivière était un gouffre. Quand on découvrit ensuite la vérité, il était trop tard : la troupe polonaise était hors d'atteinte : elle était sauvée.

Henri Marion [1].

B. — **Courage civil : Belle réponse d'un magistrat.** — Louis XI avait ordonné au Parlement d'enregistrer des édits, par lesquels il établissait des impôts aussi onéreux qu'injustes. Jean de la Vacquerie, premier président du Parlement, montra en cette occasion un courage d'autant plus remarquable que Louis XI, ce tyran farouche, ne souffrait pas de résistance à ses volontés. A la tête de sa compagnie, il se présenta devant le roi et lui dit avec une fermeté respectueuse : « Sire, nous venons remettre nos charges entre vos mains, et souffrir tout ce qu'il vous plaira, plutôt que d'agir

---

(1) Philosophe et pédagogue contemporain, mort récemment.

contre notre conscience » Louis XI révoqua les édits.

(Extrait du livre de lecture de M. Cazes, Cours supérieur. — Delagrave, éditeur).

II. — RÉSUMÉ ORAL DE LA LECTURE

III. — PLAN DE LA LEÇON

1º **DÉFINITION DU COURAGE.** — Force d'âme qui consiste à braver la mort, à s'exposer au danger ou simplement à supporter, sans murmurer, les épreuves de la vie.

2º **SES FORMES :**
   a. **Courage militaire :** soldat qui fait à son pays le sacrifice de sa vie. *Exemples.*
   b. **Courage civil :**
      1. Citoyen qui obéit, quoi qu'il lui en coûte, aux lois de son pays. *Exemples.*
      2. Héros qui se jette à l'eau, dans un incendie, etc., pour sauver la vie à quelqu'un de ses semblables. *Ex.*
   c. **Courage moral :** Homme qui ne se laisse pas abattre par l'adversité. *Ex.*

3º Le courage est la **BASE DE TOUTES LES VERTUS** et la condition de l'accomplissement de tous nos devoirs :
   a. Il faut du courage **pour être juste.**

  b. Il en faut **pour sacrifier notre intérêt** à celui d'autrui.
  c. Il en faut **pour dompter nos passions.**
  d. Il en faut **pour servir la patrie à l'heure du danger**, etc., etc.
4° **Résumé et conclusion.**

IV. — RÉSUME A APPRENDRE PAR CŒUR

Tous les devoirs relatifs à la volonté se résument dans le mot **courage.** Le courage est cette **force d'âme**, cette **intrépidité** qui consiste à **braver la mort**, à **s'exposer au danger** ou à **supporter** sans murmurer toutes les **épreuves de la vie.** On distingue trois sortes de courage : le **courage militaire,** le **courage civil** et le **courage moral.** Le courage est la **base de toutes les vertus** et la **condition de l'accomplissement de tous nos devoirs.**

V. — MAXIMES

1. **Le monde est aux vaillants** (Proverbe allemand).
2. **Le courage ennoblit, la lâcheté déshonore.**
3. **Le véritable courage est celui qui, connaissant le danger, ne craint pas de l'affronter, quand le devoir l'ordonne.**

VI. — DEVOIRS

1.

Sujet. — Qu'est-ce que le courage ? Quelles sont ses différentes formes ? Citez des exemples de courage militaire et de courage civil pris dans l'histoire et dans la vie civile.

Plan

1º **DÉFINITION.**
2º **SES FORMES :**

   a. **Courage militaire.** — *Exemples* : Léonidas aux Thermopyles, Vercingétorix, Bayard au Garigliano, d'Assas, Bara, Viala. etc., etc.

   b. **Courage civil.** — *Exemples* : La Vacquerie, Mathieu-Molé, Boissy-d'Anglas, Scheurer-Kestner, etc.

   c. **Courage dans le danger.** — *Exemples* : le berger Jupille, le batelier toulousain en 1875, le pompier Marinel, le cocher du **Bazar de la Charité**, etc.

   d. **Courage moral** : grandeur d'âme de Louis XIV, Pascal luttant toute sa vie contre le mal qui l'emporta, etc.

3º **CONCLUSION.** — Sous toutes ses formes, le courage demande un déploiement considérable de volonté. Il élève et ennoblit l'homme, tandis que la lâcheté, la faiblesse le déshonorent.

2.

Sujet. — Qu'est-ce qu'un enfant courageux, un enfant téméraire et un enfant lâche ? Comment se conduisent-ils, et dites lequel vous préférez. Motifs de la préférence.

Plan.

1° Un **enfant courageux** n'a peur ni des **ténèbres,** ni des **revenants;** il supporte avec résignation les **contrariétés** et les **souffrances;** il lutte avec énergie contre les **difficultés** de sa **tâche;** il est toujours prêt à **se dévouer** pour un camarade; etc.

2° **Un enfant téméraire** s'expose au **danger** sans nécessité; il manque de **prudence** et de **réflexion.**

3° Un **enfant lâche** a peur de tout et de rien; il est **incapable de dévouement.**

4° L'**enfant courageux** nous inspire de l'**admiration.**
    L'**enfant téméraire** nous laisse **froids.**
    L'**enfant lâche** nous inspire du **mépris.**

5° **Conclusion.** — Naturellement, je préfère le premier aux deux autres. Je m'efforcerai d'être courageux sans témérité; je fuirai la couardise et la lâcheté.

VII. — RÉCITATION

Courage dans le travail

Le courage n'est pas seulement au soldat,
Il n'est pas seulement à l'homme qui se bat
Pour défendre un pays qui pense et qui travaille :
La vie est elle-même un vrai champ de bataille
Où chaque travailleur a son courage à lui.
Fuir le travail qu'on doit, c'est encore avoir fui!
Tout le monde, partout, travaille dans le monde :
Le pêcheur ne craint pas le vent qui souffle et gronde;
Il lutte avec la mer pour prendre le poisson;
Parfois, le soleil tue au temps de la moisson;
Le carrier meurt rongé de poussière malsaine;
Le bûcheron parfois tombe du haut d'un chêne,
Le maçon, le couvreur, du faîte des maisons!
Le pauvre balayeur respire des poisons,
Mais il fait son devoir quand même, en temps de peste;
Le petit mousse grimpe au bout des mâts, plus leste

Qu'un singe, et quelquefois, les deux bras grands ouverts,
Tombe, en criant: «Ma mère!» au fond des grandes mers!
Et moi, moi qui n'ai pas beaucoup de peine à vivre,
N'ayant qu'à fatiguer mes bons yeux sur mon livre,
Pour apprendre à chérir ceux qui travaillent tant,
Je dirais toujours non! Je serais mécontent!...
La vie est un combat. Je veux remplir ma tâche :
Celui qui fuit le champ du travail est un lâche !

J. AICARD 1.

---

(1) V. page 15, note 1.

VIII. — INDICATION DE LECTURES ET NOTES

TRENTE-CINQUIÈME LEÇON

PATIENCE, PERSÉVÉRANCE, ESPRIT D'INITIATIVE

I. — LECTURE

Bernard Palissy. — Je construisis un fourneau semblable à ceux des verriers ; il me fallut le maçonner tout seul, car je n'avais nul moyen d'entretenir un homme pour m'aider en cette affaire. Puis je fis cuire mes vases en première cuisson, mais avant de leur donner la seconde cuisson, j'eus à éprouver des tristesses et des labeurs incroyables : pendant un mois, nuit et jour, je travaillai à broyer les matières de mon émail. Puis je recouvris les vases de cet émail. Cela étant fait, je mis le feu à mon fourneau par deux gueules et j'y plaçai les vases dans le but de faire fondre l'émail.

Six jours et six nuits j'attendis devant le fourneau : l'émail ne fondait jamais. J'étais désespéré, et bien que je fusse accablé de fatigue, je refis mon émail en ayant soin d'employer plus de la matière qui devait faire fondre les autres, et sans laisser refroidir le fourneau.

Quand j'eus composé mon émail, je fus obligé d'aller acheter des pots afin d'éprouver ledit émail, ayant d'ailleurs perdu les vases que j'avais déjà faits. Les pots émaillés mis au fourneau, un autre malheur me frappa : je manquai de bois. Je fus contraint de brûler les étais qui soutenaient les treilles de mon jardin, puis les tables et les planchers de la maison. Je ne saurais dire dans quelles angoisses je vivais ; il y avait plus d'un mois que ma chemise n'avait séché sur moi.

Et pour me consoler, ceux qui auraient dû me secourir se moquaient de moi, me traitaient de fou et me discréditaient. D'autres m'accusaient de fabriquer de la fausse monnaie ; j'étais endetté en plusieurs endroits ; je ne pouvais payer la pension de mes deux enfants en nourrice. Tout le monde souhaitait de me voir mourir de faim à cause de mon entêtement. Je ne me laissai pas décourager.

Enfin, mes dernières épreuves réussirent assez bien, et, dès lors, je me crus sauvé : je pensai en savoir assez pour gagner ma vie désormais.

A. Dès. (D'après Bernard Palissy [1].)

II. — RÉSUMÉ ORAL DE LA LECTURE

III. — PLAN DE LA LEÇON

1º **PATIENCE : Courage à supporter**

---

[1] Ecrivain et savant français de la Renaissance (1510-1589). Sa découverte de l'émail enrichit l'industrie de la poterie en France.

les **contrariétés sans manifester de révolte.**

Il faut de la patience dans toutes les conditions de la vie :

   a. Dans les études ;

   b. Dans l'apprentissage d'un métier ;

   c. Il en faut pour supporter les caractères difficiles ;

   d. L'homme impatient est vaincu d'avance.

2º **PERSÉVÉRANCE.** — **Patience** est synonyme de **résignation** ; le mot **persévérance** implique **efforts,** énergie renaissants malgré l'insuccès, redoublement d'activité en vue du but à atteindre.

3º **ESPRIT D'INITIATIVE.** — Il suppose :

   a. L'**intelligence** qui conçoit un ou plusieurs buts à atteindre ;

   b. L'**imagination** qui crée et combine les divers moyens d'atteindre ce ou ces buts ;

   c. La **volonté,** c'est-à-dire le courage, la patience et la persévérance, sans lesquels on demeure en chemin.

4º Dans leur jeunesse, on demande aux écoliers beaucoup de patience et de persévérance ; un peu plus tard, ils doivent faire preuve d'esprit d'initiative. — Être prudent, éviter d'agir sans réflexion, afin de ne pas commettre des sottises.

5º **Résumé et conclusion.**

IV. — RÉSUMÉ A APPRENDRE PAR CŒUR

La **patience** est une sorte de courage qui nous fait supporter les contrariétés, les souffrances sans murmurer.

La **persévérance** consiste à **redoubler** d'efforts et d'énergie dans les divers actes de la vie. L'**esprit d'initiative** est cette tendance qui nous pousse à vouloir nous tirer d'affaire seuls, à « **voler de nos propres ailes** ». L'esprit d'initiative se développe par l'attention et l'énergie continuelles que nous apportons à l'accomplissement de tous nos devoirs. Ces diverses qualités sont aussi nécessaires à l'enfant qu'à l'homme.

V. — MAXIMES

1. **Patience et longueur de temps
Font plus que force ni que rage.**
(La Fontaine [1].)
2. **Point de dégoût ni de découragement : si tu viens d'échouer, recommence.**
3. **Il y a peu de choses impossibles d'elles-mêmes, et l'application pour les faire réussir nous manque plus que les moyens.**

VI. — DEVOIRS

1.

Sujet. — Patience, persévérance, esprit d'initia-

---

(1) V. page 70, note 1.

tive. Distinguez ces trois qualités. Montrez qu'elles sont aussi nécessaires à l'enfant qu'à l'homme.

Plan

1° **Patience:** résignation, mais non découragement.
2° **Persévérance :** continuité dans l'effort.
3° **Esprit d'initiative :**
   a. Conception d'un but:
   b. Combinaison des moyens de l'atteindre;
   c. Efforts et persévérance dans la mise en œuvre de ces moyens.
4° **Nécessité** de la **patience** et de la **persévérance** pour l'enfant; l'esprit d'initiative lui est moins nécessaire : le but et les moyens de l'atteindre sont conçus par les parents et les maîtres ;
5° **Les trois qualités,** et principalement l'esprit d'initiative, sont **indispensables à l'homme :** difficultés de la vie; le succès, dans la lutte, appartient à celui qui a montré le plus d'originalité et le plus d'énergie. Exemple : Christophe Colomb, Bernard Palissy, etc.
6° **Conclusion.** — Se former à la patience, s'habituer à la persévérance, et, pour cela, n'abandonner jamais un travail avant de l'avoir fini ; se livrer peu à peu au **travail personnel.**

2.

SUJET. — « Il ne faut pas jeter le manche après la cognée ». Vous expliquerez à un ami, sous la forme d'une lettre, le sens de ce proverbe, que vous justifierez par des exemples.

Plan

I. INTRODUCTION.
II. SIGNIFICATION DU PROVERBE :

1º Sens propre : Le bûcheron frappe de sa hache contre un arbre à coups redoublés. Le fer se démanche et est projeté au loin. Faut-il que, par découragement, le bûcheron jette son manche, renonce à ce morceau de bois et se prive ainsi de l'instrument qui lui fait gagner son pain ? Non ! Que, de nouveau, il emmanche patiemment sa hache.

2º Sens figuré :

a. Faut-il, après bien des recherches, après un insuccès, renoncer à la solution d'un problème, à la poursuite d'un projet ? Non ! Il faut sans cesse persévérer, envisager le problème sous d'autres faces, prendre d'autres voies pour la réalisation du projet, etc. ;

b. Il en est de tout travail comme du travail scolaire. Exemples...

c. Il ne faut pas, sans doute, se heurter à des besognes impossibles, hors de notre portée ; mais si l'on fait preuve d'esprit d'initiative, on sait proportionner le but aux moyens dont on dispose, et alors, ce qu'on peut, il faut le vouloir et l'atteindre en dépit des difficultés et des obstacles qui barrent notre route.

3º CONCLUSION. — La patience, la persévérance, l'esprit d'initiative, ces formes du courage, font l'homme vraiment pratique et prudent qui veut ce qu'il peut et qui peut ce qu'il veut.

III. **Formule finale.**

VII. — RÉCITATION

Le Lièvre et la Tortue.

Rien ne sert de courir; il faut partir à point:
Le lièvre et la tortue en sont un témoignage.
« Gageons, dit celle ci, que vous n'atteindrez point
Sitôt que moi ce but. — Sitôt ! êtes vous sage ?
   Repartit l'animal leger :
   Ma commère, il faut vous purger
   Avec quatre grains d'ellebore.
   — Sage ou non, je parie encore. »
   Ainsi fut fait; et de tous deux
   On mit près du but les enjeux.
   Savoir quoi, ce n'est pas l'affaire,
   Ni de quel juge l'on convint.
Notre lièvre n'avait que quatre pas à faire:
J'entends de ceux qu'il fait lorsque, près d'être atteint,
Il s'éloigne des chiens, les renvoie aux calendes
   Et leur fait arpenter les landes
Ayant, dis je, du temps de reste pour brouter,
   Pour dormir et pour écouter
D'où vient le vent, il laisse la tortue
   Aller son train de sénateur.
   Elle part, elle s'évertue,
   Elle se hâte avec lenteur.
Lui cependant méprise une telle victoire,
   Tient la gageure à peu de gloire,
   Croit qu'il y va de son honneur
De partir tard. Il broute, il se repose;
   Il s'amuse à toute autre chose
Qu'à la gageure. A la fin, quand il vit
Que l'autre touchait presque au bout de la carrière,
Il partit comme un trait; mais les élans qu'il fit
Furent vains ; la tortue arriva la première.
« Eh bien ! lui cria t elle, avais-je pas raison ?
   De quoi vous sert votre vitesse ?
   Moi, l'emporter ! et que serait ce
   Si vous portiez une maison ? »

         LA FONTAINE (1).

---

(1) V. page 70, note 1.

VIII. — INDICATION DE LECTURES ET NOTES

TRENTE-SIXIÈME LEÇON

DEVOIRS ENVERS LES ANIMAUX

I. — LECTURE

La chienne de Malebranche. [1]. — Fontenelle [2] raconte qu'étant allé un jour aux Pères de l'Oratoire, une chienne de la maison entra dans la salle et vint se rouler aux pieds du père Malebranche. Après avoir inutilement essayé de la chasser, Malebranche lui donna un coup de pied qui fit jeter à l'animal un cri de douleur et à Fontenelle un cri de compassion. « Eh! quoi! lui dit froidement Malebranche, ignorez-vous que cela ne sent pas? »

Comment le philosophe pouvait-il être assuré que cela ne sentait pas? L'animal n'est-il pas organisé de la même manière que l'homme? N'a-t-il pas les mêmes sens, le même système nerveux? Ne donne-t-il pas les mêmes signes des impressions reçues? Pourquoi le cri de l'animal n'exprimerait-il pas la

---

[1] Écrivain philosophe et théologien français du XVIIe siècle, (1628-1715) Disciple de Descartes, il professait que les bêtes sont de simples machines

[2] Écrivain français (1657-1757). Il professa tous les genres sans réussir supérieurement dans aucun Neveu de Corneille

douleur aussi bien que le cri de l'enfant ? Lorsque l'homme n'est pas perverti par l'habitude, par la cruauté ou par l'esprit de système, il ne peut voir les souffrances des bêtes sans souffrir également, preuve manifeste qu'il y a quelque chose de commun entre eux et nous ; car la sympathie est en raison de la similitude.

Les animaux souffrent donc, cela est incontestable ; ils ont comme nous une sensibilité physique, et ils ont également une certaine sensibilité morale : ils sont capables d'attachement et de reconnaissance, d'amour pour leurs petits, d'affection réciproque. De cette analogie physique et morale de l'homme et de l'animal résulte manifestement pour nous l'obligation de ne leur faire subir aucune souffrance inutile.

P. JANET [1].

II. — RÉSUMÉ ORAL DE LA LECTURE

III. — PLAN DE LA LEÇON

1º DIFFÉRENCES ENTRE L'HOMME ET L'ANIMAL.

Les **animaux** n'ont ni **conscience**, ni **raison**, ni **liberté** ; ils sont donc **irresponsables**. Le lion tue par instinct. Mais ils sont doués de **sensibilité**.

---

[1] Philosophe et pédagogue français contemporain, mort en 1899.

2° **L'HOMME QUI MALTRAITE LES ANIMAUX EST :**

   a. **Cruel :** la souffrance le laisse insensible.

   b. **Lâche :** il abuse de sa force et de sa supériorité.

   c. **Ingrat :** il ne reconnaît pas leurs services.

   d. **Imprudent :** il s'expose à se faire faire du mal.

3° **LOI GRAMMONT** (2 juillet 1850). « Sont punis d'une amende de **cinq à quinze francs,** et peuvent l'être de **un à cinq jours de prison,** ceux qui auront exercé publiquement de mauvais traitements envers les animaux domestiques. La peine de la prison sera toujours applicable en cas de récidive. »

   La **Société protectrice des animaux** protège les animaux et assure l'application de la loi Grammont.

4° **NOS DEVOIRS ENVERS LES OISEAUX :**

   a. La plupart des oiseaux sont **utiles** à l'agriculture.

   b. Ils sont **agréables.** Il ne faut pas les détruire.

   c. Il faut protéger certains **animaux victimes** de **préjugés :** crapauds, chouettes, etc.

5° **NOS DEVOIRS ENVERS LES ANIMAUX NUISIBLES :**
  a. Nous avons le **droit** de les **détruire**, mais nous avons le devoir de ne pas les martyriser.
  b. Ne pas oublier qu'un **homme agit toujours mal,** qu'il se **dégrade,** en causant une souffrance qu'il pourrait éviter.
5° **Résumé et conclusion.**

IV. — RÉSUMÉ A APPRENDRE PAR CŒUR

Les **animaux,** quoique inférieurs à l'homme, ne sont pas des **machines.** L'homme qui les maltraite est **cruel, lâche, ingrat** et **imprudent.** De plus, il s'expose à se faire punir par les tribunaux au nom de la **loi Grammont.** Il est, d'ailleurs, du **devoir de tout homme** digne de ce nom de **n'imposer à aucun être une souffrance inutile.** Traitons avec douceur les animaux domestiques ; tuons les animaux nuisibles sans les tourmenter inutilement.

V. — MAXIMES

1. Manquer de pitié pour la souffrance, c'est détruire à sa source un des meilleurs sentiments qui soient en nous.
2. L'homme qui s'habitue à être cruel en-

vers les animaux n'hésitera pas à l'être à l'occasion envers les hommes.
3. Qu'ils soient nos serviteurs et non pas nos victimes. (DELILLE [1]).

VI. — DEVOIRS

1.

SUJET. — Pourquoi ne faut-il pas être cruel envers les animaux ?

Plan

1° **DIFFÉRENCE DE L'HOMME ET DE L'ANIMAL.**

2° **EFFETS DE LA CRUAUTÉ ENVERS LES ANIMAUX :**
   a. Elle **dégrade** l'homme.
   b. Elle conduit à l'**insensibilité** à l'égard de nos semblables.
   c. Elle nuit à nos **intérêts**.
   d. Elle est une forme d'**ingratitude**.
   e. Elle nous fait courir des **dangers**.

3° **CONCLUSION.** — Bien traiter les animaux utiles ; se débarrasser des animaux nuisibles sans les faire souffrir inutilement.

2.

SUJET. — Un de vos camarades a l'habitude de faire souffrir tous les animaux. Dans une lettre que vous lui écrivez, faites-lui sentir son injustice en lui

---

[1] Poète descriptif du XVIIIe siècle (1738-1813). Auteur de l'*Imagination*, les *Jardins*, les *Saisons*, etc.

rappelant les services que nous rendent les animaux et, en particulier, les animaux domestiques.

Plan

I. **Introduction.**

II. Etienne fait preuve de **méchanceté,** de dureté de cœur; s'il continue, il sera méchant plus tard à l'égard des hommes.

III. Pour le moment, il fait preuve d'**inintelligence** et d'**ingratitude,** car la plupart des animaux nous rendent des **services** qu'il faut reconnaître.

   1º **Les uns sont nos auxiliaires :**
- *a.* Les **oiseaux,** dont le chant est si agréable, détruisent une quantité considérable de vers et de chenilles.
- *b.* Le **crapaud,** la **chouette,** la **taupe,** un grand nombre d'**insectes,** etc., sont de précieux auxiliaires.

   2º **Les autres sont nos serviteurs :**
- *a.* Ils nous donnent leurs **produits :** peau, laine, cornes, lait, petits, etc.
- *b.* Ils nous nourrissent de leur **chair.**
- *c.* Ils nous aident dans nos **travaux.**
- *d.* Ils fécondent le sol par la culture et les **engrais.**

IV. **Conclusion :**

   1º Rien donc de plus odieux et de plus injustifiable que les mauvais traitements que l'on inflige à tous les animaux et, en particulier, aux animaux domestiques.

   2º Etienne se corrigera de sa funeste habitude qui pourrait d'ailleurs, plus tard, lui jouer de vilains tours.

   3º Formule finale.

VII. — RECITATION

Le Roulier et son Cheval.

Le pesant chariot porte une énorme pierre ;
Le limonier, suant du mors à la croupière,
Tire, et le roulier fouette, et le pavé glissant
Monte, et le cheval triste a le poitrail en sang.
Il tire, traîne, geint, tire encore et s'arrête :
Le fouet noir tourbillonne au dessus de sa tête ;
C'est lundi, l'homme hier buvait aux Porcherons
Un vin plein de fureur, de cris et de jurons.
Oh ! quelle est donc la loi formidable qui livre
L'être à l'être et la bête effarée à l'homme ivre ?
L'animal éperdu ne peut plus faire un pas ;
Il sent l'ombre sur lui peser ; il ne sait pas,
Sous le bloc qui l'écrase et le fouet qui l'assomme,
Ce que lui veut la pierre et ce que lui veut l'homme.
Et le roulier n'est plus qu'un orage de coups
Tombant sur ce forçat qui traîne des licous,
Qui souffre et ne connaît ni repos, ni dimanche.
Si la corde se casse, il frappe avec le manche ;
Et, si le fouet se casse, il frappe avec le pied ;
Et le cheval tremblant, hagard, estropié,
Baisse son cou lugubre et sa tête égarée ;
On entend, sous les coups de la botte ferrée,
Sonner le ventre nu du pauvre être muet !
Il râle : tout à l'heure encore il remuait ;
Mais il ne bouge plus et sa force est finie ;
Et les coups furieux pleuvent, son agonie
Tente un dernier effort : son pied fait un écart,
Il tombe et le voilà brisé sous le brancard ;
Et dans l'ombre, pendant que son bourreau redouble,
Il regarde quelqu'un de sa prunelle trouble,
Et l'on voit lentement s'éteindre, humble et terni,
Son œil plein de stupeurs sombres de l'infini.

V. Hugo [1].

---

(1) V. page 28, note 1.

VIII. — INDICATION DE LECTURES ET NOTES

Tableau Synoptique du Chapitre IV

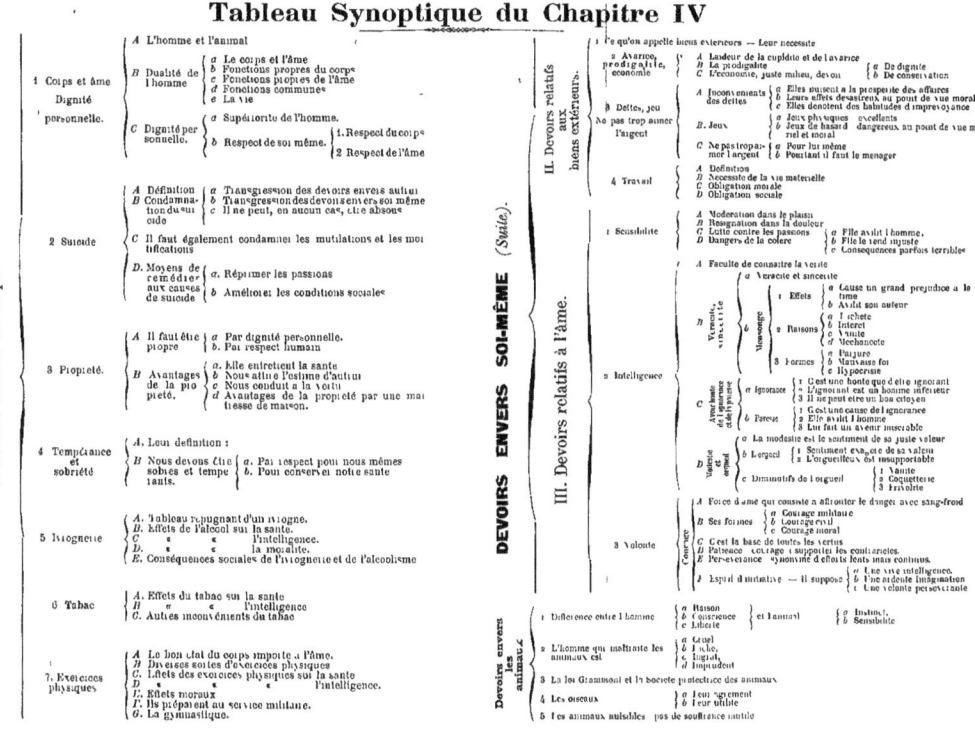

CHAPITRE V

DEVOIRS ENVERS LES AUTRES HOMMES

TRENTE-SEPTIÈME LEÇON

NÉCESSITÉ ET BIENFAITS DE LA SOCIÉTÉ

SOLIDARITÉ ET FRATERNITÉ HUMAINES

I. — LECTURE

Solidarité et Progrès. — Si vous jetez un regard sur le vêtement qui vous protège de la tête aux pieds (fussiez-vous habillé comme un pauvre), vous verrez que l'agriculteur, le filateur, le tisserand, le teinturier, le navigateur, le mécanicien, le tanneur, le tailleur, le cordonnier, le blanchisseur, le cartonnier, le chapelier, l'éleveur de vers à soie et vingt autres industriels, exerçant des arts difficiles ou même savants, ont appliqué l'étude et l'expérience de cinquante siècles à la perfection de votre modeste enveloppe. Le moindre clou de votre chaussure résume en lui la découverte du fer, l'exploitation des mines, la fusion du minerai dans les hauts-fourneaux, l'affinage de la fonte, les merveilles de la filière, la construction du soufflet de forge, le travail si rapide et si ingénieux du cloutier. Mille générations ont sué sang et eau pour produire cet ensemble fort laid, mais simple, commode et économique, que l'ouvrier parisien achète au Temple contre son salaire de quelques jours.

Comprenez-vous maintenant que tous les hommes d'autrefois sont vos bienfaiteurs plus ou moins anonymes ? Que vous devez quelque chose à leurs fils, vos contemporains ? Qu'il ne suffirait point, pour acquitter votre dette, de ne pas faire le mal ? Qu'il faut faire le bien et laisser quelque chose après vous comme vos devanciers vous ont laissé quelque chose ? Que vous êtes l'anneau d'une chaîne, le degré d'une échelle ascendante, une transition vivante, active et laborieuse entre ce qui a été et ce qui sera ?   Edmond ABOUT [1].

II. — RÉSUMÉ ORAL DE LA LECTURE

III. — PLAN DE LA LEÇON

1º L'HOMME EST NÉ POUR LA SOCIÉTÉ : il ne peut se passer d'elle :

---

[1]. Écrivain français né à Dieuze (aujourd'hui Lorraine allemande) en 1828, mort en 1885. Son ouvrage le plus populaire est le *Roman d'un brave homme*.

- *a.* **Point de vue matériel :** l'homme ne peut vivre sans le secours de ses semblables. — Objection : Robinson Crusoe. Réponse.
- *b.* **Point de vue moral :** la solitude est pire que le plus grand des supplices ; et l'homme isolé, privé de langage articulé et des bienfaits de la civilisation, serait l'égal de l'animal.

2º **BIENFAITS DE LA SOCIÉTÉ :**
- *a.* **Intérêts particuliers :** chacun de nous travaille pour vivre, mais les produits de notre travail ne sont utiles que parce qu'il nous est possible de les échanger contre les produits du travail des autres. *Exemple* : le cordonnier fabrique des souliers pour avoir du pain, des habits, etc.
- *b.* **Intérêts généraux :** la Société nous procure certains biens indispensables à tous et à chacun : **sécurité** (police, armée) ; **moyens de communication** (routes, canaux, chemins de fer, télégraphes, etc.).

3º **SOLIDARITÉ :** De cet échange de services résulte une loi, la **loi de solidarité** qui unit tous les hommes. Et de la loi de solidarité découle le **devoir de solidarité** qui oblige chacun de nous à se montrer reconnaissant envers la société entière ;

à travailler, dans la mesure de ses forces, au bien général. **Le devoir de solidarité n'est qu'un devoir de justice :** *Exemples.*

4° **FRATERNITÉ :** La solidarité prend le nom de fraternité si, dépassant les limites d'un devoir de justice, elle s'étend non seulement jusqu'aux hommes dont nous avons reçu des services, mais encore jusqu'aux inutiles ou aux impuissants, aux vaincus et aux déshérités de la vie, et cela pour la simple raison qu'ils sont hommes, qu'ils sont nos **frères.**

Comme moyens de nous rendre utiles en ce sens nous avons :

a. L'**aumône** (dons d'argent, de nourriture, etc.).

b. La **bienfaisance** (services, cotisations, participation à des œuvres ou à des associations de bienfaisance).

c. La **mutualité** (adhésion à des sociétés de retraites et de secours mutuels : elle est utile à la fois à l'adhérent et à l'association tout entière, et laisse intacte la dignité de chacun).

d. L'**Assistance dans le péril**, le **dévouement** et le **sacrifice.**

5° **RÉSUMÉ ET CONCLUSION.**

IV. — RÉSUMÉ A APPRENDRE PAR CŒUR

L'homme est né pour la société : **il ne peut se passer d'elle,** tant au point de vue **matériel** qu'au point de vue **moral.** Il y a entre les hommes un échange continuel de services qui les rend **solidaires** les uns des autres. **Le devoir de solidarité n'est qu'un devoir de justice.** Il faut le compléter par la **fraternité,** une fraternité active, qui soit dans les actes et non, seulement, dans les mots. La fraternité s'exerce par l'**aumône,** la **bienfaisance,** la **mutualité,** l'**assistance dans le péril,** le **dévouement,** le **sacrifice.**

V. — MAXIMES

1. **Si je consomme, je dois aussi produire; si je profite de la Société, je dois la servir.**
2. **La règle de la vie est la réciprocité.**
(Confucius [1]).
3. **Je suis homme, et rien de ce qui touche les hommes ne m'est étranger.**

VI. — DEVOIRS

1.

Sujet. — Prouver par un ou plusieurs exemples que nous avons besoin les uns des autres.

---

[1] V. page 239, note 1

Plan

I. **INTRODUCTION.** — Nul homme ne peut se passer de ses semblables.

II. **ARGUMENTATION :**

  1° **Pour sa vie matérielle : Besoins du corps :**
    a. Dans l'état de santé (habitation, nourriture, vêtements, etc...).
    b. Dans l'état de maladie (soins, remèdes).

  2° **Pour la culture de son intelligence :**
    a. Différence entre un sauvage (langage inarticulé, grossièreté des mœurs, etc...), et un homme civilisé (élévation de l'esprit, politesse des mœurs, etc...).
    b. Différence entre l'ignorant et le savant : supériorité de ce dernier qui s'est instruit grâce au secours des livres, œuvres des hommes.

  3° **Pour sa vie morale :**
    a. L'isolement développe l'égoïsme.
    b. La vie en famille, en société, développe les sentiments affectueux, l'esprit de charité, de dévouement.

III. **CONCLUSION.** — Le secours de nos semblables nous est donc absolument indispensable. Celui qui a la prétention de ne rien devoir à la Société est un sot et un égoïste.

2.

SUJET. — Montrez comment un enfant peut, dans l'école même, s'habituer à la pratique de la fraternité.

Plan

I. **INTRODUCTION**. — Tous les hommes étant frères, ils doivent s'entr'aider. Mais la pratique de la fraternité suppose un ensemble d'habitudes altruistes que l'on doit acquérir dès l'enfance. Il ne faut pas donner à l'égoïsme, cette inclination naturelle, le temps de pousser des racines indestructibles dans le cœur humain.

II. **COMMENT, DÈS L'ÉCOLE, L'ENFANT PEUT-IL S'HABITUER A LA PRATIQUE DE LA FRATERNITÉ?**

1º En s'imposant des **privations** en faveur :
   a. D'un pauvre (don d'un sou, du morceau de pain, etc.);
   b. D'un camarade (partage du déjeuner, des friandises, prêt de livres, d'outils, etc...);

2º En venant à l'**aide** des écoliers faibles (secours en cas d'agression, aide dans les devoirs, etc...);

3º En offrant ses **soins** empressés, ses **consolations** à l'enfant malade, à celui qui a du chagrin. etc;

4º En exposant sa **vie** pour sauver un camarade en danger (chien enragé, chute dans la rivière, accidents de toutes sortes, etc.).

III. **CONCLUSION**. — Comme j'ai horreur de l'égoïsme, et comme je désire être plus tard utile à mes semblables, je veux m'appliquer, dès maintenant, à employer tous les moyens propres à me former à la pratique de la fraternité.

VII. — RÉCITATION.

Un Songe.

Le laboureur m'a dit en songe : « Fais ton pain ;
Je ne te nourris plus ; gratte la terre et sème ».
Le tisserand m'a dit : « Fais tes habits toi-même ».
Et le maçon m'a dit : « Prends la truelle en main ».

Et seul, abandonné de tout le genre humain
Dont je traînais partout l'implacable anathème,
Quand j'implorais du ciel une pitié suprême,
Je trouvais des lions debout sur mon chemin.

J'ouvris les yeux, doutant si l'aube était réelle :
De hardis compagnons sifflaient sur leur échelle,
Les métiers bourdonnaient ; les champs étaient semés.

Je connus mon bonheur et qu'au monde où nous sommes,
Nul ne peut se vanter de se passer des hommes ;
Et depuis ce jour là, je les ai tous aimés.

Sully PRUDHOMME (1).

---

(1) V page 107, note 1.

VIII. — INDICATION DE LECTURES ET NOTES

TRENTE-HUITIÈME LEÇON

DEVOIRS DE JUSTICE.
RESPECT DE SA PERSONNE DANS LA VIE.

I. — LECTURE

Respect de la vie humaine. — Tout le monde sait qu'il n'est jamais permis aux particuliers de demander la mort de personne, et que, quand un homme nous aurait ruinés, estropiés, brûlé nos maisons, tué notre père, et qu'il se disposerait encore à nous assassiner, à nous perdre d'honneur, on n'écouterait point en justice la demande que nous ferions de sa mort. De sorte qu'il a fallu établir des personnes publiques qui la demandent de la part du roi... Supposez donc que ces personnes publiques demandent la mort de celui qui a commis tous ces crimes, que ferait-on là-dessus? Lui porterait-on incontinent le poignard dans le sein? Non. la vie des hommes est trop importante; on y agit, avec plus de respect: les lois ne l'ont pas soumise à toutes sortes de personnes, mais seulement aux juges dont on a examiné la probité et la suffisance. Et croyez-vous qu'un seul suffise pour condamner un homme à mort ? Il en faut sept pour le moins, et il faut que de ces sept, il n'y en ait aucun qui ait été offensé par le criminel, de peur que la passion n'altère ou ne corrompe son jugement... Enfin, ils n'ont la liberté de juger que selon les dépositions des témoins, et selon toutes les autres formes qui leur seront prescrites, en suite desquelles ils ne peuvent en conscience prononcer que selon les lois, ni juger dignes de mort que ceux que les lois y condamnent.

PASCAL [1].

II. — RÉSUMÉ ORAL DE LA LECTURE

III. — PLAN DE LA LEÇON

1º NOS DEVOIRS ENVERS LA SOCIÉTÉ SE RAMÈNENT A LA JUSTICE ET A LA CHARITÉ.

    a. Les devoirs de **justice** se résument dans cette formule : **Ne pas faire de mal aux hommes.**

    b. Les devoirs de **charité** se résument ainsi : **Faire du bien aux hommes.**

2º Les **devoirs de justice** sont **obligatoires** vis-à-vis de la **loi civile** et de la **loi morale**.

---

(1) V page 92, note 1.

Les **devoirs de charité** ne sont **obligatoires** que vis-à-vis de la **conscience.**

3º **Les devoirs de justice** consistent à respecter la personne :
    a. Dans sa **vie,**
    b. Dans sa **liberté,**
    c. Dans ses **croyances** et ses **opinions,**
    d. Dans ses **biens** et ses **intérêts** de toute sorte,
    e. Dans son **honneur** et sa **réputation.**

4º **RESPECT DE LA PERSONNE DANS SA VIE.**
    a. **Tuer,** c'est commettre une suprême **injustice :** c'est, avec la vie, ce bien le plus précieux, enlever tous les autres biens.
    La personne humaine est sacrée.
    b. **Cas de légitime défense :** se défendre vigoureusement : la moindre faiblesse serait de la lâcheté : **il faut respecter les autres, mais il faut savoir se faire respecter.**
    c. **Homicide à la guerre :** il s'impose, car l'homme est alors dans le cas de légitime défense, et il est de son devoir d'obéir à sa patrie. Mais, même alors, il doit rester humain. (Commenter le trait d'humanité raconté par E. Bersot : **Les deux blessés**).

d. **Le duel :** Il est :
  1. **Immoral,** si l'offensé succombe ;
  2. **Ridicule,** s'il n'est pas sérieux, s'il est arrangé de façon à ce que l'honneur soit satisfait sans qu'il y ait danger pour aucun des deux combattants.
e. **La peine de mort :** La Société est en cas de légitime défense. Autrefois, la peine de mort s'aggravait de supplices d'un raffinement féroce qui lui donnaient le caractère d'une vengeance.
f. **Mauvais traitements :** Ils constituent une offense grave à la personne d'autrui. L'habitude des mauvais traitements disparaît à mesure que la civilisation fait des progrès. (A Rome, dans l'armée, à l'école, etc.).

5° **Résumé et conclusion.**

IV. — RÉSUMÉ A APPRENDRE PAR CŒUR

Nos **devoirs envers la Société** se résument dans ces deux formules : **il ne faut pas faire de mal, — il faut faire du bien.** La première formule contient les **devoirs de justice ;** la seconde, les **devoirs de charité.** Le premier des **droits** de l'homme, c'est de **vivre ;** le premier de nos **devoirs** envers lui, c'est de **respecter ce droit. L'homicide** n'est permis qu'en **cas de légitime défense** et à la **guerre**. Le **duel** est immoral ou ridicule. Enfin, il ne faut pas exercer de **mauvais traitements** sur la personne d'autrui.

V. — MAXIMES

1. **La justice est la source commune de toutes les vertus sociales.**
2. **On n'est pas moins injuste en ne faisant pas ce qu'on doit faire qu'en faisant ce qu'on ne doit pas faire.** (Marc-Aurèle [1]).
3. **Le premier de tous les droits de l'homme, c'est de vivre.**

VI. — DEVOIRS

1.

Sujet. — Quelles sont les conséquences qui découlent de ce principe : « Tu ne tueras point » ? Restrictions qu'il convient de faire.

Plan

II. **INTRODUCTION.** — Le droit de vivre est le premier de tous les droits de l'homme. Notre devoir est donc de respecter ce droit. « Tu ne tueras point » est une prescription impérieuse.

II. **CONSÉQUENCES :**
   1° **L'assassinat** et le **meurtre** sont interdits à la fois par la loi civile et la conscience ;

---

(1) Sixième empereur des Romains (121-180) et célèbre philosophe stoïcien

2° Il en est de même des **blessures,** des coups, des **mauvais traitements** de toute nature (dignité de la personne humaine);

3° Le **duel :** immoral ou ridicule.

III. **RESTRICTIONS :** Il est permis de tuer :

1° Dans le cas de légitime défense : agressions ;

2° A la guerre ;

3° La peine de mort : c'est un cas de légitime défense.

IV. **CONCLUSION.** — Le principe n'est donc pas absolu : s'il commande, dans certains cas, d'une façon impérieuse, au nom de la loi civile et de la loi morale, ce serait, dans d'autres, commettre des lâchetés, manquer aux devoirs envers soi-même et envers sa patrie, que d'en tenir compte.

2.

Sujet. — Faites, dans une anecdote, le récit d'une action juste et d'une action charitable. Montrez, comme conclusion, quelle différence il y a entre la justice et la charité.

Plan

1° Jean a trouvé sur la route une pièce d'argent. Il la rend au voyageur qui venait de la perdre : **action juste ;**

2° Il rencontre deux enfants qui mendient ; il leur donne la pièce de deux sous qu'il avait reçue en récompense de sa bonne action et partage avec eux son déjeuner et ses jouets : **action charitable.**

3° **Conclusions :**

a. La **justice** nous **défend** de garder le bien qui ne nous appartient pas. Elle nous **défend** encore...

b. La **charité** nous **ordonne** de nous priver d'un bien au profit de ceux à qui il est nécessaire.

c. Préceptes de ces deux vertus.

d. **Toutes les deux** sont également **nécessaires: la justice** est la **base de la Société**, la **charité** en est **le sommet**. La première est la **racine de la moralité,** la seconde en est **la fleur.**

VII. — RÉCITATION

La Justice.

Dans le monde il n'est rien de beau que l'Équité.
Sans elle, la valeur, la force, la bonté,
Et toutes les vertus dont s'éblouit la terre,
Ne sont que faux brillants et que morceaux de verre.
Un injuste guerrier, terreur de l'univers,
Qui sans sujet courant chez cent peuples divers
S'en va tout ravager jusqu'aux rives du Gange,
N'est qu'un plus grand voleur que Duterte et Saint-Ange.
Du premier des Césars on vante les exploits,
Mais dans quel tribunal, juge suivant les lois,
Eût-il pu disculper son injuste manie?
Qu'on livre son pareil en France a la Reyne,
Dans trois jours nous verrons le phenix des guerriers
Laisser sur l'echafaud sa tête, et ses lauriers.
C'est d'un roi que l'on tient cette maxime auguste,
Que jamais on n'est grand qu'autant que l'on est juste.
Rassemblez a la fois Mithridate et Sylla,
Joignez y Tamerlan, Genséric, Attila,
Tous ces fiers conquerants, rois, princes, capitaines,
Sont moins grands a mes yeux que ce bourgeois d'Athènes
Qui sut pour tous exploits, doux, modéré, frugal,
Toujours vers la justice aller d'un pas égal.
Oui, la justice en nous est la vertu qui brille
Il faut de ses couleurs qu'ici bas tout s'habille.
Dans un mortel chéri, tout injuste qu'il est,
C'est quelque air d'équité qui séduit et qui plaît.
A cet unique appas l'âme est vraiment sensible:
Même aux yeux de l'injuste un injuste est horrible;
Et tel qui n'admet pas la probité chez lui,
Souvent a la rigueur l'exige chez autrui.
Mais, pour borner enfin tout ce vague propos,

Concluons qu'ici-bas le seul honneur solide
C'est de prendre toujours la vérité pour guide ;
De regarder en tout la raison et la loi,
D'être doux pour tout autre, et rigoureux pour soi,
D'accomplir tout le bien que le ciel nous inspire,
Et d'être juste enfin : ce seul mot veut tout dire.

Boileau 1. — *Satire* XI.

---

(1) Poète satirique français du XVIIe siècle (1636-1711) Œuvres *Épîtres, Satires, Art poétique, Lutrin*

VIII. — INDICATION DE LECTURES ET NOTES

TRENTE-NEUVIÈME LEÇON

RESPECT DE LA PERSONNE DANS SA LIBERTÉ

I. — LECTURE

La traite des nègres. — Restait encore une trentaine d'esclaves : c'étaient des enfants, des vieillards, des femmes infirmes. Le navire était plein.

Tamango, qui ne savait que faire de ce rebut, offrit au capitaine de les lui vendre pour une bouteille d'eau-de-vie la pièce. L'offre était séduisante. Ledoux se souvint qu'à la représentation des **Vêpres siciliennes,** à Nantes, il avait vu un bon nombre de gens gros et gras entrer dans un parterre déjà plein et parvenir cependant a s'y asseoir, en vertu de la compressibilité des corps humains. Il prit les vingt plus sveltes des trente esclaves.

Alors Tamango ne demanda plus qu'un verre d'eau-de-vie pour chacun des dix restants. Ledoux réfléchit que les enfants ne payent que demi-place dans les voitures publiques. Il prit donc trois enfants; mais il déclara qu'il ne voulait plus se charger d'un seul noir. Tamango voyant qu'il lui restait encore sept esclaves sur les bras, saisit son fusil et coucha en joue une femme qui venait la première; c'était la mère des trois enfants. « Achète, dit-il au blanc, ou je la tue; un petit verre d'eau-de-vie, ou je tire. — Eh que diable veux-tu que j'en fasse? répondit Ledoux. Tamango fit feu, et l'esclave tomba morte à terre. « Allons, à un autre! » s'écria Tamango.

MÉRIMÉE [1].

II. — RÉSUMÉ ORAL DE LA LECTURE

III. — PLAN DE LA LEÇON

I. **INTRODUCTION**. — La liberté étant l'attribut le plus élevé de l'homme, il est aussi grave d'attenter à la liberté des autres qu'à leur propre vie.

II. **DEUX SORTES DE LIBERTÉ:**
    1° **La liberté morale :** pouvoir de nous déterminer entre le bien et le mal; pouvoir de penser et de croire;
    2° **La liberté civile :** pouvoir d'aller et de venir, de nous déplacer.
    3° **La première** est **indestructible;** on peut nous enlever la seconde.

---

(1) Romancier français, né à Paris en 1803, mort en 1870. Ses nouvelles les plus remarquables sont : *Tamango, Matteo Falcone, Colomba.*

III. **L'ESCLAVAGE**. — L'esclave est la **chose** du maître. On ne peut pas lui donner le nom de **personne.**

IV. **LE SERVAGE,** forme adoucie de l'esclavage. — Le serf possède une **famille** et des **biens,** mais il est **attaché à la glèbe,** est vendu avec elle et est astreint à des corvées interminables L'esclavage aboli dans les colonies françaises en 1848 et aux Etats-Unis en 1865.

V. **LA TRAITE DES NÈGRES** existe encore, à la honte des nations civilisées, dans certaines parties de l'Afrique centrale.

VI. **ABUS DE POUVOIR**. — Il y a encore atteinte à la liberté d'autrui :
    a. Quand on abuse de sa **fortune** ou de son **autorité** pour obtenir des **services** qui ne sont pas dus. — Exemples ;
    b. Quand on veut imposer aux autres des **opinions** politiques ou des **croyances** religieuses que leur conscience réprouve. — Ex... ;
    c. Quand des **ouvriers** emploient la **violence** pour forcer leurs camarades à se mettre en **grève** ;
    d. Quand un **patron** fait travailler un **enfant** au-dessus de ses forces, etc...

VII. **Résumé et conclusion.**

IV. — RÉSUMÉ A APPRENDRE PAR CŒUR

Après la vie, la **liberté** est le **bien** le plus **précieux** de l'homme; c'est, en effet, la liberté qui lui donne son **caractère moral**. L'**esclavage**, le **servage** et la **traite des nègres** sont des **pratiques monstrueuses**. La traite des nègres existe encore aujourd'hui dans certaines contrées. N'**abusons** jamais de notre **fortune** ou de notre **autorité** pour enlever leur liberté à nos semblables.

V. — MAXIMES

1. **La plus grande des injustices, parce qu'elle les comprend toutes, c'est l'esclavage.**
2. **La liberté a un prix inestimable, puisqu'elle est la condition du mérite et de la vertu.** (DE LA HAUTIÈRE).
3. **L'influence légitime exercée sur autrui est celle qui loin de paralyser la volonté la fortifie en l'éclairant, c'est celle des bons conseils et des bons exemples.**
(DE LA HAUTIÈRE [1]).

VI. — DEVOIRS

1

SUJET. — L'esclavage et le servage anciens ont à peu près disparu de nos mœurs; mais n'y a-t-il pas encore plusieurs sortes d'esclavages moraux

---

[1] Professeur de philosophie

RESPECT DE LA PERSONNE DANS SA LIBERTÉ

auxquels l'homme se condamne lui-même ? Indiquez les moyens qu'il conviendrait d'employer pour les faire disparaître.

Plan

1º L'esclavage et le servage anciens ont à peu près disparu de nos mœurs. Ces pratiques monstrueuses étaient fondées sur la plus criante injustice :
   a. Elles établissaient deux classes d'hommes (les **maîtres** et les **esclaves**) de nature différente.
   b. Elles empêchaient l'homme de remplir ses devoirs et portaient atteinte à sa dignité.
   c. Elles retardaient les progrès sociaux.

2º Mais si l'homme a conquis sa liberté civile (Révolution de 1789), il se condamne souvent volontairement à vivre dans une sorte d'esclavage moral dont profitent d'autres hommes habiles :
   a. L'**ignorant** est une sorte d'esclave. *Exemple.*
   b. Le **paresseux** est encore un esclave. *Exemple.*
   c. L'homme dominé par ses **passions** ou ses **besoins** est un esclave.

3º **Moyens qu'il conviendrait d'employer pour faire disparaître ces sortes d'esclavages moraux :**
   a. Acquérir de l'instruction.
   b. Combattre la paresse, se livrer au travail, s'habituer à l'économie : l'aisance est une condition d'indépendance.
   c. Gouverner ses passions, modérer ses désirs, restreindre ses besoins.

4° **Conclusion.** — Que l'homme conserve une fierté légitime, sa liberté, son indépendance. Mais qu'il n'oublie pas que les autres ne respecteront sa dignité que tout autant qu'il la respectera lui-même.

2.

Sujet. — Racontez les souffrances des serfs au moyen-âge.

(Lire un récit historique relatif à ce sujet et le reproduire par écrit).

VII. — RÉCITATION

Le Loup et le Chien

Un loup n'avait que les os et la peau,
Tant les chiens faisaient bonne garde :
Ce loup rencontre un dogue aussi puissant que beau,
Gras, poli, qui s'était fourvoyé par mégarde.
  L'attaquer, le mettre en quartiers,
   Sire loup l'eût fait volontiers ;
   Mais il fallait livrer bataille ;
   Et le mâtin était de taille
   A se défendre hardiment.
  Le loup donc l'aborde humblement,
Entre en propos, et lui fait compliment
  Sur son embonpoint, qu'il admire.
  « Il ne tiendra qu'à vous, beau sire,
D'être aussi gras que moi, lui repartit le chien.
  Quittez les bois, vous ferez bien :
   Vos pareils y sont misérables,
   Cancres, hères, et pauvres diables,
Dont la condition est de mourir de faim.
Car, quoi ! rien d'assuré ! point de franche lippée,
  Tout à la pointe de l'épée !
Suivez-moi, vous aurez un bien meilleur destin. »
Le loup reprit : « Que me faudra-t-il faire ? —
Presque rien, dit le chien : donner la chasse aux gens
  Portant bâtons, et mendiants ;
Flatter ceux du logis, à son maître complaire,
  Moyennant quoi votre salaire
Sera force reliefs de toutes les façons,
  Os de poulets, os de pigeons ;

Sans parler de mainte caresse »
Le loup déjà se forge une félicité
Qui le fait pleurer de tendresse
Chemin faisant, il vit le col du chien pelé
« Qu'est ce là ? lui dit il — Rien — Quoi ! rien ! — Peu de chose;
— Mais encor ? — Le collier dont je suis attaché
De ce que vous voyez est peut être la cause.
— Attaché ! dit le loup : vous ne courez donc pas
Où vous voulez ? — Pas toujours ; mais qu'importe ?
— Il importe si bien, que de tous vos repas
Je ne veux en aucune sorte,
Et ne voudrais pas même à ce prix un trésor ».
Cela dit, maître loup s'enfuit et court encor.

LA FONTAINE (1).

---

(1) V. page 7), note 1

VIII. — INDICATION DE LECTURES ET NOTES

QUARANTIÈME LEÇON

RESPECT DE LA PERSONNE
dans ses CROYANCES et ses OPINIONS.

I. — LECTURE

L'intolérance. — Vois-tu, mon cher ami, notre grand défaut à nous tous, tant que nous sommes, c'est l'orgueil, qui entraîne toujours à sa suite l'intolérance. Nous ne pouvons pas souffrir que les autres pensent autrement que nous; de là toutes les divisions qui rendent la vie en commun si difficile. Un homme est-il d'une autre opinion que nous, et a-t-il l'imprudence de la défendre? vite, nous nous gendarmons, comme s'il nous adressait une injure. Nous sommes d'une religion, d'un parti politique, d'une association quelconque; tous ceux qui font partie d'une autre association, d'un autre parti, d'une autre religion, sont des ennemis. Est-il, je te le demande, plus sotte folie? Et pourtant, il serait si facile de vivre en paix, et cela sans rien abandonner de ses convictions, quand elles sont raisonnées et sages! Il suffirait d'un peu de bon sens et de justice! « Mon ami, nous pensons différemment

« sur tel point, et nous ne pouvons nous entendre...
« n'en parlons plus ; mais comme nous sommes
« honnêtes tous les deux, continuons à rester unis.
« Occupons-nous surtout de ce qui nous rapproche,
« et laissons de côté ce qui nous divise ! »

P.-Félix Thomas [1].

II. — RÉSUMÉ ORAL DE LA LECTURE

III. — PLAN DE LA LEÇON

1º La liberté de croire et de penser est une des plus précieuses prérogatives de l'homme. Elle se nomme **LIBERTÉ DE CONSCIENCE** et entraîne comme conséquences :

  a. La **liberté de la pensée**, formulée par l'article 11 de la **Déclaration de l'homme et du citoyen** :

    « La libre communication des pensées et des opinions est un des droits les plus précieux de l'homme : tout citoyen peut donc parler, écrire, imprimer librement, sauf à répondre de l'abus de cette liberté dans les cas prévus par la loi ».

  b. **La liberté des cultes**, formulée par l'art. 10 :

    « Nul ne doit être inquiété pour ses

---

(1) V. page 179, note 1.

opinions même religieuses, pourvu que leur manifestation ne trouble pas l'ordre public établi par la loi ».

2º **LIBERTÉ DE PENSER.** Elle comprend :
   a. La **liberté de la presse.** — Devoirs du journaliste : éclairer le peuple ; respecter sa plume et sa dignité ;
   b. **Liberté des réunions.** — Devoirs des orateurs et des auditeurs : tolérance réciproque.

3º **LIBERTÉ DES CULTES :**
   a. La contrainte religieuse est la plus grave atteinte qu'on puisse porter à la dignité humaine ;
   b. L'intolérance autrefois : persécutions religieuses exercées par les païens, — excès de l'Islam, — Croisade des Albigeois, — **Autodafés** de l'Espagne, — Saint-Barthélemy, — Révocation de l'Edit de Nantes, — persécutions contre les libres-penseurs (Et. Dolet, Voltaire, Rousseau), — Récents massacres d'Arménie, — Réveil de l'antisémitisme, etc.

4º **LES FORMES DE L'INTOLÉRANCE AUJOURD'HUI :**
   a. Refuser du travail ou de l'avancement à quelqu'un à cause de ses opinions politiques ou religieuses ;
   b. Condamner chez les autres ce qui nous déplaît : langage, habitudes, opinions, etc. ;

    c. Interdire la parole à ceux qui nous contredisent, etc...

5° **CONCLUSION**. — Respecter toutes les opinions surtout quand elles sont sincères. Est bien orgueilleux celui qui prétend posséder la vérité à l'exclusion des autres.

IV. — RÉSUMÉ A APPRENDRE PAR CŒUR

La **liberté** de **croire** et de **penser** est une des plus précieuses prérogatives de l'homme. Elle comprend la **liberté de la pensée** et la **liberté des cultes,** deux conquêtes de la Révolution. Le respect des opinions et des croyances d'autrui prend le nom de **tolérance.** Les hommes ne sont pas encore suffisamment tolérants. L'intolérance est une maladresse et une faute grave contre la justice.

V. — MAXIMES

1. **L'intolérance, c'est l'égoïsme de la pensée.**
2. **Les filles de l'intolérance se nomment: Martyre des chrétiens, Inquisition, Autodafés, Croisade des Albigeois, Saint-Barthélemy, Dragonades, Massacres d'Arménie,** etc.
3. **Puisqu'il est impossible de réunir tous les hommes dans les mêmes opinions, il faut leur apprendre à traiter comme leurs frères ceux qui ont des opinions con-**

traires aux leurs. **Ne cherchez point à gêner les cœurs et tous les cœurs seront à vous.** (VOLTAIRE [1]).

VI. — DEVOIRS

1.

SUJET. — La liberté de conscience. — Devoirs qui en découlent.

Plan

1° **Définition** et caractère de la liberté de conscience.

2° **Elle comprend :**
    a. Liberté de la pensée.
    b. Liberté des cultes.

3° **Devoirs qu'elle commande :**
    a. La dignité chez le journaliste ;
    b. La tolérance chez l'orateur et les auditeurs ;
    c. La tolérance en matière politique et religieuse.

4° **Conclusion.** - L'intolérance est une maladresse et une faute grave contre la justice et la charité.

2.

SUJET. — Qu'est-ce que la tolérance en matière politique et en matière religieuse ? En quoi Henri IV se montra-t-il tolérant ? En quoi Louis XIV manifesta-t-il un esprit contraire ?

---

(1) V page 8, note 2

Plan

1º Tolérance en matière politique.
2º Tolérance en matière religieuse.
3º Pourquoi sommes-nous volontiers intolérants?
    a. Par orgueil: nous croyons que notre opinion est la meilleure.
    b. Par intérêt.
4º Tolérance de Henri IV: l'Édit de Nantes.
5º Intolérance de Louis XIV: Révocation de l'Édit de Nantes.
6º Conséquences désastreuses et injustice de l'intolérance. S'efforcer d'être tolérant.

VII. — RÉCITATION

Le pauvre Colporteur

Le pauvre colporteur est mort la nuit dernière;
Nul ne voulait donner des planches pour sa bière.
Le forgeron lui-même a refusé son clou:
« C'est un juif, disait-il, venu je ne sais d'où,
Un ennemi du Dieu que notre terre adore,
Et qui, s'il revenait, l'outragerait encore.
Son corps infecterait un cadavre chrétien:
Aux crevasses du roc traînons-le comme un chien,
La croix ne doit pas d'ombre à celui qui la nie,
Et ce n'est qu'à nos os que la terre est bénie. »
Et la femme du Juif et ses petits enfants
Imploraient vainement la pitié des passants,
Et, disputant le corps au dégoût populaire,
Retenaient par les pieds le mort dans son suaire.
Du scandale inhumain averti par hasard,
J'accourus, j'écartai la foule du regard.
Je tendis mes deux mains aux enfants, à la femme;
Je fis honte aux chrétiens de leur dureté d'âme;
Et, rougissant pour eux, pour qu'on l'ensevelît:
« Allez, dis-je, et prenez les planches de mon lit... »
Ces deux mots ont suffi pour retourner leur âme;
Et l'on se disputait les enfants et la femme.

LAMARTINE 1.

---

(1) V. page 212, note 1.

VIII. — INDICATION DE LECTURES ET NOTES

QUARANTE ET UNIÈME LEÇON

RESPECT DE LA PERSONNE DANS SES BIENS ET SES INTÉRÊTS DE TOUTE SORTE.
RESPECT DE LA PAROLE DONNÉE

I. — LECTURE

Le portefeuille. — Un jour, Guillaume, revenant du marché, trouva sur la route un portefeuille qui contenait un certain nombre de pièces d'or et plusieurs billets de banque. « Ce qui est trouvé est trouvé », se dit-il ; puis il rentra chez lui, ne dit rien à sa femme de sa bonne fortune, et n'eut d'autre souci que de cacher sa trouvaille. A quelques jours de là, sur la place du village, le garde champêtre annonça à grand renfort de caisse que le propriétaire du portefeuille perdu était un négociant de la ville voisine. « Cet avis, pensa Guillaume, ne s'adresse pas plus à moi qu'à tout autre. Je n'ai rien à rendre à qui ne me réclame rien ». Et, tranquille, il alla se mêler aux groupes qui s'entretenaient de l'événement. Mais là, il entendit des paroles malsonnantes à l'adresse de ceux qui s'approprient ce qu'ils trouvent ; le mot de voleur fut prononcé. Il éprouva alors une sorte de frémissement. Ce n'est pas que sa conscience fût troublée ; mais il lui sembla voir, comme dans un rêve, les gendarmes, le tribunal, la prison ; et il eut peur. Il regagna sa maison en toute hâte, prit le portefeuille dans la cachette où il l'avait déposé, et le soir venu, il courut le remettre entre les mains du maire, pour qu'il fût restitué à son propriétaire.

Extrait de l'*Instruction primaire*.

II. — RÉSUMÉ ORAL DE LA LECTURE

III. — PLAN DE LA LEÇON

I. La **PROPRIÉTÉ** acquise, soit par le travail, soit par héritage, est **légitime** et **nécessaire**. On porte donc une grave atteinte à autrui quand on lui prend son bien.

II. Le **VOL** :
- *a.* Dans toutes les nations, les voleurs sont mis au ban de la Société ;
- *b.* On vole par **violence** (vol avec effraction, voleurs de grand chemin, etc.) ;
- *c.* On vole par **fraude** : le **marchand** qui trompe sur la qualité ou la quantité de sa marchandise vole ; le **banqueroutier** vole ; **celui qui garde**

un **objet trouvé** vole; **celui qui ne paye pas** ses **dettes** vole; **celui qui abuse** de la **confiance d'autrui** vole, etc.

III. FORMES DIFFÉRENTES DE LA JUSTICE.

1º **Probité:**

    a. C'est le contraire du vol ; c'est le **respect profond de la personne, de la chose et des droits d'autrui.** Elle caractérise l'honnête homme;

    b. Le **respect des engagements** écrits ou verbaux, des promesses, est affaire de probité. — Caractère sacré des **promesses**; l'homme d'honneur ne manque jamais de les tenir.

2. **Loyauté** :

Synonyme de **franchise**, de **bonne foi**, d'**honnêteté**. L'homme loyal ne recule devant aucun sacrifice pour tenir ses engagements et pour remplir tous ses devoirs.

3º **Equité** :

Elle implique une **idée de proportion:** elle consiste à attribuer **à chacun la part qui lui est due,** soit dans le bien, soit dans le mal. — Différence entre la justice et l'équité : rémunérer un ouvrier pour une tâche accomplie, c'est de la **justice;** le rémunérer proportionnellement à la qualité du travail, à l'habileté de l'ouvrier, à ses besoins, au temps employé, etc., c'est de l'**équité**.

4° **Délicatesse** :
Attention scrupuleuse à ne point nuire à autrui ; **respect absolu** de ses biens, de ses sentiments. Elle va plus loin que la probité, puisqu'elle **exige parfois le sacrifice de nos intérêts et de nos goûts** pour que les autres ne soient pas blessés dans leur sensibilité.

IV. **Résumé et conclusion.**

IV. — RÉSUMÉ A APPRENDRE PAR CŒUR

La **propriété** est **légitime** et **nécessaire**. En priver autrui, c'est donc commettre une grave injustice. On porte atteinte à la propriété d'autrui par le **vol** et la **fraude**. Le voleur et le fraudeur sont punis par la loi. Il faut respecter autrui non seulement dans ses biens, mais encore dans ses intérêts de toute sorte : il faut être **probe, loyal, équitable, délicat**. Les **promesses** verbales ou écrites ont un caractère sacré. Il faut les tenir.

V. — MAXIMES

1. **Tu ne déroberas point.**
2. **Examine si ce que tu promets est juste et**

t'est possible, car la promesse est une dette.
3. **Les préceptes du droit sont : vivre honnêtement, ne point blesser autrui, attribuer à chacun le sien.** (*Instiutes* de Justinien [1])

VI. — DEVOIRS

1.

Sujet. — Probité, équité, loyauté, délicatesse. — Au moyen d'exemples, distinguez les unes des autres ces différentes formes de la justice.

Plan

I. **INTRODUCTION.**
II. **DIFFÉRENTES FORMES DE LA JUSTICE :**
   1° **Exemples de probité :**
      a. Un homme qui restitue à son propriétaire l'objet que ce dernier avait perdu ;
      b. Un patron qui n'inquiète pas ses ouvriers pour leurs opinions politiques ou leurs croyances religieuses.
      c. La **probité** est le respect absolu des droits et de la propriété d'autrui.

   2° **Exemples d'équité :**
      a. Un patron qui rémunère ses ouvriers proportionnellement à leur activité, à leur adresse, à leurs besoins, etc.

---

[1] Justinien, empereur d'Orient (527-565), célèbre surtout comme législateur. Les *Instiutes* sont un résumé des principes du droit romain, destiné aux étudiants

 b. Un juge qui rend une sentence en tenant compte des antécédents du coupable, des circonstances qui ont accompagné la faute, etc.

 c. L'**équité** attribue à chacun ce qui lui est exactement dû. Elle complète ou modère la justice.

3° Exemples de loyauté :

 a. Un homme qui, pour tenir un engagement pris, une promesse faite, sacrifie ses plaisirs, ses sentiments, ses intérêts.

 b. Un homme qui agit toujours conformément à ses déclarations, à son caractère, etc.

 c. La **loyauté** est la rectitude dans la conduite, la conformité des paroles et des actes, la bonne foi, la franchise du caractère.

4° Exemples de délicatesse :

 a. Un frère qui ne réclame pas tous les avantages auxquels il a droit de crainte de blesser la susceptibilité de ses autres frères qui pourraient se croire lésés.

 b. Un homme qui, ayant pris en main les intérêts d'un autre, agit comme s'il s'agissait de ses intérêts propres et remet, non seulement la totalité des bénéfices, mais, parfois, plus de la totalité des bénéfices.

 c. La **délicatesse** est le souci scrupuleux de ne point blesser autrui dans ses sentiments et ses droits, de le respecter en tout.

III. Conclusion. — Probité, équité, loyauté, délicatesse, modèrent, complètent ou remplacent la justice selon les cas.

2.

Sujet. — Les objets que nous trouvons nous appartiennent-ils ? Que devons-nous en faire ?

Plan

1° Guillaume a trouvé sur la route un portefeuille contenant plusieurs billets de banque.

2° Qu'en fera-t-il? Son indécision.

3° Il consulte son voisin Philippe : « Ce qui est trouvé est trouvé, lui dit celui-ci », et il lui conseille de garder le portefeuille.

4° Scrupules de Guillaume. Sa conscience se révolte.

5° Il consulte un autre de ses voisins, Thomas, qui est un honnête homme. « Ce qui est trouvé et n'est pas rendu est volé », dit Thomas, et il conseille à Guillaume de rendre le portefeuille.

6° Guillaume est convaincu : il va déposer le portefeuille chez le maire du village, où son propriétaire va le réclamer.

7° **Conclusion.** — Les objets que nous avons trouvés ne nous appartiennent pas. La probité nous commande de les restituer. — Résolutions.

VII. — RÉCITATION

L'Enseigne du Cabaret

Devant un cabaret, ces mots étaient écrits :
« Aujourd'hui vous paierez le pain, le vin, la viande;
    Demain vous mangerez gratis. »
    Janot, que l'enseigne affriande,
    Dit : « Aujourd'hui je n'entre pas,
    Il faudrait payer la dépense;
Mais demain je veux faire un si fameux repas
Que le cabaretier s'en souviendra, je pense. »
— Le lendemain on voit entrer Janot,
Qui va se mettre à table, et s'écrie aussitôt :
    « Servez vite, maître Grégoire !
Servez ! jusqu'à la nuit je veux manger et boire ;
Apportez du meilleur; je suis de vos amis ! »
    A peine le couvert est mis,
Qu'il faut voir mon Janot des dents faire merveilles,
Et vider bel et bien les plats et les bouteilles.

— S'étant lesté la panse, il se lève gaiement,
Et, sans cérémonie, il regagne la porte.
Mais Grégoire l'appelle et lui dit brusquement :
« Mon brave ! il faut payer avant que l'on ne sorte !
— Vous riez, dit Janot, vraiment,
Et la plaisanterie est forte ;
Vous deviez aujourd'hui, si je m'en souviens bien,
Nous servir à dîner pour rien !..
— Oh ! répond l'hôtelier, votre erreur est extrême,
Car je dis aujourd'hui ce qu'hier je disais
Regardez : tous les jours mon enseigne est la même.
— Vous ne m'y prendrez plus, dit l'autre, désormais ;
Et vous ne m'eussiez pas leurré par un vain conte,
Si j'avais su qu'à votre compte
Demain signifiât jamais »

LACHAMBEAUDRE (1).

---

(1) V page 138, note 1

VIII. — INDICATION DE LECTURES ET NOTES

QUARANTE-DEUXIÈME LEÇON

RESPECT DE LA PERSONNE
dans son HONNEUR et sa RÉPUTATION

I. — LECTURE

La petite ville. — J'approche d'une petite ville, et je suis déjà sur une hauteur d'où je la découvre. Elle est située à mi-côte; une rivière baigne ses murs, et coule ensuite dans une belle prairie; elle a une forêt épaisse qui la couvre des vents froids et de l'aquilon. Je la vois dans un jour si favorable, que je compte ses tours et ses clochers; elle me paraît peinte sur le penchant de la colline. Je me récrie, et je dis : Quel plaisir de vivre sous un si beau ciel et dans ce séjour si délicieux! Je descends dans la ville, où je n'ai pas couché deux nuits, que je ressemble à ceux qui l'habitent, j'en veux sortir. Il y a une chose que l'on n'a point vue sous le ciel, et que, selon toutes les apparences, on ne verra jamais : c'est une petite ville qui n'est divisée en aucuns partis, où les familles sont unies et où les cousins se voient avec confiance; où un mariage n'engendre point une guerre civile; où la querelle des rangs ne se réveille pas à tous moments par l'offrande, l'encens et le pain bénit, par les processions et par les obsèques ; d'où l'on a banni les caquets, le mensonge et la médisance.

La Bruyère [1].

II. — RÉSUMÉ ORAL DE LA LECTURE

III. — PLAN DE LA LEÇON

1° **L'HONNEUR** et la **RÉPUTATION** sont des biens plus précieux que la fortune; la perte des richesses peut se réparer, mais celle de l'honneur est irréparable.

2° **L'HONNEUR ET LA RÉPUTATION**:
    a. **L'honneur** : sentiment de ce qui nous élève ou nous abaisse à nos propres yeux et aux yeux d'autrui.
    b. La **réputation** est la possession de l'estime publique.

3° Ne pas respecter l'honneur et la réputation d'autrui, c'est donc :
    a. **Abaisser autrui** à ses propres yeux ;
    b. Lui faire perdre l'**estime publique** et lui porter un **grave préjudice** (nécessité d'une bonne réputation pour un commerçant, un entrepreneur, etc.).

4° On porte atteinte à l'honneur et à la réputation d'autrui par :

---

(1) V. page 162, note 1.

a. **L'OUTRAGE** : insultes, paroles grossières, reproche public ou privé d'une action honteuse. — L'outrage est puni par la loi.

b. La **MÉDISANCE** : elle consiste à dire du mal d'autrui, quand ce mal existe. — Action condamnable, qui nuit :
- 1º A la personne qui médit ;
- 2º A celle devant qui on médit ;
- 3º A celle dont on médit.

c. **CALOMNIE** : elle consiste à attribuer à autrui des vices ou des défauts qu'il n'a pas ; à lui imputer des fautes qu'il n'a pas commises. — La calomnie est un mensonge odieux qui a les plus graves conséquences, surtout quand il s'attaque aux femmes et aux jeunes filles.

d. **DIFFAMATION** : quand la calomnie et la médisance sont rendues publiques par le moyen de la presse, etc., elles prennent le nom de diffamation. La loi punit les diffamateurs.

e. **DÉLATION** ou **DÉNONCIATION** : révélation, dans l'ombre, des fautes et des secrets d'autrui. Funestes effets de la délation. Infamie de la **lettre anonyme**.
— Mobiles : intérêt, envie, vengeance.

4º **CONCLUSION.** Résumé. — Ne pas s'habituer à la délation à l'école.

IV. — RÉSUMÉ A APPRENDRE PAR CŒUR.

L'honneur et la **réputation** sont des biens plus précieux que la fortune, plus précieux que la vie. C'est donc porter à autrui le plus **grave préjudice** que de lui enlever l'honneur, de lui faire perdre l'estime publique. On porte atteinte à l'honneur et à la réputation d'autrui par l'**outrage**, la **médisance**, la **calomnie**, la **diffamation** et la **délation**. Le délateur et le calomniateur sont des méchants et des envieux : ils sont punis par les tribunaux.

V. — MAXIMES

1. **Ma réputation, c'est moi-même, dans ce que j'ai de plus précieux et de plus cher.**
(CARRAU [1]).
2. **Pour ne point calomnier, il ne faut jamais médire.** (DUCLOS [2]).
3. **Calomniez! calomniez! il en restera toujours quelque chose.** (BEAUMARCHAIS [3]).

VI. — DEVOIRS

1.

SUJET. — Par quels moyens peut-on enlever sa

---

[1] Moraliste français contemporain.

[2] Moraliste et historien français (1704-1772), de peu de valeur. Son ouvrage principal a pour titre : *Considérations sur les mœurs de ce siècle*.

[3] Écrivain français, né à Paris en 1732, mort en 1799. Ses deux ouvrages les plus connus sont le *Barbier de Séville* et le *Mariage de Figaro*.

réputation à autrui? Distinguez et appréciez ces moyens.

Plan

I. **INTRODUCTION.** — Ce qu'on appelle réputation. Conséquences d'une bonne ou d'une mauvaise réputation.

II. **MOYENS QUE L'ON EMPLOIE POUR ENLEVER LA RÉPUTATION D'AUTRUI :**
   1° Outrage;
   2° Médisance;
   3° Calomnie;
   4° Diffamation;
   5° Dénonciation.

III. **APPRÉCIATION.** — L'emploi de tous ces moyens révèle de la bassesse d'âme : celui qui outrage est grossier; celui qui médit est léger et imprudent; celui qui calomnie, diffame ou dénonce, est méchant et hypocrite.

IV. **CONCLUSION.** — Une bonne réputation étant d'un très haut prix, se garder d'y porter atteinte par quelque moyen que ce soit.

2.

Sujet. — Un de vos amis parle à tort et à travers de ses camarades; reprochez-le-lui, et montrez-lui que cette tendance peut l'entraîner jusqu'à enlever sa réputation à autrui.

Plan

1° C'est quand on est jeune que l'on se corrige le plus facilement de ses défauts. Aussi, je t'écris pour te signaler la vilaine tendance qui te porte à parler à tort et à travers de tes camarades;
2° C'est assurément par étourderie que tu agis...;
3° Cependant, le mal que tu causes est très grand...;
4° Du penchant à la médisance, tu glisseras dans la

calomnie, et tu causeras, plus tard, à autrui, un mal irréparable. – Enlever à quelqu'un sa réputation, c'est tuer son âme, c'est être le plus lâche des assassins...;
5° Mais je vais trop loin sans doute, et les esprits ouverts comme le tien ne demandent qu'à connaître leurs défauts pour s'en corriger au plus tôt. Je t'en ai signalé un ; rends-moi le même service à l'occasion ;
6° Formule finale.

VII. — RÉCITATION

La Calomnie.

La calomnie, monsieur, vous ne savez guère ce que vous dédaignez ; j'ai vu les plus honnêtes gens près d'en être accablés. Croyez qu'il n'y a pas de plate méchanceté, pas d'horreurs, pas de conte absurde, qu'on ne fasse adopter aux oisifs d'une grande ville en s'y prenant bien ; et nous avons ici des gens d'une adresse... ! d'abord un bruit léger, rasant le sol comme l'hirondelle avant l'orage, *pianissimo*, murmure et file et sème en courant le trait empoisonné.

Telle bouche le recueille, et *piano, piano*, vous le glisse en l'oreille adroitement. Le mal est fait : il germe, il rampe, il chemine, et *rinforzando* de bouche en bouche il va le diable ; puis tout à coup, je ne sais comment, vous voyez la calomnie se dresser, siffler, s'enfler, grandir à vue d'œil. Elle s'élance, étend son vol, tourbillonne, enveloppe, arrache, entraîne, éclate et tonne, et devient, grâce au ciel, un cri général, un *crescendo* public, un chorus universel de haine et de proscription. Qui diable y résisterait ?

BEAUMARCHAIS [1].

---

(1) V page 314, note 3

VIII. — INDICATION DE LECTURES ET NOTES

QUARANTE-TROISIÈME LEÇON

LA CHARITÉ

I. — LECTURE

Un bon voisin. — Je me dis : « Tu es tranquille et au chaud dans ta maison avec ton chien et tes chevreaux. Il y a du pain pour toi sur la planche, il y a de l'herbe dans la montagne ou dans le râtelier pour eux ; ton toit, quoiqu'il soit de genêt, est bien réparé contre la pluie et la neige. Tu n'as pas de souci pour ta femme et pour tes enfants ; mais voilà un tel qui a son plafond écroulé, et les berceaux de ses petits exposés à tous les vents. Voilà cette pauvre veuve dont la maison a brûlé la semaine passée, et qui n'a pas un pauvre liard pour payer le tireur de pierres, le maçon et le couvreur pour se rebâtir un abri ; voilà ce vieillard qui n'a plus son fils pour lui piocher son morceau de terre ; voilà ces trois orphelins qui n'ont ni père ni mère pour leur moissonner leur seigle ou pour leur battre leur châtaignier. Que vont-ils faire dans la mauvaise saison qui s'avance ? Qui est-ce qui ira à leur secours pour l'amour de Dieu ?

« Allons, c'est moi ! Donnons-nous de la peine pour leur en enlever un peu. Tirons de la pierre pour celle-ci, taillons un jambage pour celui-là, rajustons les marches de l'escalier pour l'un, replaçons les solives et les tuiles pour l'autre, bêchons la vigne de ce voisin malade, coupons l'orge de cette vieille femme aveugle, prêtons notre chèvre à cette pauvre nourrice dont la vache est tombée dans le ravin et qui n'a plus de lait pour ses petits ! Le peu que je puis pour eux leur soulagera le cœur ; ils auront moins de chagrin dans la maison, ils dormiront cette nuit, ils mangeront ce soir, ils coucheront à l'abri avant l'hiver ! » Et le soir, quand je remonte ici à la nuit close, et que je me dis : « Claude, qu'as-tu gagné aujourd'hui ? » je me réponds : « J'ai gagné une bonne journée, car les pauvres gens me la paient en amitié, mon cœur me la paie en contentement, et le bon Dieu me la paiera en miséricorde ».

LAMARTINE [1].

II. — RÉSUMÉ ORAL DE LA LECTURE

III. — PLAN DE LA LEÇON

I. JUSTICE ET CHARITÉ :
1° La **justice** consiste à ne pas faire du mal aux autres ;
2° La **charité** consiste à leur faire du bien.

---

(1) V. page 212, note 1.

II. IL Y A AUTANT DE DEVOIRS DE CHARITÉ QU'IL Y A DE DEVOIRS DE JUSTICE :

1º La **JUSTICE** nous **défend** d'enlever à autrui sa **vie**. — La **CHARITÉ** nous **ordonne** de défendre autrui toutes les fois qu'il est menacé et attaqué, de le sauver du péril où il est tombé, du danger qu'il court, au péril même de notre vie.

2º La **JUSTICE** nous **défend** d'attenter à la **personne** et à la **liberté** d'autrui. — La **CHARITÉ** nous **ordonne** de pardonner à autrui ses offenses ; nous pourrions faire emprisonner celui qui nous a outragés et calomniés : oublions ses injures, laissons-lui sa liberté. — De plus, travaillons au développement de sa liberté morale :

a. Instruisons-le, s'il est ignorant ;

b. S'il est paresseux et prodigue, conseillons-lui doucement de reprendre son travail, et indiquons-lui le moyen de faire des économies : le don d'un livret de caisse d'épargne le remettra, peut-être, dans la bonne voie ;

c. Employons-nous à le guérir de ses maladies morales, de ses passions mauvaises ; — apprenons-lui à modérer ses désirs, à se contenter de peu : un bon mot, une démarche discrète peuvent avoir les plus heureuses conséquences.

3° La **JUSTICE** nous **défend** de gêner autrui dans l'exercice de ses **croyances** et de ses **opinions**. — La **CHARITÉ** nous **ordonne** de faire tout ce qui est en notre pouvoir pour lui faciliter l'exercice de ses droits; de lui porter secours, s'il souffre du fait de ses opinions politiques ou de ses croyances religieuses;

(Voltaire, Zola, etc.).

4° La **JUSTICE** nous **défend** d'attenter à l'**honneur** et à la **réputation** d'autrui. — La **CHARITÉ** nous **ordonne** de défendre nos semblables toutes les fois qu'en notre présence ils sont l'objet de la médisance et de la calomnie;

5° La **JUSTICE** nous **défend** de porter atteinte aux **biens** d'autrui, de manquer à nos **promesses**, etc. — La **CHARITÉ** nous **ordonne** d'assister autrui par l'**aumône** (argent, nourriture, travail), faite avec **délicatesse** et **discernement**; par la **bienfaisance** (services, cotisations et participation à des œuvres de charité).

III. La **POLITESSE** : C'est un devoir de **justice** et de **charité**. C'est la forme la plus aimable de la **tolérance** et la marque de la **bonté**. Elle consiste dans une certaine attention à faire que, par nos paroles et nos manières, les autres soient contents de nous et d'eux-mêmes. Le vraie politesse, celle du cœur unie à celle des manières, nous vaut de solides amitiés et rend plus agréables nos relations dans la vie.

IV. **Résumé et conclusion.**

IV. — RÉSUMÉ A APPRENDRE PAR CŒUR.

Les devoirs de **charité** consistent à faire du bien à nos semblables. Ils **correspondent** aux devoirs de **justice**. Nous devons mettre notre **vie** au service de celle de nos semblables. Non seulement nous devons **oublier** les **injures** que nous avons reçues d'eux, mais nous devons encore leur rendre le **bien pour le mal**, leur prodiguer nos **conseils** et nos **consolations**, les **défendre** s'ils sont **calomniés**, les **aider** s'ils sont dans le **besoin**, faire enfin que, par nos **paroles** et nos **actions**, ils soient **contents de nous et d'eux-mêmes**.

V. — MAXIMES.

1. **Dans le bonheur d'autrui je cherche mon bonheur.** (CORNEILLE [1]).
2. **Voulez-vous être un moment satisfait?**

---

[1] Le plus grand de nos poètes tragiques avec Racine, né à Rouen en 1606, mort 1684. Le Cid, Horace, Cinna, Polyeucte et Nicomède, sont ses chefs d'œuvre.

vengez-vous. **Voulez-vous l'être longtemps? pardonnez.** (LACORDAIRE [1]).
3. **La libéralité consiste moins à donner beaucoup qu'à donner à propos.**

VI. — DEVOIRS

1.

SUJET. — Montrez que les devoirs de charité correspondent aux devoirs de justice, et que l'honnête homme est celui qui est à la fois juste et charitable.

Plan

I. **OBLIGATIONS IMPOSÉES PAR LA JUSTICE** *(Voir leçons précédentes)*.

II. **OBLIGATIONS DE LA CHARITÉ.** — La charité va plus loin que la justice *(Voir plan de la leçon)*.

III. L'homme qui serait simplement juste ne serait qu'égoïste : **la plus stricte justice confine à l'injustice.** L'homme vertueux et sociable est celui qui à la pratique de la justice joint celle de la charité. — D'ailleurs, les devoirs de charité sont, dans une certaine mesure, des devoirs de justice. (Exemple).

IV. **CONCLUSION.** — Soyons d'abord justes : c'est la première condition d'une bonne moralité ; soyons ensuite charitables : c'est la condition supérieure d'une parfaite vertu, d'une moralité complète.

2.

SUJET. — Joseph dit que, ne possédant rien, il lui est impossible d'exercer la charité. Expliquez-lui qu'on pratique cette vertu de mille manières, et

---

[1] Célèbre prédicateur français du XIXe siècle (1802-1861).

qu'on a souvent plus de mérite à soulager les souffrances du cœur que celles du corps.

Plan

1° Joseph se plaint de n'être pas assez riche pour faire la charité et il regrette d'être privé d'un bonheur dont jouissent beaucoup de gens aisés;
2° Il est, cependant, divers moyens de faire la charité, et le meilleur n'est pas toujours l'aumône;
3° On peut secourir un misérable en lui donnant l'occasion de travailler; on peut soigner avec délicatesse un malade indigent, etc.
4° D'ailleurs, la charité ne se borne pas à secourir le corps ; la charité qui s'adresse à l'âme est souvent meilleure. Donner des conseils, des encouragements à ceux qui en ont besoin, c'est faire la charité ;
5° Les occasions de faire le bien ne manquent donc pas. Si on ne peut ouvrir sa bourse, il faut ouvrir son cœur aux malheureux, aux délaissés;
6° Formule finale.

3.

Sujet. — Quelles sont les règles pratiques de l'aumône ?

Plan

I. EN QUOI CONSISTE L'AUMONE ? Don d'argent, de nourriture, de vêtements, etc.

II. RÈGLES PRATIQUES:

1° L'aumône doit être faite avec **discernement:** il faut la refuser à certains mendiants pour qui elle serait un encouragement à la paresse et au vice.
2° Elle doit être faite avec **délicatesse:** « la façon de donner vaut mieux que ce qu'on donne » ;
3° Elle doit être faite avec **intelligence :** éviter les aumônes inutiles ; deviner et

donner ce qui peut être pour l'obligé d'un secours immédiat et efficace ;

4° Elle doit être **proportionnée à nos moyens ;** il serait imprudent et coupable de ruiner sa famille sous prétexte qu'il faut être charitable. Celui qui a peu doit donner peu, celui qui a beaucoup doit donner beaucoup.

III. **CONCLUSION.** — L'aumône est sans mérite moral, si elle ne réunit pas ces qualités dont la plus importante est la **délicatesse** et aussi, hélas ! la moins commune.

VII. — RÉCITATION

La Charité

« Je suis la Charité, l'amie
Qui se réveille avant le jour,
Quand la nature est rendormie,
Et que Dieu m'a dit : A ton tour !

» Oh ! donnez-moi pour que je donne ;
J'ai des oiseaux nus dans mon nid.
Donnez, méchants, Dieu vous pardonne :
Donnez, ô bons ! Dieu vous bénit !

» Heureux ceux que mon zèle enflamme !
Qui donne aux pauvres, prête à Dieu.
Le bien qu'on fait parfume l'âme ;
On s'en souvient toujours un peu !

» Le soir, au seuil de sa demeure,
Heureux celui qui sait encor
Ramasser un enfant qui pleure
Comme un avare un sequin d'or !

» Le vrai trésor rempli de charmes,
C'est un groupe, pour vous priant,
D'enfants qu'on a trouvés en larmes
Et qu'on a laissés souriant !

» Les biens que je donne à qui m'aime
Jamais Dieu ne les retira.
L'or que sur le pauvre je seme
Pour le riche au ciel germera ! »

V. Hugo (1)

---

(1) V page 28, note 1.

VIII. — INDICATION DE LECTURES ET NOTES

QUARANTE-QUATRIÈME LEÇON

DEGRÉS DE LA CHARITÉ

I. — LECTURE

Bonté et charité de Mme Geoffrin [1]. — D'Alembert [2] nous a dit de quelle manière Mme Geoffrin était bonne. Tourmentée, dès sa plus tendre enfance, par le démon de la charité, elle ne pouvait voir un pauvre dans la rue sans lui jeter par sa fenêtre tout ce qui lui tombait sous la main.

Plus tard, quand sa charité fut raisonnée, elle eut l'ambition de faire un coup double : donner n'était pas assez ; la dernière main n'était mise à son œuvre que quand elle avait consolé. Des ouvriers lui apportent un jour deux vases en marbre qu'elle avait commandés au célèbre Bouchardon [3]. Elle s'aperçoit que l'un des couvercles est cassé. « Hélas ! oui, madame, lui dirent les ouvriers ; et notre cama-

---

(1) Dame du XVIIIe siècle, célèbre par sa générosité et sa délicatesse. Son salon fut fréquenté par les plus grands savants et les plus grands artistes de l'époque (1699-1777).

(2) Célèbre philosophe du XVIIIe siècle, né à Paris en 1717, mort en 1783. Avec Diderot, il publia l'*Encyclopédie* où il donna de remarquables articles de littérature et de mathématiques.

(3) Célèbre sculpteur français du XVIIIe siècle (1698-1762).

rade à qui ce malheur est arrivé en est si fâché qu'il n'a pas osé se présenter devant vous ; il est bien à plaindre, car si le maître le sait, il le renverra, et c'est un homme qui a une femme et quatre enfants. — Allons, allons. dit Mme Geoffrin, voilà qui est bien ; je n'en parlerai pas, et qu'il soit tranquille. » — Quand les ouvriers sont partis, elle fait réflexion que ce pauvre homme a eu bien de l'inquiétude, et qu'il faut qu'elle l'envoie consoler. « Allez, dit-elle à son domestique, chez M. Bouchardon ; vous demanderez l'ouvrier un tel, et vous lui donnerez ces douze livres ; vous donnerez aussi trois livres à ses camarades, qui m'ont si bien parlé de lui. »

Duclos [1].

II. — RÉSUMÉ ORAL DE LA LECTURE

III. — PLAN DE LA LEÇON

I. **INTRODUCTION** : La charité commande d'être **bienveillant** et **bienfaisant**. La bienveillance et la bienfaisance réunies constituent la **bonté**. Pour être complète, la bonté ne doit pas être seulement dans le **cœur**, mais encore dans le **caractère**, dans les manières.

II. **DIVERS DEGRÉS DE LA CHARITÉ OU BONTÉ :**

---

[1] V p 314, note 2

1° **Aumône** : secours en nature aux indigents ;
2° **Philanthropie** : charité qui porte à fonder des institutions de bienfaisance (hôpitaux, asiles, orphelinats, etc.). — Saint Vincent de Paul ;
3° **Pitié** : Compassion pour le malheur d'autrui ;
4° **Indulgence** : penchant à excuser les fautes d'autrui par bonté d'âme ;
5° **Pardon des injures** ou **générosité** ou **magnanimité** ;
6° **Clémence** : pardon accordé par un chef à ses subordonnés, par un chef d'Etat, etc. Ex. *Auguste* ;
7° **Dévouement** ou **abnégation** : sacrifice qu'on fait de soi-même à un devoir, à une croyance, à une idée, à un homme ;
8° **Héroïsme** : dévouement porté au plus haut degré. — Il y a des héroïsmes brillants et des héroïsmes obscurs.

III. Résumé et conclusion.

IV. — RÉSUMÉ A APPRENDRE PAR CŒUR

La **charité** commande d'être bienveillant et bienfaisant. La **bienveillance** et la **bienfaisance** constituent la **bonté**. Pour être complète, la bonté doit être à la fois dans le **cœur** et dans le **caractère**. Les divers **degrés** de la charité sont : l'aumône, la **philanthropie**, la **pitié**, l'**indulgence**, la **générosité**, la **clémence**, le **dévouement** et l'**héroïsme**. C'est par l'accomplissement des actions les plus modestes qu'on fait l'apprentissage des vertus les plus sublimes.

V. — MAXIMES

1. **Quand on me fait une injure, je tâche d'élever mon âme si haut que l'offense ne parvienne pas jusqu'à moi.**
(DESCARTES [1]).

2. **Par-dessus toutes choses, soyez bons; la bonté est ce qui désarme le plus les hommes.** (LACORDAIRE [2]).

3. **La pitié est la meilleure et la plus noble passion du genre humain.** (HUME [3]).

VI. — DEVOIRS

1.

SUJET. — Quels sont les divers degrés de la charité? — Donnez un exemple de chacun d'eux.

Plan

I. **Introduction.** — La vraie charité suppose à

---

(1) Célèbre philosophe français du XVIIe siècle, né à la Haye (Indre-et-Loire), en 1596, mort en 1650. L'un des créateurs de la prose française. Son principal ouvrage est le *Discours de la méthode*.

(2) V. page 323, note 1.

(3) Philosophe et historien anglais du XVIIIe siècle, (1711-1776).

la fois la bienveillance et la bienfaisance qui, réunies chez un même homme, y constituent la bonté.

II. Degrés de la Charité. — L'homme réellement bon réunit en lui toutes les vertus de charité. savoir :

    1° L'aumône,
    2° La philanthropie,
    3° La pitié,
    4° L'indulgence,
    5° La générosité,
    6° La clémence,
    7° Le dévouement,
    8° L'héroïsme.

III. Conclusion. — Les joies les plus douces sont celles qui résultent de la pratique de la charité ou bonté. Donc, se former à la bonté dès l'enfance en s'imposant des sacrifices pour ses camarades, ses parents, les pauvres, etc.

2.

Sujet. — De tous les exemples de charité que vous avez lus ou que votre maître a cités à l'appui de ses leçons de morale, quel est celui qui vous a le plus vivement frappé ? Rappelez-le en détail.

Cadre du Sujet

I. Les traits de charité que je connais sont très nombreux...

II. Celui qui m'a le plus vivement frappé est...
    1° Idée générale.
    2° Narration des faits particuliers.
    3° Dénouement.

III. Conclusion. — On trouve un double avantage à être charitable : en dehors du bonheur que l'on goûte à faire celui d'autrui, on gagne l'estime, la considération, le respect de ses semblables.

VII. — RÉCITATION.

Clémence d'Auguste

I

L'Ingratitude de Cinna

Tu vois le jour, Cinna : mais ceux dont tu le tiens
Furent les ennemis de mon père, et les miens :
Au milieu de leur camp tu reçus la naissance ;
Et lorsque après leur mort tu vins en ma puissance,
Leur haine enracinée au milieu de ton sein
T'avait mis contre moi les armes à la main :
Tu fus mon ennemi même avant que de naître,
Et tu le fus encore quand tu me pus connaître,
Et l'inclination jamais n'a démenti
Ce sang qui t'avait fait du contraire parti :
Autant que tu l'as pu, les effets l'ont suivie.
Je ne m'en suis vengé qu'en te donnant la vie ;
Je te fis prisonnier pour te combler de biens ;
Ma cour fut ta prison, mes faveurs, tes liens ;
Je te restituai d'abord ton patrimoine ;
Je t'enrichis après des dépouilles d'Antoine,
Et tu sais que depuis, à chaque occasion,
Je suis tombé pour toi dans la profusion ;
Toutes les dignités que tu m'as demandées,
Je te les ai sur l'heure et sans peine accordées ;
Je t'ai préféré même à ceux dont les parents
Ont jadis dans mon camp tenu les premiers rangs,
A ceux qui de leur sang m'ont acheté l'empire,
Et qui m'ont conservé le jour que je respire ;
De la façon enfin qu'avec toi j'ai vécu,
Les vainqueurs sont jaloux du bonheur du vaincu.
Quand le ciel me voulut, en rappelant Mecène,
Après tant de faveurs montrer un peu de haine,
Je te donnai sa place en ce triste accident,
Et te fis, après lui, mon plus cher confident ;
Aujourd'hui même encor, mon âme irrésolue
Me pressant de quitter ma puissance absolue,
De Maxime et de toi j'ai pris les seuls avis,
Et ce sont, malgré lui, les tiens que j'ai suivis :
Bien plus, ce même jour, je te donne Emilie,
Le digne objet des vœux de toute l'Italie,
Et qu'ont mise si haut mon amour et mes soins,
Qu'en te couronnant roi je t'aurais donné moins.
Tu t'en souviens, Cinna ; tant d'heur et tant de gloire,
Ne peuvent pas sitôt sortir de ta mémoire ;
Mais ce qu'on ne pourrait jamais s'imaginer,
Cinna, tu t'en souviens, et veux m'assassiner !

II

La Clémence d'Auguste

Soyons amis, Cinna, c'est moi qui t'en convie ;
Comme à mon ennemi je t'ai donné la vie,
Et, malgré la fureur de ton lâche dessein,
Je te la donne encor, comme à mon assassin.
Commençons un combat qui montre par l'issue
Qui l'aura mieux de nous ou donnée ou reçue.
Tu trahis mes bienfaits, je les veux redoubler :
Je t'en avais comblé, je t'en veux accabler :
Avec cette beauté que je t'avais donnée
Reçois le consulat pour la prochaine année.

CORNEILLE (1). *Cinna.*

---

(1) V page 322, note 1.

VIII. — INDICATION DE LECTURES ET NOTES

QUARANTE-CINQUIÈME LEÇON

LA FRATERNITE

I. — LECTURE

Le prisonnier de guerre. — Wilhelm Apfel, soldat prussien, fait prisonnier à la bataille d'Iéna, fut envoyé en cantonnement dans les environs de Mèves (Nièvre). Les paysans chez lesquels il demeurait, loin de le traiter en ennemi, lui prodiguèrent des soins capables de lui faire oublier sa captivité, mais rien ne pouvait le distraire du souvenir de son pays et de ses parents. Touché de sa douleur, Antoine Fouquier, fils de son hôte, obtint pour lui un passeport, lui donna 50 francs d'économies qu'il possédait, et lui fournit les moyens de franchir la frontière.

Sept ans après, Antoine Fouquier, servant dans le 4ᵉ léger, fut blessé au bras à Leipzig et forcé de se rendre. On le dépouilla de la plupart de ses vêtements ; on lui ôta jusqu'à ses souliers, et il fut, avec quelques-uns de ses compagnons d'infortune, dirigé vers l'intérieur de la Prusse. Il marchait entre deux haies de soldats ennemis, lorsque l'un d'eux se jette à son cou et l'embrasse avec effusion. C'était Wilhelm, qui avait reconnu son libérateur, et courut aussitôt solliciter sa délivrance. Le récit de la généreuse conduite de Fouquier émut le général prussien, et le jeune Français, mis en liberté, accueilli dans la famille de Wilhelm, ne tarda pas à revoir sa patrie.

BARRAU [1].

II. — RÉSUMÉ ORAL DE LA LECTURE

III. — PLAN DE LA LEÇON

I. DÉFINITION ET CARACTÈRE DE LA FRATERNITÉ :

1° Sentiment qui nous fait voir des frères dans tous les hommes, quelles que soient leur patrie, leur religion, leur condition, etc.... et qui nous pousse à les aimer, à nous dévouer pour eux. — **Il résume tous les devoirs de charité.**

2° Ce sentiment est **naturel**, car tous les hommes sont en effet **membres d'une même famille :** nous avons même **âme**, mêmes **droits**, mêmes **devoirs.**

3° La fraternité est plus possible aujourd'hui qu'autrefois, parce que les inégalités et les

---

(1) Auteur d'une *Morale pratique.*

privilèges, sources de rivalités et de haines, tendent à disparaître.

II. **LA FRATERNITÉ N'EST PAS UN VAIN MOT :**

1º Elle a créé les **hôpitaux**, les **hospices**, les **crèches** d'enfants, les **asiles d'aliénés**, les **bureaux de bienfaisance**;

2º Elle se manifeste dans les **Associations fraternelles, sociétés de secours mutuels, sociétés scolaires, sociétés de retraites**, etc..;

3º Elle a horreur des guerres fratricides entre nations et s'efforce de les rendre aussi rares que possible par l'institution de **commissions d'arbitrage**, et moins meurtrières par l'obligation imposée aux combattants de ne faire usage d'aucun moyen trop inhumain (*Conférence de La Haye, 1899*).

III. **Résumé et conclusion.**

IV. — RÉSUMÉ A APPRENDRE PAR CŒUR

La charité universelle prend le nom de **fraternité**. Tous les hommes sentent qu'ils appartiennent à une même famille, qu'ils ont une même âme, des droits et des devoirs égaux. C'est cette **solidarité des sentiments** qu'on nomme fraternité. La fraternité **n'est pas un vain mot** puisque les œuvres qu'elle a créées : **hospices, bureaux de bienfaisance, commissions d'arbitrage** entre nations, etc., sont très nombreuses et qu'elles rendent les plus grands services.

V. — MAXIMES

1. **Je suis homme, et qu'il vienne du levant ou du ponant, tout homme m'est un frère.**
   (CLÉMENCEAU [1]).
2. **La fraternité est un sentiment spontané que les lois sont impuissantes à produire.**
3. **Aimer ses semblables, c'est l'unique ressource contre le vide, l'inquiétude et l'ennui.** (MIRABEAU [2]).

VI. — DEVOIRS

1.

SUJET. — La Fraternité. Les œuvres qu'elle a créées ; leur utilité.

Plan

I. Ce qu'on appelle **FRATERNITÉ**.
II. **ŒUVRES QU'ELLE A CRÉÉES :**
   1° **Hospices** et **hôpitaux** : ils reçoivent des malades, des indigents, des voyageurs et les soignent souvent gratuitement.

---

(1) Homme politique, orateur contemporain d'une puissante envergure ; publiciste d'un très grand talent qu'il consacre à la défense des idées de liberté, de justice et de tolérance

(2) Célèbre orateur et homme politique français, joua un très grand rôle à l'Assemblée nationale constituante, où il figura en qualité de député du Tiers-État (1749-1791)

2º **Crèches d'enfants :** reçoivent journellement les petits enfants d'ouvriers que leurs occupations éloignent de la maison.

3º **Orphelinats :** élèvent, jusqu'à ce qu'ils sont pourvus d'une profession, les enfants abandonnés et les orphelins.

4º **Asiles d'aliénés :** reçoivent et soignent les idiots.

5º **Bureaux de bienfaisance :** institutions qui, dans la plupart des communes, ont pour but d'accorder des secours aux indigents de l'endroit ou aux indigents de passage.

6º **Monts-de-Piété :** établissements où l'on trouve à emprunter moyennant le dépôt d'un objet, d'un meuble, que l'on peut retirer plus tard contre l'argent reçu.

7º **Sociétés de secours mutuels :** associations qui paient à leurs membres certains frais : frais de médecin, de remèdes, etc., et qui leur assurent une retraite plus ou moins élevée, moyennant une légère cotisation.

8º **Sociétés de retraites et d'assistance mutuelle** (1), à la fois œuvres de prévoyance et de philanthropie.

---

(1) La meilleure de ces sociétés de retraites nous paraît être l'AVENIR DU PROLETARIAT, qui compte actuellement (1900), 50,000 adhérents et dont le siège social est 8, rue Pernelle, à Paris. Pour une cotisation minime de 1 fr. 50 par mois, elle procure les avantages suivants :

1º *Retraite* proportionnelle et progressive, après un minimum de quinze années de sociétariat, à partir de 50 ans d'âge. Minimum de retraite 360 francs.

2º *Reconstitution* à 5000 fr., en 75 ans, de l'ensemble des cotisations déboursées, et *amortissement* par anticipation au moyen de *Tirages* semestriels.

3º *Secours pécuniaires* en cas de grosse maladie ou d'accident grave, accordés aux sociétaires dépourvus de ressources personnelles.

4º *Maison de retraite* dite les *Invalides du travail*, pour les sociétaires invalides par suite d'âge avancé ou d'accident, ne possédant pas des ressources suffisantes pour leur permettre de subvenir eux-mêmes à leurs besoins.

5º *Orphelinat* dans lequel seront admis et élevés, jusqu'à l'âge de 16 ans,

9° **Coopératives, Syndicats, Amicales scolaires,** etc.

10° **Arbitrages** entre nations et **conférences** pour la paix universelle ; etc., etc.

III. **CONCLUSION.** — La Fraternité n'est pas un vain mot. A mesure que les hommes comprendront qu'ils sont solidaires les uns des autres, ils s'aimeront davantage ; ils finiront, peut-être, ou, du moins, c'est souhaitable, par communier tous dans une même pensée de concorde et d'amour.

2.

Sujet. — Racontez le trait de fraternité qui vous a été lu sous le titre : **Le prisonnier de guerre.**

Plan

I. **Première partie.**
1. Où fut envoyé le soldat prisonnier Wilhelm Apfel ?
2. Comment y fut-il traité ?
3. Que fit pour lui le fils de son hôte ?

II. **Deuxième partie.**
1. Où était Antoine Fouquier sept ans après et que lui arriva-t-il ?
2. Qui lui sauta au cou et sollicita sa délivrance ?

III. **Dénouement.** — Le Français, mis en liberté, revoit sa patrie.

---

les enfants que le décès de leurs parents sociétaires aura laissés sans ressources
La société est propriétaire à *Paris* des trois immeubles situés :
1° 8, rue Pernelle (siège social)
2° 9, rue des Messageries
3° 8, rue de Port-Mahon
En Touraine, elle possède le beau domaine de la HAUTE-BARBE, d'une contenance de 220 hectares et où sont édifiés la *Maison de retraite* et l'*Orphelinat*.

VII. — RÉCITATION

Les deux blessés.

Ils s'étaient bien battus chacun pour sa patrie,
Et maintenant, la chair déchirée et meurtrie,
Ils gisaient là — le Russe et le Français — mourants !
La plaine et le silence alentour étaient grands.
Tous deux, un même mot different sur leur lèvre,
Se regardaient mourir de leurs yeux pleins de fièvre,
Sans pouvoir echanger l'adieu ni le secours.
Les heures se passaient, ils respiraient toujours ...
Ils s'endormirent, seuls, sous la nuit glaciale.

Au milieu de la nuit, levant sa tête pâle,
L'un des deux regarda l'autre : l'autre etait mort.
Mais, avant de mourir, par un sublime effort,
Pensant qu'il n'avait plus nul besoin pour lui-même
(Car rien ne le pouvait sauver du froid suprême),
Et que l'autre, — qui sait ? — s'il allait au matin
Pourrait revoir sa mère et son pays lointain,
Il avait doucement mis son manteau de guerre
Sur l'homme avec lequel il se battait naguère,
Dont sa grande pitié lui faisait un ami,
Et, content de lui même, il s'était rendormi.

J. AICARD [1].

---

[1] V. page 15, note 1.

VIII. — INDICATION DE LECTURES ET NOTES

Tableau Synoptique du Chapitre V

DEVOIRS ENVERS LES AUTRES HOMMES.

I. La Société.

1. Nécessité de la Société
   - A. Point de vue matériel : nourriture, etc.
   - B. Point de vue moral : solitude impossible
   - C. Point de vue intellectuel : langage, etc.

2. Avantages
   - A. Intérêts particuliers : échanges indispensables
   - B. Intérêts généraux
     - a. Sécurité
     - b. Moyens de communications
     - c. Grands services : justice, instruction, etc.

3. Solidarité
   - A. C'est la loi qui unit tous les hommes
   - B. C'est un devoir obligatoire pour tous les hommes

4. La fraternité, amour de tous les hommes s'exerce par
   - A. L'aumône
   - B. La bienfaisance
   - C. La mutualité
   - D. Le dévouement, le sacrifice

II. Justice et charité.

1. Résument tous nos devoirs envers les autres hommes

2. Leurs caractères
   - A. Les devoirs de justice sont négatifs
   - B. Les devoirs de charité sont positifs
   - C. La justice est obligatoire
   - D. La charité est libre

III. Devoirs de justice.

1. Respect de la personne dans sa vie.
   - A. La personne humaine est sacrée
   - B. Injustice de l'homicide
   - C. Cas particuliers
     - a. Cas de légitime défense
     - b. Duel
     - c. Peine de mort
     - d. Guerre
   - D. Les mauvais traitements

2. Respect de la personne dans sa liberté.
   - A. Trois sortes de liberté
     - a. Liberté morale : indestructible
     - b. Liberté physique
     - c. Liberté civile et politique
   - B. Attentats à la liberté d'autrui
     - a. L'esclavage
     - b. Le servage
     - c. La traite des nègres
     - d. Autres abus de pouvoir

3. Respect de la personne dans ses croyances et ses opinions.
   - A. Liberté de conscience, conséquence de
     - a. Liberté de pensée
       - 1. Liberté de la presse
       - 2. Liberté de réunions
     - b. Liberté des cultes
   - B. Différentes formes de l'intolérance aujourd'hui

III. Devoirs de justice (Suite).

4. Respect de la personne dans ses biens et ses intérêts de toutes sortes
   - A. Légitimité et nécessité de la propriété
   - B. Condamnation du vol
     - a. Vol avec effraction
     - b. Fraude
   - C. Différentes formes de la justice
     - a. Probité
       - 1. Respect de la chose et des droits d'autrui
       - 2. Respect de la parole donnée
     - b. Loyauté, franchise, bonne foi, honnêteté
     - c. Équité : justice absolue
     - d. Délicatesse : forme la plus aimable

5. Respect de la personne dans son honneur et sa réputation
   - A. L'honneur et la réputation
   - B. Importance d'une bonne réputation
   - C. On porte atteinte à l'honneur et à la réputation d'autrui par
     - a. L'outrage
     - b. La médisance qui nuit
       - 1. A la personne qui médit
       - 2. A celle devant qui elle médit
       - 3. A celle dont elle médit
     - c. La calomnie
     - d. La diffamation
     - e. La délation ou dénonciation

IV. Devoirs de charité.

1. La charité
   - A. Il y a autant de devoirs de charité que de devoirs de justice
   - B. La charité nous ordonne
     - a. De sacrifier notre vie à celle d'autrui
     - b. De favoriser autrui dans l'exercice de sa liberté, d'éclairer sa conscience
     - c. De le favoriser dans la manifestation de ses opinions politiques et de ses convictions religieuses
     - d. De le défendre toutes les fois qu'il est calomnié
     - e. De l'assister par l'aumône, les bons conseils, etc.
   - C. La politesse
     - a. Devoir de justice et de charité
     - b. Politesse extérieure ou des manières
     - c. Politesse intérieure ou du cœur
     - d. La vraie politesse

2. Ses degrés. Les deux formes de la charité sont la bienfaisance, qui formeent la bonne et qui s'exerce par
   - a. L'aumône faite avec
     - 1. Discernement
     - 2. Délicatesse
     - 3. Intelligence
     - 4. Raison
   - b. La philanthropie ou bienfaisance publique
     - 1. Hôpitaux
     - 2. Asiles et orphelinats
     - 3. Sociétés de secours mutuels, etc.
   - c. La pitié
   - d. L'indulgence
   - e. Le pardon des injures
     - 1. Générosité
     - 2. Magnanimité
     - 3. Clémence
   - f. Le sacrifice de soi-même ou héroïsme

3. Fraternité humaine
   - A. Sentiment qui nous fait voir des frères dans tous nos semblables
   - B. Elle résume tous les devoirs de charité
   - C. Elle n'est pas un vain mot puisqu'elle a
     - a. Des hospices, crèches, etc.
     - b. Des associations fraternelles, sociétés de secours mutuels, etc.
     - c. Des commissions d'arbitrage entre les nations, etc.

CHAPITRE VI

LA PATRIE

QUARANTE-SIXIÈME LEÇON

LA PATRIE ET LE PATRIOTISME

I. — LECTURE.

Ce que c'est que la patrie. — Le père Chauffour n'est plus qu'une ruine d'homme. A la place d'un de ses bras pend une manche repliée ; la jambe gauche sort de chez le tourneur, et la droite se tire avec peine ; mais au-dessus de ces débris se dresse un visage calme et jovial. En voyant son regard rayonnant d'une sereine énergie, on sent que l'âme est restée entière dans l'enveloppe à moitié détruite.

Toutes les fois que je le visitais, il me disait des choses qui me restaient dans l'esprit. Un jour, je le trouvai tout soucieux. « Jérôme, me dit-il, sais-tu ce qui se passe à la frontière ? — Non, lieutenant, lui répondis-je. — Eh bien, reprit-il, la Patrie est en péril ».

Je ne comprenais pas trop, et cependant cela me fit quelque chose. « Tu n'as peut-être jamais pensé à ce que c'est que la Patrie, reprit-il. La Patrie, c'est tout ce qui t'entoure, tout ce que tu as aimé. Cette campagne que tu vois, ces maisons, ces arbres, c'est la Patrie ! Les lois qui te protégent, le pain qui paye ton travail, les paroles que tu échanges, la joie et la tristesse qui te viennent des hommes et des choses parmi lesquels tu vis, c'est la Patrie. La petite chambre où tu as vu autrefois ta mère, les souvenirs qu'elle t'a laissés, la terre où elle repose, c'est la Patrie ! Tu la vois, tu la respires partout ! Figure-toi, mon fils, tes droits et tes devoirs, tes affections et tes besoins, tes souvenirs et ta reconnaissance, réunis tout cela sous un seul nom, et ce nom-là sera la Patrie ».

J'étais tremblant d'émotion avec de grosses larmes dans les yeux : « Ah ! j'entends, m'écriai-je, c'est la famille en grand, c'est le morceau du monde où Dieu a attaché notre corps et notre âme ».

Émile SOUVESTRE. [1].

II. — RÉSUMÉ ORAL DE LA LECTURE

III. — PLAN DE LA LEÇON

I. LA PATRIE. — CE QUI LA CONSTITUE.

---

[1] Romancier français du XIXe siècle, né à Morlaix (Finistère), en 1806, mort en 1854.

1º **Communauté de territoire :**
   a. C'est le sol où nous sommes nés, où sont nés nos parents, où reposent nos ancêtres ;
   b. C'est toute l'étendue du territoire dont les ancêtres ont maintenu l'intégrité au prix de mille efforts et qui est ordinairement limité par des frontières.

2º **Communauté de traditions :**
   a. Reconnaissance envers les ancêtres qui nous ont légué un pays si beau ;
   b. Joies et peines éprouvées en lisant le récit des grandeurs et des malheurs de notre pays ;
   c. Nous nous enorgueillissons des gloires littéraires, scientifiques ou militaires que notre pays a produites.
   d. Fierté que nous inspirent les progrès accomplis dans les mœurs et la civilisation par le travail et le génie de notre nation.

3º **Communauté de langue :**
   a. Pour faciliter les rapports, nécessité d'une même langue ;
   b. A mesure que notre pays devenait plus uni, les différents dialectes disparaissaient pour faire place au français.

4º **Communauté de mœurs et de religion :**
   Eléments, d'ailleurs, très secondaires :

les Bretons et les Marseillais n'ont pas les mêmes mœurs; il y a, en France, des catholiques, des protestants, des juifs, des libres-penseurs : ils n'en sont pas moins tous de bons Français;

5º **Communauté de race** : autre élément secondaire;

6º **Communauté de sentiment et de volonté** :

C'est l'élément essentiel : **on est de la patrie dont on veut être.** « Ni la configuration du sol, ni l'identité des intérêts, ni la communauté du langage, ni l'unité de race, etc... ne créent une patrie. La patrie n'existe et ne peut exister que par l'**accord des volontés libres.** »

II. **LE PATRIOTISME**. — C'est l'amour de la Patrie :

1º C'est **un sentiment naturel** : on s'attache instinctivement au lieu natal et à sa patrie tout entière;

2º C'est **un devoir** : **Bienfaits de la Patrie** : La patrie est une puissante **solidarité** dans le temps (bienfaits de nos ancêtres), et dans l'espace (bienfaits des institutions et des hommes actuels);

3º **Le faux patriotisme** :

a. Le **malhonnête homme** n'est pas un vrai patriote. « Si un homme fait outrage à la décence, à la probité, et puis vient crier : « Patrie ! patrie ! » ne le croyez pas ; c'est un hypocrite de patriotisme et un mauvais citoyen : il n'y a de bon citoyen que l'honnête homme ».

(Silvio Pellico [1]).

b. Le **charlatan** n'est pas un vrai patriote. Le vrai patriotisme est silencieux et actif. « Pensons-y et n'en parlons pas ».

c. Le **chauvin** n'est pas un vrai patriote. Il y a des patries qui valent la nôtre ou qui lui sont supérieures. Il faut savoir le reconnaître : il faut être juste à l'égard de l'étranger ;

d. Le **conquérant,** celui qui ne rêve que gloires militaires, est un mauvais patriote. — Injustice des guerres offensives : les nations ont des droits que la justice nous commande de respecter.

III. **Résumé et conclusion.**

IV. — RÉSUMÉ A APPRENDRE PAR CŒUR

La **Patrie,** c'est la nation à laquelle on appartient volontairement. Les éléments qui la constituent sont: le **territoire,** la **tradition,** la **langue,** les **mœurs,** les **croyances religieuses,** la **race** et surtout **l'accord des volontés libres.**

---

[1] Poète et littérateur italien (1789-1854), auteur de *Mes Prisons.*

L'amour de la Patrie, ou **patriotisme**, est un sentiment naturel qui a des racines profondes dans le cœur de l'homme. Il faut rappeler que c'est un devoir à ceux qui seraient tentés de l'oublier. Il y a un vrai et un faux patriotisme.

V. — MAXIMES

1. — L'idée de patrie embrasse le passé, le présent et l'avenir (Vessiot[1]).
2. « Le patriotisme, pour être vraiment une vertu morale, a besoin d'être réglé par le sentiment de la justice et celui de l'humanité; car il est volontiers étroit, jaloux, exclusif, injuste et barbare. Il est alors un vice plutôt qu'une vertu. » (Barni[2]).
3. Le faux patriotisme est tout en paroles; le vrai patriotisme est surtout en actions.

VI. — DEVOIRS

1.

Sujet. — Développez la pensée exprimée dans ce vers de Voltaire :

« A tous les cœurs bien nés que la patrie est chère ! »

Plan

1° L'amour de la Patrie est un sentiment naturel : nous aimons notre Patrie comme nous aimons nos parents, nos frères ;

---

[1] V. page 40, note 1.
[2] Historien et moraliste contemporain.

2° Tous les hommes, même les sauvages, aiment leur pays, surtout ceux qui habitent des contrées peu favorisées de la nature :
    a. Les Ecossais des hautes terres.
    b. Les Groenlandais.
    c. Les Bretons,
    d. Les Suisses, etc. ;

3° Chez les peuples civilisés, l'amour de la Patrie est encore fondé sur la raison, qui fait voir dans la Patrie une communauté de territoire, de tradition, de langue, de mœurs, de volonté, en un mot, une puissante solidarité dans le temps et dans l'espace.

4° **Conclusion.** — L'intérêt et le devoir (devoir de justice) sont donc d'accord avec la nature pour nous porter à aimer et à servir la Patrie.

2.

Sujet. — Qu'est-ce que la Patrie ? Pourquoi devons-nous l'aimer et comment ?

Plan

1° Ce qui constitue la Patrie : communauté de territoire, de traditions, accord des volontés (voir plan de la leçon) ;

2° Tout ce que nous sommes, tout ce que nous possédons, tout ce dont nous jouissons, nous le devons à la Patrie. Comment donc ne pas l'aimer ?

3° Moyens de témoigner notre reconnaissance à la Patrie :
    a. Être un bon fils, un bon camarade, un bon écolier ;
    b. Travailler à devenir robustes et agiles afin de la bien servir quand nous serons soldats.

VII. — RÉCITATION.

La France

Si vous voulez dans votre cœur,
Quand mes os seront sous la terre,
Sauver ce que j'eus de meilleur,
Gardez mon âme tout entière
Aimez, sans vous lasser jamais,
Sans perdre un seul jour l'espérance,
Aimez-la comme je l'aimais,
    Aimez la France !

Qu'importent les labeurs ingrats
Et l'injustice populaire !
Travaillez de l'âme et des bras,
Et je vous réponds du salaire.
Conservez ma robuste foi,
Vous aurez de plus la vaillance.
Enfants ! servez la mieux que moi,
    Servez la France !

Servez-la dans l'obscurité
Avec la même idolâtrie.
Arrière toute vanité,
Et gloire à toi, sainte Patrie !
Votre honneur, amis, c'est le sien.
Humbles soldats de sa querelle,
Souffrez, sans lui demander rien,
    Souffrez pour elle !

Vous tenez d'elle et des aïeux,
De ce grand passé qu'on envie,
Vos mœurs, votre esprit et vos dieux ;
Vous lui devez plus que la vie
Ne marchandez pas votre sang
Afin de la rendre immortelle.
Au premier rang, au dernier rang,
    Mourez pour elle !

V. DE LAPRADE (1).

---

(1) V. page 77, note 1.

nations, toutes tant que vous êtes ici, ah ! la vôtre, l'entassement de vos sacrifices irait aux genoux d'un enfant.

Ne venez donc pas dire : « Comme elle est pâle, cette France ! — Elle a versé son sang pour vous.... — Qu'elle est pauvre ! - Pour votre cause, elle a donné sans compter... Et, n'ayant plus rien, elle a dit : « Je n'ai ni or, ni argent, mais ce que j'ai, je vous le donne...» Alors elle a donné son âme, et c'est de quoi vous vivez.

MICHELET [1].

II. — RÉSUMÉ ORAL DE LA LECTURE

III. — PLAN DE LA LEÇON

I. **INTRODUCTION**. — L'histoire de France doit être considérée comme une longue lutte du peuple français pour la conquête de ses droits et de ses libertés.

II. **RÉSUMÉ HISTORIQUE** :

1º **Moyen-âge** : triomphe de la féodalité, règne de la force ; peuple méprisé et ruiné. Réveil du tiers-état avec Etienne Marcel.

2º **Temps modernes** : triomphe de la royauté et du despotisme ; les maximes et les actes de nos rois. Le peuple ne fait

---

(1) V. page 118, note 3.

que changer de maître : il a toutes les charges sans aucun droit.

3º **La Révolution :**
  a. L'œuvre des philosophes (Rousseau, Voltaire, Montesquieu) et des encyclopédistes (Diderot, d'Alembert).
  b. La Révolution, de chaque **Français** fait un **homme**, et de chaque **sujet** un **citoyen**. (Déclaration des Droits de l'Homme et du Citoyen).
  c. Chute de la monarchie absolue ; établissement de la République.
  d. Les excès : la Terreur. — Perte de la liberté : le 18 Brumaire.

4º **Le XIXᵉ siècle :** lutte de l'esprit libéral et de l'esprit réactionnaire :
  a. La Restauration et la Révolution de 1830 ; la Monarchie de juillet et la Révolution de 1848.
  b. Restauration du régime démocratique : l'œuvre libérale de la République de 1848.
  c. Le Coup d'Etat du 2 décembre. Protestation des républicains : Hugo, Quinet, Schœlcher, etc. ; les proscriptions ; l'œuvre néfaste de l'Empire.
  d. Triomphe du peuple. La troisième République. Conquête des libertés civiles et politiques. Reconnaissance que nous devons aux grands lutteurs.

III. LES GLOIRES DE LA FRANCE :

a. **Son rôle dans le monde.** — Elle a toujours été le soldat de la justice et de la liberté :
1. Plus que toute autre, elle a été généreuse, s'est dévouée pour les grandes causes, les grandes idées.
2. Chez elle, plus que chez toute autre, la justice, la fraternité, ont trouvé des défenseurs nombreux : (Hugo, Michelet, Quinet, Voltaire, etc.)
3. La première, elle a proclamé la liberté et l'égalité de tous les hommes. (Déclaration des Droits de l'Homme et du Citoyen).
4. Elle a souvent porté secours aux faibles et aux opprimés : aux colonies anglaises contre l'Angleterre ; à la Pologne contre la Prusse et l'Autriche ; à la Grèce contre la Turquie ; à l'Italie contre l'Autriche ; à la Belgique contre la Hollande, etc.

b. **Ses principes et ses idées se sont répandus partout :**
1. Les Révolutions de 1789, 1830 et 1848 ont eu en Europe un heureux contrecoup.
2. Les défaillances de la liberté en France ont eu également leur contrecoup dans les nations voisines.

c. **Ses grands hommes** :
  1. **Guerriers** : Vercingétorix, Duguesclin, Bayard, Turenne, Hoche, Kléber, Desaix, Marceau.
  2. **Ecrivains** : Corneille, Racine, La Fontaine, Molière, Voltaire, Montesquieu, Hugo, Lamartine.
  3. **Artistes** : Delorme, Cousin, Mansard, Delacroix, Falguière, Bonnat, etc.
  4. **Savants et inventeurs** : Palissy, Pascal, Papin, Berthollet, Lavoisier, Cuvier, etc.

IV. **LES TRISTESSES** :
  1° **Les époques sombres** :
  a. **Revers militaires** : guerre de Cent Ans, guerres de Louis XIV et de Louis XV, guerres de la fin de l'Empire, guerre de 1870.
  b. **Calamités publiques** : famines du moyen-âge, peste de Florence, année 1709, etc.
  c. **Guerres civiles** : Armagnacs et Bourguignons, guerres de religion, Fronde, guerre de Vendée, la Commune.
  d. **Eclipses de la liberté** : le 18 Brumaire et l'Empire ; le 2 décembre et le second Empire.
  2° **Les hontes** :
  a. **Les rois et chefs indignes** : Jean-

le-Bon, Charles VI, Charles IX, Henri III, Louis XV, Napoléon III.
   b. **Les traîtres :** Isabeau de Bavière, Bourbon, Condé, Dumouriez, Bourmont, Bazaine.
   c. **Les capitulations et les faiblesses gouvernementales.**

V. **CONCLUSION** : Le passé doit être pour nous un enseignement :
   1º Les alternatives de gloires et de revers par lesquels notre patrie est passée nous prouvent que **nous ne devons jamais désespérer d'elle.**
   2º L'expérience nous enseigne que les meilleurs gouvernements sont ceux qui ont le plus respecté la justice et la liberté, c'est-à-dire les **gouvernements démocratiques.**
   3º Elle nous prouve aussi que le peuple est toujours malheureux quand il abandonne ses destinées entre les mains d'un seul homme et qu'il doit se méfier des prétendus démocrates qui n'aspirent qu'à devenir des **Césars.**

IV. — RÉSUMÉ A APPRENDRE PAR CŒUR

L'histoire de France doit être considérée comme une longue **lutte** du peuple français pour la **conquête** de la **justice** et de la **liberté.** Cette conquête, tentée à plusieurs reprises sous l'ancien régime, n'a été obtenue qu'en 1789, en 1830, en 1848 et en 1870. La France est fière d'avoir **promulgué la première** et essayé de faire triompher à la face du monde les « **principes éternels de la justice et du droit** »; elle est fière aussi de ses grands hommes. Les bons citoyens doivent travailler à **conserver les libertés conquises.**

Je suis heureux d'appartenir à cette grande nation qui, en dépit de ses revers, de ses malheurs, est encore l'**une des premières nations du monde.**

V. — MAXIMES

1. **Les destinées d'un pays dépendent des hommes choisis pour le représenter.**
2. **Poète et Français, j'aime à vanter la [France.**
   J'ai des chants pour toutes ses gloires,
   Des larmes pour tous ses malheurs.**
   (Casimir Delavigne [1]).
3. **Tant que le patriotisme subsiste, la patrie ne peut mourir.**

VI. — DEVOIRS

Sujet. — Pour quelles raisons aimez-vous la France ?

Plan

I. **Introduction.** — Tout homme aime son pays ;

---

[1] Poète français du XIXe siècle, né au Havre en 1793, mort en 1843. Il a écrit des tragédies, des comédies, des poésies patriotiques, etc.

mais, entre toutes les patries, il n'en est pas qui semble plus digne que la France de l'amour de ses enfants.

II. **Raisons pour lesquelles j'aime la France :**
    1º Beauté de la France ; avantages dont l'a dotée la nature (géographiques, climatériques, etc);
    2º Nulle part, l'aisance et le bien-être ne sont plus répandus ;
    3º Rôle de la France dans la civilisation du monde : sa générosité, son hospitalité, son amour de la justice et de la liberté, sa langue, etc...
    4º Ses héros et ses grands hommes ;
    5º Ses malheurs surtout me la rendent chère.

II. **Conclusion.** — Aimer la France n'est pas seulement pour nous le plus doux des devoirs, c'est aussi un devoir impérieux, sacré.

2.

Sujet. — Montrez comment on a pu dire que si une femme avait contribué aux malheurs de la France, ce fut une femme qui la sauva.

Plan

1º Après le traité de Troyes (1420), cette opinion se répand en France que le pays, perdu par une femme, sera sauvé par une femme.
2º La femme qui perd la France est Isabeau de Bavière, femme de Charles VI :
    a. Deux mots sur Isabeau de Bavière ;
    b. Son rôle politique : elle perd la France en faisant signer avec l'Angleterre le traité de Troyes.
3º La femme qui sauve la France, c'est Jeanne d'Arc. Résumer succinctement l'œuvre de Jeanne d'Arc, qui meurt victime de son dévouement à la patrie.

VII. — RÉCITATION

Les Vaillants du temps jadis

Gardons bien la mémoire
Des Celtes, nos aïeux,
Qui, dans les jours de gloire,
Savaient mourir joyeux.
Ils ont fait trembler la terre
En poussant leur cri de guerre.
Gloire aux vaillants du temps jadis !
Frères, soyons leurs dignes fils !

Suivons la noble trace
Des preux vêtus de fer ;
Leur cœur sous la cuirasse,
Battait loyal et fier.
Par l'épée et par la lance
Ils servirent notre France.
Gloire aux vaillants du temps jadis !
Frères, soyons leurs dignes fils !

Pour Jeanne la Lorraine
Ayons un cœur pieux ;
Bayard, Crillon, Turenne,
Soyez devant nos yeux !
Que la grande République
Nous inspire une âme antique !
Gloire aux vaillants du temps jadis !
Frères, soyons leurs dignes fils !

Maurice BOUCHOR (1)

---

(1) V. page 56, note 2

VIII. — INDICATION DE LECTURES ET NOTES

QUARANTE-HUITIÈME LEÇON

DEVOIRS ENVERS LA PATRIE :
OBÉISSANCE AUX LOIS
SERVICE MILITAIRE

I. — LECTURE

Admirable exemple de respect dû à la loi.
— Il y a eu, dans l'antiquité, une cité glorieuse entre toutes, à laquelle le monde doit beaucoup, dont le nom ne doit être prononcé qu'avec respect. Elle a été la mère des arts, des lettres, de la liberté, de la civilisation. Sa mémoire luit encore sur l'univers comme un phare. Elle s'appelait Athènes.

Ce dont elle se vantait surtout, c'était d'avoir les institutions les plus équitables, d'être la plus noble patrie dont un homme de ce temps pût être fier.

Or, il arriva qu'un jour, il y a de cela près de 2200 ans, un citoyen de cette ville fut cité devant les tribunaux comme corrupteur de la jeunesse. C'est la plus grande iniquité judiciaire dont parle l'histoire, car cet homme était le plus honnête homme, le plus noble esprit d'alors, et tous s'inclinent aujourd'hui encore devant son nom : cet homme s'appelait Socrate. Il fut condamné à mort, condamné à boire la ciguë, qui était alors le poison auquel on avait recours pour faire mourir les condamnés.

Socrate était fort aimé de ses disciples, dont plusieurs étaient riches. Ils avaient tout préparé pour sa fuite; le geôlier de la prison était gagné, les moyens de fuir assurés. Un de ses disciples, nommé Criton, trois jours avant la date fatale, vint demander à son maître de se dérober à une mort imméritée, d'épargner à ses concitoyens la honte d'une sentence injuste. Que répondit Socrate ?

Il évoqua devant Criton les lois de la patrie qui l'arrêtaient au seuil de la prison ouverte et lui disaient « Socrate, que vas-tu faire ? Qui t'a protégé depuis le jour où tu es né, sinon nous, les lois d'Athènes ? Qui t'a fait citoyen ? Qui t'a assuré l'exercice de la liberté ? Qui t'a garanti contre toutes les violences ? Qui t'a conservé la jouissance de tes biens ? Qui t'a procuré une vie heureuse et paisible ? Qui a veillé sur toi à toute heure du jour et de la nuit ? Ce que nous avons fait pour toi, nous l'avons fait à une condition en échange : c'est que tu nous obéirais en toute occasion, que tu nous serais dévoué, que tu accepterais les charges du contrat aussi bien que ses avantages. Tu pouvais aller vivre au dehors, nous te le permettions ; tu ne l'as pas fait, tu es resté notre sujet volontairement. Le moment est venu où nous te demandons le sacrifice de ta vie ;

peu importe que tu sois condamné à tort, puisque tu es condamné en notre nom. Ce sont les hommes qui sont injustes et non pas nous. Si tu te dérobes à la loi sous prétexte que tu es innocent, pourquoi un autre, bien que coupable, n'en ferait-il pas autant? Plus tu es sans reproche, plus tu dois le bon exemple ». — J'abrège ce magnifique discours. Criton lui-même dut convenir que son maître avait raison. Socrate ne s'enfuit point et il but la ciguë.

Ch. Bigot [1]. — *Petit Français.*

II. — RÉSUMÉ ORAL DE LA LECTURE

III. — PLAN DE LA LEÇON

I. DEVOIRS ENVERS LA PATRIE.

1º La patrie assure à chacun de ses membres la sécurité, les intérêts, la liberté.

2º Conséquence : des obligations lient les citoyens à la Patrie :
    a. Respect des lois,
    b. Service militaire,
    c. Impôts,
    d. Obligation scolaire,
    e. Vote.

---

[1] Publiciste français contemporain, mort récemment, auteur d'un admirable livre de lecture à l'usage des écoles primaires, intitulé *Le Petit Français*

II. OBÉISSANCE AUX LOIS :

A). Lois civiles :

1º Sans lois, pas d'organisation sociale : l'anarchie.

2º Autorité de la loi : **expression de la volonté générale,** — devoirs de la minorité.

B). Lois constitutionnelles :

1º Il leur est dû le même respect qu'aux lois civiles (Crimes du 18 Brumaire et du 2 Décembre).

2º L'insurrection n'est permise que dans un pays opprimé, où n'existe pas le suffrage universel. (Révolutions de 1789, 1830 et 1848).

C). Respect des magistrats :

On doit aussi respecter ceux qui ont une part d'autorité dans la patrie (juges, chef de l'Etat, ministres, sénateurs, députés, maires, etc).

III. SERVICE MILITAIRE :

1º Sa Nécessité :

a. Malheureusement, la guerre est encore une nécessité.

b. Il faut une armée pour maintenir l'ordre à l'intérieur et pour nous protéger contre les ennemis du dehors.

c. Le service militaire est donc un devoir auquel ne peuvent se refuser que les mauvais citoyens.

2º **Les vertus du soldat :**
   a. Discipline ;
   b. Fidélité au **drapeau**, qui est l'image de la patrie et de l'honneur militaire.

3º **Moyens de se préparer à être un bon soldat :**
   a. Se soumettre volontairement aux ordres de ses parents, de ses maîtres, de ses supérieurs.
   b. Se livrer à la gymnastique et aux exercices physiques, afin de fortifier son corps.
   c. Travailler, s'instruire.

IV. **Résumé et Conclusion.**

IV. — RÉSUMÉ A APPRENDRE PAR CŒUR

La **patrie assure** à chacun de ses membres la **sécurité**, les **intérêts** et la **liberté**. En retour, les **citoyens** lui **doivent l'obéissance aux lois**, le **service militaire**, l'**impôt**, etc. Les **lois** sont l'**expression de la volonté générale**; elles assurent l'ordre et la sécurité : on leur doit une **obéissance absolue**. L'**armée** assure l'ordre à l'intérieur et nous protege au dehors : elle est donc **nécessaire**. Un bon soldat est **discipliné** à la caserne et **courageux** sur le champ de bataille. Il faut se préparer de bonne heure à être un bon soldat.

V. — MAXIMES

1. **La loi est dure, mais c'est la loi.**
2. **Le plus grand des attentats, c'est le drapeau levé contre la loi.** (V. Hugo [1]).
3. **Trois vertus distinguent le bon soldat : le courage, la discipline et la fidélité au drapeau.**

VI. — DEVOIRS

1.

Sujet. — Pourquoi et comment doit-on obéir aux lois de son pays ?

Plan

I. **Introduction.** — Aucune société n'est possible sans les lois. Exemples.

II. **Pourquoi faut-il obéir aux lois ?**
  1° La loi étant l'expression de la volonté générale, c'est une sorte de contrat qui unit tous les citoyens. On ne saurait, sans injustice, violer ce contrat.
  2° La loi gardienne des droits et des libertés de tous.
  3° La loi, c'est la Patrie elle-même : elle a droit à notre respect.

III. **Comment doit-on obéir aux lois ?**
  1° Volontairement et par raison. Ex. : *Socrate*.
  2° Si une loi est jugée mauvaise, se garder de se mettre en rébellion contre elle ; chercher à la modifier ou à la faire disparaître en

---

(1) V page 28, note 1

employant la persuasion. Mais lui obéir tant qu'elle existe.

IV. Conclusion. — Les malhonnêtes hommes et les mauvais citoyens seuls violent les lois ou leur désobéissent.

2.

Sujet. — Quelles sont les qualités d'un bon soldat ? Comment pouvez-vous, dès l'école, vous préparer à devenir un bon soldat ?

Plan

I. QUALITÉS D'UN BON SOLDAT :
- 1° Être **robuste :** fatigues du métier militaire.
- 2° Être **instruit :** un ignorant n'est qu'une machine.
- 3° **Courage.**
- 4° **Discipline :** sans discipline une armée est perdue.
- 5° **Fidélité au drapeau.**

II. COMMENT UN ENFANT PEUT-IL SE PREPARER A DEVENIR UN BON SOLDAT ?
- 1° En faisant de la gymnastique et en s'habituant à la fatigue.
- 2° En travaillant à l'école.
- 3° En conservant son sang-froid devant les dangers imaginaires ou réels, en se dévouant à l'occasion pour ses camarades.
- 4° En obéissant à ses parents et en se conformant rigoureusement à la discipline scolaire.
- 5° En apprenant à aimer la patrie et le drapeau qui en est le symbole.

III. CONCLUSION : résolutions.

VII. — RÉCITATION

La Guerre

Ah ! quand le citoyen d'une cité sans maîtres
    Doit sauver les lois en mourant ;
S'il s'agit de garder la terre des ancêtres
    Vierge des pas d'un conquérant ;
Lorsque vos fils, armés pour les droits de leurs villes,
    Vont teindre d'un sang généreux
Les sentiers de l'Argonne et ceux des Thermopyles,
    Mères, ne pleurez pas sur eux.
Au dernier qui vous reste attachez, pour qu'il parte,
    Ses éperons de chevalier,
Et, dans un fier adieu, dites-lui, comme à Sparte :
    « Avec ou sur ton bouclier ! »
Que l'aïeul, affaissé sous la cotte de mailles,
    L'aïeul aveugle aux pas pesants,
Marche et frappe à tâtons dans ces saintes batailles,
    Conduit par l'enfant de dix ans !
Alors n'éveillez pas la pitié qui s'est tue,
    Muses : mais volez aux remparts
Quand la patrie en deuil a crié : « Meurs ou tue »,
    Chantez la hache ou le poignard.
Mais, quand l'avide orgueil arme le bras des princes,
    Quand deux rois s'en vont sans remords
Jouer au jeu cruel d'extorquer des provinces
    Au prix d'un million de morts ;
Muses, de ces forfaits ne soyez pas complices :
    Les martyrs, voilà vos héros !
Armez-vous de l'iambe et vouez aux supplices
    La mémoire et l'art des bourreaux
Insultez à ces lois dont le temple s'élève
    Sur des montagnes d'ossements,
Et sous vos vers de bronze à l'épreuve du glaive
    Broyez ces lauriers infamants

                V. DE LAPRADE (1).

---

1 V. page 77, note 1

VIII. — INDICATION DE LECTURES ET NOTES

QUARANTE-NEUVIÈME LEÇON

L'IMPOT

I. — LECTURE

Nécessité de l'impôt. — L'Etat, pas plus que la famille, pas plus que l'individu, ne peut se passer d'un revenu, ne peut subsister sans ressources. Une armée, une marine sont nécessaires à sa défense; il faut qu'il les entretienne, qu'il fournisse les engins, l'équipement, les munitions dont elles ont besoin. Des magistrats, des fonctionnaires de toute espèce, sont chargés par lui, les uns de l'administration de la justice, les autres de celle des deniers publics, d'autres de l'exécution des lois et des décrets émanés du gouvernement; il faut qu'il les paye, puisqu'ils se consacrent entièrement à son service; il faut qu'il leur assure une existence conforme à la dignité de leur tâche; il est dans l'obligation de faire construire et de conserver des routes, des canaux, des ports de mer, des digues, des édifices, des monuments, des travaux de différents genres; comment le pourrait-il s'il n'avait à sa disposition des sommes proportionnées à ces dépenses? La nation seule peut les lui fournir, et la nation, c'est la totalité des citoyens.   A. FRANCK [1].

---

[1] Economiste français contemporain

II. — RÉSUMÉ ORAL DE LA LECTURE

III. — PLAN DE LA LEÇON

I. NÉCESSITÉ, DÉFINITION ET CARACTÈRES DE L'IMPOT.

1º DÉPENSES :

    a. De la **commune**: écoles, église, abreuvoirs, fontaines, chemins, etc. — Leur utilité **publique.**

    b. Du **département**: écoles normales, casernes, routes, etc. — Leur utilité **générale.**

    c. De l'**Etat :** armée, police, magistrature, enseignement, postes, canaux, chemins de fer, routes, etc. — Leur utilité **générale.**

2º Ces dépenses sont énormes : elles s'élèvent à plus de **trois milliards** de francs et les revenus de l'Etat atteignent seulement **45 millions.** L'Etat est donc forcé de demander la différence à tous les citoyens.

3º DÉFINITION : L'impôt est la part réclamée à chaque citoyen par l'Etat en échange des services reçus. « Payer l'impôt, dit Montesquieu, c'est donner une portion de son bien pour avoir la sûreté de l'autre et en jouir plus agréablement. »

4º **CARACTÈRES DE L'IMPOT.** — L'impôt a donc le double caractère d'une **dette** et d'une **assurance.**

II. PAYEMENT DE L'IMPOT.

1º Le payement de l'impôt est donc un **devoir** pour tout bon citoyen.

2º L'impôt est d'ailleurs **consenti** et **réparti équitablement** entre tous les citoyens par la **nation** elle-même.

3º La **fraude** est un vol : le fraudeur fait payer à ses concitoyens la part qu'il aurait dû payer lui-même.

4º La fraude, sous quelque forme qu'elle s'exerce **(fausses déclarations, introduction clandestine de denrées soumises aux droits d'octroi, de douane,** etc.), est réprouvée par la morale et punie par la loi.

III. Résumé et Conclusion.

IV. — RÉSUMÉ A APPRENDRE PAR CŒUR

L'**impôt** est la part réclamée à chaque citoyen par l'Etat en échange des **services rendus.** L'impôt présente le double caractère d'une **dette** et d'une **assurance.** Le payement de l'impôt est une **obligation impérieuse.** Celui qui ne paye l'impôt qu'en murmurant est un mauvais citoyen. Le **fraudeur** est un **voleur.** Voler l'Etat, c'est voler tous ses concitoyens.

V. — MAXIMES

1. Payer l'impôt, c'est donner une portion de son bien pour avoir la sûreté de l'autre et en jouir plus agréablement.

(MONTESQUIEU [1]).

2. L'impôt est une dette et une assurance.

3. Voler l'Etat, c'est voler tout le monde.

VI. — DEVOIRS

1.

SUJET. — On se plaint parfois d'être obligé de payer des impôts. Dites à quoi ils servent, et faites voir ce qui arriverait si on ne les payait pas.

Plan

1° **Souvenirs personnels de plaintes.**

2° **Objet de l'impôt :** dépenses communales, départementales, nationales.

3° **Effets du non-paiement de l'impôt :** plus d'instruction, plus d'armée, plus de sécurité pour les particuliers, ni pour le pays, désordre général, **anarchie.**

4° **Conclusion.** — Il n'y a pas que les ignorants et les mauvais citoyens qui se plaignent d'avoir à payer des impôts.

2.

SUJET. — Voler l'Etat n'est pas voler, avez-vous entendu dire à une personne qui avait réussi à vo-

---

(1) Célèbre écrivain philosophe français, né à La Brède (Gironde) en 1689, mort en 1755. Principaux ouvrages : *Lettres Persanes, Grandeur et décadence des Romains, Esprit des lois*, etc.

ler l'octroi. Montrez combien cette maxime est fausse et dangereuse.

Plan

1º **Circonstances dans lesquelles la maxime a été prononcée.**
2º **Cette maxime est fausse :**
   a. Définition de l'État : association d'individus ayant des intérêts communs.
   b. Voler l'Etat, c'est porter atteinte à tous ces individus, c'est voler tous les concitoyens. Exemples.
3º **Cette maxime est dangereuse :**
   Conséquences du non-paiement des impôts. (Voir plan précédent).
4º **Conclusion.**

VII. — RÉCITATION.

La Gabelle.

Pour faire rendre à l'impôt le plus possible, la Ferme multipliait les visites domiciliaires, les procédés vexatoires, les délits de gabelle. Etait réputé faux-saunier ou fraudeur non seulement quiconque se procurait du sel étranger ou passait le sel d'une province à l'autre, mais le paysan qui épargnait le sel de sa cuisine pour saler son porc, qui employait à sa cuisine le sel du poisson ou du porc salé, qui fabriquait du sel avec l'eau de mer, qui faisait boire de cette eau à ses bestiaux pour éviter de leur donner du sel. L'homme de la gabelle entrait dans la chaumière, visitait le buffet, le saloir, la cave. Il goûtait la salière : si le sel était trop bon, il y avait chance qu'il fût de contrebande, car celui de la

Ferme était sorvent avarié, mêlé de sable et de gravier, et contribuait à répandre la maladie de la pierre ou de la gravelle.

A. RAMBAUD [1].

Histoire de la Civilisation française. Colin, édit.

---

(1) Historien français contemporain

VIII. — INDICATION DE LECTURES ET NOTES

CINQUANTIÈME LEÇON

L'OBLIGATION SCOLAIRE
LE VOTE

I. — LECTURE

Un bon citoyen prend part à tous les votes.
— Il y a de très braves gens qui affectent de se désintéresser de tous les scrutins, qu'il s'agisse de l'élection d'un conseiller municipal, d'un conseiller général ou d'un député. « Qu'on s'arrange sans moi ! » disent-ils.

Certes, les élections n'en vont pas moins leur train, car tout le monde ne raisonne pas comme les braves gens dont je parle. Il n'en est pas moins vrai que ne pas voter dans une République, c'est manquer à un devoir essentiel.

Nos pères ont combattu pour renverser le pouvoir personnel et pour conquérir le gouvernement du pays par le pays ou par ses représentants. Nous reconnaissons tous que c'est plus juste et plus digne. Soyons donc logiques et usons avec empressement d'un droit dont nous devons être fiers.

Que dirait-on d'un prisonnier auquel on rendrait la liberté et qui n'en profiterait pas ?

Voter, c'est faire acte de bon citoyen libre. C'est accomplir un devoir. Ch. BONIFACE [1].

---

(1) V. page 200, note 1.

II. — RÉSUMÉ ORAL DE LA LECTURE

III. — PLAN DE LA LEÇON

I. L'OBLIGATION SCOLAIRE.
 1° La **loi** sur l'obligation scolaire.
 2° **Elle sert l'intérêt de l'individu :** Nécessité d'une bonne instruction pour exercer convenablement ses devoirs professionnels et ses devoirs envers la patrie.
 3° **Elle sert l'intérêt de l'Etat :**
  a. Sans instruction, pas de sécurité intérieure : le suffrage universel ne serait qu'un vain mot ; — perte de la liberté.
  b. Un peuple ignorant est toujours inférieur. Ex. : Allemands et Français en 1870.
 4° Loin d'être une atteinte à la liberté, cette loi en est la garantie ; elle contribue, de plus, à la puissance de la nation.

II. LE VOTE.
 1° **Voter est un droit :** En République, tous les citoyens participent aux affaires du pays : de là le droit de vote accordé à tous les citoyens honnêtes âgés d'au moins 21 ans, ou suffrage universel, proclamé par la République de 1848.
 2° **Voter est un devoir :** L'abstention est une double faute :

   a. **Faute personnelle :** Celui qui s'abstient se montre indigne de la liberté qui lui a été donnée et prouve qu'il se désintéresse des affaires du pays.

   b. **Trahison envers l'Etat :** En France, c'est la majorité qui gouverne ; or, une seule voix peut faire passer la majorité d'un camp dans un autre, une seule voix peut décider des destinées de la patrie. **(La Constitution républicaine de 1875 n'a été votée qu'à une voix de majorité).**

   c. Ce qu'il faut faire dans le cas où aucun des candidats en présence n'est à la convenance de l'électeur.

3° **Les Caractères du Vote :** Le vote doit être :

   a. **Libre** ou **indépendant :** l'intimidation et la corruption sont punies par la loi.

   b. **Désintéressé :** ne consulter que l'intérêt général : celui de la commune, s'il s'agit d'élections communales ; celui du département, s'il s'agit d'élections départementales ; celui de la France entière, s'il s'agit d'élections législatives.

   c. **Consciencieux** ou **réfléchi :** ne choisir, parmi les candidats, que les plus honnêtes et les plus capables.

    d. **Eclairé :** lire attentivement professions de foi, journaux, assister aux réunions, etc.

III. **Résumé et Conclusion.**

IV. — RÉSUMÉ A APPRENDRE PAR CŒUR.

Dans une nation qui se gouverne elle-même, tous les **citoyens** doivent être **instruits.** De là la nécessité de la loi sur l'**obligation scolaire** qui sert à la fois l'intérêt de l'individu et l'intérêt de l'Etat. **Voter** est non seulement un **droit**, mais encore un **devoir.** L'abstention est une **faute personnelle** et une **trahison envers l'Etat.** Le vote doit être **libre, désintéressé, consciencieux, éclairé.**

V. — MAXIMES

1. **Dans un pays où tout le monde vote, tout le monde doit savoir lire et écrire.**
                        (DE LA HAUTIÈRE [1])

2. **L'homme qui n'exerce pas ses droits n'est pas digne de les avoir.**

3. **Tout citoyen qui aura, dans les élections, acheté ou vendu un suffrage à un prix quelconque, sera puni d'interdiction des droits de citoyen et de toute fonction ou emploi public pendant cinq ans au moins et dix ans au plus.** (Code pénal).

---

[1] V. page 290, note 1

VI. — DEVOIRS

1.

Sujet. — La loi sur l'obligation scolaire; montrez que loin d'être une atteinte à la liberté, elle en est la garantie.

Plan

1° La loi sur l'obligation scolaire :
  a. En quoi elle consiste.
  b. Quand et pourquoi a-t-elle été votée ?

2° Elle ne gêne pas la liberté du père :
  a. Qui est libre de faire élever ses enfants où bon lui semble ;
  b. Qui peut profiter des libéralités de l'Etat (bourses de collèges et lycées, d'enseignement primaire supérieur, etc.).
  c. Qui abuse impunément de la longanimité de cette même loi.

3° Elle est la garantie de la liberté et de la République :
  a. Le suffrage universel : les meilleures conditions de son fonctionnement.
  b. Un peuple ignorant abdique facilement ses droits entre les mains d'un seul homme.
  c. Le premier soin d'un gouvernement réactionnaire succédant à la République serait d'abroger la loi scolaire (loi scélérate).

4° Conclusion. — Ce qu'il faut penser des hommes qui se plaignent de cette loi et devoir qui incombe aux citoyens attachés aux idées démocratiques.

2.

Sujet. — A quel âge a-t-on le droit et le devoir de voter ? Que faut-il penser de celui qui, par négligence, ne vote pas? Quelles qualités doit avoir le vote d'un bon citoyen?

Plan

(Suivre celui de la leçon).

VII. — RÉCITATION

Le Suffrage Universel.

Le suffrage universel dit à tous, et je ne connais pas de plus admirable formule de la paix publique :
Soyez tranquilles, vous êtes souverains.

Il y a un jour dans l'année où le gagne-pain, le journalier, le manœuvre, l'homme qui traîne des fardeaux, l'homme qui casse des pierres au bord des routes, jugent les représentants, le Sénat, les ministres, le Président de la République. Il y a un jour dans l'année où le plus modeste citoyen prend part à la vie immense du pays tout entier, où le plus humble sent en lui l'âme de la patrie.

Quel accroissement de dignité pour l'homme, et par conséquent de moralité ! Quelle satisfaction, et par conséquent quel apaisement !

V. Hugo [1].

---

(1) V. page 28, note 1

VIII. — INDICATION DE LECTURES ET NOTES

CINQUANTE ET UNIÈME LEÇON

LA DEVISE RÉPUBLICAINE

I. — LECTURE

La Devise républicaine. — *Liberté, Égalité, Fraternité*, je ne vois rien à retrancher à cette noble devise ; mais l'instruction nous amènera à en mieux comprendre le sens et la portée.

Liberté. — Non pas celle qui a des mains sanglantes. Notre liberté, à nous, est celle qui use de ses droits jusqu'au bout, mais qui connaît ses devoirs, et qui les remplit aussi jusqu'au bout.

Égalité. — Non pas cette égalité par en bas, cette égalité jalouse qui est toujours prête à servir, pourvu qu'on serve avec elle. Ce qu'il nous faut, c'est cette égalité par en haut qui élève tous les hommes en leur donnant les mêmes idées, en leur faisant parler la même langue, en leur donnant un même cœur.

Fraternité. — Non pas cette charité qui soulage des maux incurables, mais cette fraternité qui fait que, pauvres ou riches, forts ou faibles, jeunes ou vieux, tous s'entr'aident, se soutiennent, s'appuient pour marcher ensemble vers la conquête d'un meilleur avenir.

En gardant cette devise, nous soutiendrons d'une main ferme notre vieux drapeau et nous étonnerons le monde par une grandeur inconnue.

LABOULAYE[1].

II. — RÉSUMÉ ORAL DE LA LECTURE

III. — PLAN DE LA LEÇON

I. La devise républicaine est contenue dans ces trois mots : **Liberté, Egalité, Fraternité.**

II. **EXPLICATION DE LA DEVISE RÉPUBLICAINE :**
  1° **LIBERTÉ :**
   A. **Définition :** droit de faire tout ce qui ne nuit pas à autrui.
   B. **Division :**
     a. **Liberté civile :**
       1. Liberté de conscience,
       2. Liberté de pensée,
       3. Liberté de travail.
     b. **Liberté politique :**
       Suffrage universel, publicité des actes gouvernementaux, droit d'interpellation, etc.

---

[1] Littérateur français du 19e siècle.

C. L'ancien régime et la liberté :
Intolérance en matière religieuse et politique. La Bastille. Le peuple était la chose, le troupeau du roi.

2° ÉGALITÉ :
A. Égalité civile :
  a. Égalité devant la loi,
  b. Égalité devant l'impôt,
  c. Égale admissibilité de tous les Français aux fonctions publiques, etc. — Erreur du Communisme.

B. Égalité politique :
Suffrage universel.

C. L'ancien régime ou régime des privilèges : impôts, justice, armée, fonctions, etc.

3° FRATERNITÉ :
A. Signification (V. 45ᵉ leçon).
B. Les Français sont frères. — Communauté de passé, d'espérances, etc. — Il faut travailler à resserrer les liens d'union.
C. Ce qu'a fait la République en ce sens :
  a. Lois scolaires,
  b. Loi militaire,
  c. Développement de l'assistance publique,
  d. Projet de retraites ouvrières.

III. **RÉSUMÉ ET CONCLUSION**. — Ce qui reste à faire : Les Français doivent être plus tolérants les uns pour les autres en politique et en religion ; — travailler à faire disparaître de notre société le favoritisme qui est une plaie hideuse ; — plus d'union encore ; — nécessité d'étendre les services de l'assistance publique et d'établir la Caisse des retraites ouvrières, etc.

IV. — RÉSUMÉ A APPRENDRE PAR CŒUR

La **devise républicaine** est contenue dans ces trois mots : **liberté, égalité, fraternité**, qui sont devenus une réalité depuis 1789 et surtout depuis 1875. La Révolution proclama la **liberté,** c'est-à-dire le droit pour tout citoyen de faire tout ce qui ne porte nulle atteinte au droit d'autrui ; l'**égalité,** c'est-à-dire la répartition équitable des charges et des honneurs ; la **fraternité,** c'est-à-dire la nécessité pour les citoyens de se traiter en frères, de se secourir mutuellement.

V. — MAXIMES

1. **Liberté, égalité, fraternité ou la mort!**
(Devise révolutionnaire.)
2. **Les hommes naissent libres et égaux en droits. Les distinctions sociales ne peuvent être fondées que sur l'utilité com-**

mune. (Art. 1ᵉʳ de la *Déclaration des Droits de l'Homme et du Citoyen*).

3. La République est, par excellence, le régime de la dignité humaine (Gambetta[1]).

VI. — DEVOIRS

1.

Sujet. — Vous entendrez souvent dire par des gens de mauvaise foi que la devise républicaine est un leurre. Par quels arguments leur répondrez-vous ?

Plan

1° **Introduction.** — Il y a des gens qui regrettent encore l'ancien régime : ce sont les ignorants ou les intéressés. Ils discréditent journellement le gouvernement de la République en essayant de démontrer que la devise républicaine est un leurre.

2° Il est du devoir de tout bon citoyen de leur répondre, afin d'éclairer les uns et de déjouer les mauvais calculs des autres.

a. La liberté ne peut exister et n'a, de fait, jamais existé que sous les gouvernements républicains. Exemples historiques pris dans le 19ᵉ siècle.

b. La monarchie sous toutes ses formes (roi ou empereur) tend toujours au despotisme. Pourquoi? Preuves historiques.

c. Quant à l'égalité, la Révolution la proclama et les gouvernements républicains seuls ont essayé de l'appliquer avec sincérité : Preuves.

d. Enfin, quel gouvernement a fait plus que le gouvernement de 1848 (ateliers nationaux, abolition

---

[1] Célèbre orateur et homme politique de la 3ᵉ République. On le compare souvent à Mirabeau dont il égale la fougueuse éloquence.

de l'esclavage dans les Colonies. etc.) et le gouvernement actuel pour le développement des œuvres de fraternité ?

3º **Conclusion.** — Il faut rester convaincu que la devise républicaine est bien une réalité. Il y a encore quelques imperfections à faire disparaître dans l'application de cette devise, mais il ne faut pas croire — ce serait une erreur dangereuse — qu'un gouvernement monarchique les ferait disparaître. Maintenons énergiquement, passionnément, la République. le seul instrument de justice, de fraternité et d'émancipation sociales.

2.

Sujet. — Dites comment la devise républicaine est appliquée à l'école même.

Plan

1º **Liberté.** — Elle est un peu limitée : c'est qu'il ne faut pas déranger ses condisciples. — Liberté dans les récréations, le jeudi, le dimanche et les jours de congé.

2º **Égalité** dans la distribution des récompenses et des punitions, dans l'estime du maître, etc.

3º **Fraternité.** Assistance accordée aux camarades inintelligents ; — prêts de livres, de cahiers etc.; — secours en cas de danger ou d'agression ; — dons et cotisations en faveur des élèves indigents; — petites Cavé et Amicales, etc.

4º **Conclusion.** — C'est à l'école qu'on fait l'apprentissage des devoirs civiques et sociaux. Aussi la devise républicaine, qui résume admirablement les droits et les devoirs de l'homme et du citoyen, y est-elle rigoureusement appliquée.

VII. — RÉCITATION

La Devise Républicaine

1. — *Liberté.*

« Je suis libre ! » dis tu ! mais je suis libre aussi !
Les hommes libres n'ont qu'un seul, un grand souci :
Maintenir — et c'est là l'honneur de l'homme libre, —
La balance des droits en parfait équilibre.
La liberté, c'est comme une terre au soleil,
Dont chacun a sa part, un morceau tout pareil :
J'ai le mien, qu'à mon gré je bêche et j'ensemence :
Ta liberté finit où la mienne commence.

2. — *Égalité*

Nous sommes tous égaux — Jean-Pierre, il faut s'entendre ;
Nos droits, oui, sont égaux ; mais il faut bien savoir
Qu'on achète son droit en faisant son devoir.
Quant aux hommes, l'un a le cœur dur, l'autre tendre ;
Celui ci comprend tout ; l'autre ne comprend rien :
Cet autre fait tout mal ; son ami fait tout bien...
Un écolier d'esprit vaut mieux qu'un imbécile ;
Un fainéant n'est pas l'egal d'un homme utile.

3. — *Fraternité*

C'est un des plus doux mots qu'aient inventé les hommes,
Fraternité Tâchons, en frères que nous sommes,
De nous chérir. Sachons nous pardonner des torts,
Aimons le faible, ami, si nous nous sentons forts,
Et le pauvre, si nous avons de la fortune.
Les hommes, tous pareils devant la mort commune,
Aigrissent leur malheur par de la haine entre eux ..
Aimons, même en souffrant, nos frères plus heureux.

Jean AICARD (1).

---

(1) Voir page 15, note 1.

VIII. — INDICATION DE LECTURES ET NOTES

Tableau Synoptique du Chapitre VI

LA PATRIE.

I. La Patrie, communauté.
1. De territoire
2. De tradition
3. De langue
4. De mœurs et de religion
5. De race
6. De sentiment et de volonté : élément indispensable.

II. Le patriotisme.
1. C'est un sentiment naturel
2. C'est un devoir de justice, car la patrie est une puissante solidarité
   - A Dans le temps : bienfaits de nos ancêtres
   - B Dans l'espace : bienfaits des institutions et des hommes actuels
3. Sont de faux patriotes :
   - A Le malhonnête homme
   - B Le charlatan
   - C Le chauvin
   - D Le conquérant

III Grandeurs et malheurs de la France
1. L'histoire de France est une longue lutte du peuple pour la conquête de la liberté et de l'égalité
2. Résumé historique
   - A Moyen âge : Féodalité
   - B Temps modernes : royauté
   - C Révolution : conquête de la liberté et de l'égalité
   - D Dix-neuvième siècle : lutte de l'esprit libéral contre l'esprit réactionnaire
3. Ses gloires
   - A Son rôle dans le monde
   - B Rayonnement de ses principes
   - C Ses grands hommes
     - a Guerriers
     - b Écrivains
     - c Artistes
     - d Savants et inventeurs
4. Ses tristesses
   - A Les époques sombres
   - B Les hontes
     - a Rois indignes
     - b Traîtres
     - c Invasions et capitulations
5. Conclusion
   - A Ne jamais désespérer de la patrie
   - B Rester attaché aux institutions démocratiques
   - C Les Césars, rois ou empereurs, ont rendu le peuple malheureux

LA PATRIE (Suite).

IV. Devoirs envers la Patrie
1. Bienfaits de la patrie
2. Respect des lois
   - A Nécessité des lois
   - B Autorité des lois
   - C Respect des lois constitutionnelles
   - D Respect des magistrats
   - L'insurrection n'est permise que dans un pays opprimé. — Crimes du 18 Brumaire et du 2 décembre
3. Service militaire
   - A Sa nécessité
   - B Vertus du soldat
     - a Discipline
     - b Fidélité au drapeau
   - C Il faut se préparer à être un bon soldat
4. L'impôt
   - A L'impôt est nécessaire
   - B C'est une dette et une assurance
   - C Assiette et répartition
     - a Librement consenti
     - b Équitablement réparti
   - D En matière d'impôts, le fraudeur est un voleur
   - E Le payement de l'impôt est un devoir
5. L'obligation scolaire
   - A La loi sur l'obligation scolaire est de
     - a L'intérêt de l'individu
     - b L'intérêt de l'État
       - 1 Un ignorant ne peut être un bon citoyen
       - 2 Un peuple instruit est un peuple supérieur
   - B Elle n'est point une atteinte à la liberté
6. Le vote
   - A Voter est un droit
   - B Voter est un devoir. — L'abstention est une
     - a Faute personnelle
     - b Trahison envers l'État
   - C Le vote doit être
     - a Libre
       - 1 Pas d'intimidation
       - 2 Pas de corruption
     - b Désintéressé
     - c Consciencieux
     - d Éclairé

V Explication de la devise républicaine
1. Liberté
   - A Définition
     - 1 Liberté civile
       - a Liberté de conscience
       - b Liberté de pensée
       - c Liberté du travail
       - d Liberté d'association
   - B Division
     - 2 Liberté politique — Suffrage universel
   - C L'ancien régime et la Liberté
2. Égalité
   - A Égalité civile
     - a Égalité devant la loi
     - b Égalité devant l'impôt
     - c Égale admissibilité aux fonctions publiques
   - B Égalité politique — suffrage universel
   - C L'ancien régime ou régime des privilèges
3. Fraternité
   - A Signification
   - B Ce qu'a fait la République
     - a Lois scolaires
     - b Loi militaire
     - c Lois ouvrières
     - d Assistance publique
     - e Retraites ouvrières, etc
   - C Ce qui reste à faire

CHAPITRE VII

SANCTIONS DE LA MORALE
DIEU

CINQUANTE-DEUXIÈME LEÇON

SANCTIONS DE LA MORALE

I. — LECTURE

Conséquences d'une désobéissance. — C'était jeudi. Le père de Pierre annonça à toute la famille que, les cerises du verger étant mûres, la cueillette aurait lieu dans la soirée. Il fut permis à Pierre d'inviter ses camarades et on fit les préparatifs nécessaires.

En attendant le départ, Pierre et ses amis s'amusaient à effrayer des canetons qui nageaient dans une mare, et se réjouissaient des cris de désespoir de la mère poule. « Pierre, dit M. Granger, je te défends de jeter quoi que ce soit à la mare ». Pierre se recula, mais peu après, voyant son père occupé, il lança un caillou. Au bruit, son père accourut, mécontent. Pour lui échapper, l'enfant fit un faux pas, glissa et tomba dans la mare d'où il sortit sans autre mal que d'être couvert, de la tête aux pieds, d'une boue verte et gluante. Ses camarades riaient, se moquaient de lui et l'appelaient grenouille. On le déshabilla et on le lava, puis on le mit au lit sur l'ordre de son père, et toute la bande partit à la cueillette des cerises. Dans le lit, Pierre faisait de tristes réflexions. D'abord, il ne songea qu'à la partie manquée et dont il se promettait tant de plaisir ; puis il chercha à s'excuser : il se dit que les canetons étaient bien sots d'avoir peur et la poule de crier. Mais sa conscience n'admettait pas ces raisons et lui disait tout bas : « Tu as désobéi, tu as fait le mal, tu es seul coupable ; quand les parents commandent, il faut obéir : il est juste que tu sois puni ». Alors Pierre reconnut qu'il avait eu tort et, au regret qu'il éprouvait, s'ajouta un sentiment plus amer et plus douloureux : le remords.

Il pleurait maintenant, non de sa partie manquée, mais du regret de sa faute, et ses larmes lui faisaient du bien.

Le soir, il exprima à son père tout le repentir qu'il éprouvait et il fut pardonné.

Lœtitia Dès.

II. — RÉSUMÉ ORAL DE LA LECTURE

III. — PLAN DE LA LEÇON

I. CE QU'ON APPELLE SANCTION : ensemble de récompenses et de peines attachées à l'accomplissement ou à la violation d'une obligation.

II. LES SANCTIONS DE LA MORALE :
1º **Sanctions individuelles :**
   a. Remords.
   b. Satisfaction intérieure.
2º **Sanctions de l'opinion publique :**
   a. Mépris public.
   b. Estime publique.
3º **Sanctions naturelles :**
   a. Conséquences heureuses des bonnes actions : on jouit d'une bonne santé, si on observe ses devoirs envers le corps, etc.
   b. Conséquences malheureuses des mauvaises actions.
4º **Sanctions légales** : peines infligées par les tribunaux.
5º **Sanctions supérieures :**
   La vertu n'est pas toujours récompensée ici-bas ; le vice n'est pas toujours puni : d'où la nécessité de sanctions supérieures dans la vie future.

III. **Résumé et Conclusion.**

IV. — RÉSUMÉ A APPRENDRE PAR CŒUR

Il est juste que le vice soit puni et que la vertu soit récompensée : il est juste que la loi **morale** ait une **sanction**. On appelle sanction l'ensemble des récompenses et des peines attachées au respect ou à la violation de la loi On distingue cinq sortes de sanctions : 1º La **sanction intérieure** (remords, satisfaction morale) ; 2º La **sanction de l'opinion publique** (mépris, estime) ; 3º La **sanction naturelle ;** 4º La **sanction légale ;** 5º Les **sanctions supérieures.** Toutes ces sanctions peuvent manquer d'exercer leur action, à l'exception de la sanction intérieure qui ne manque jamais de faire entendre son jugement.

V. — MAXIMES

1. **Toute loi doit avoir une sanction, c'est-à-dire une répression de ceux qui la violent et une récompense pour ceux qui l'observent.** (STEEG [1]).
2. **A jeunesse imprudente, vieillesse malheureuse.**
3. **Bien faire et laisser dire.**

VI. — DEVOIRS

1.

SUJET. — Qu'appelle-t-on sanction d'une loi ? En

---

(1) V page 73, note 1.

quoi consistent les sanctions diverses des lois civiles et de la loi morale?

Plan

(Voir celui de la leçon).

2.

Sujet. — Après avoir succinctement raconté dans quelles circonstances le petit Pierre a désobéi à son père, vous dégagerez du récit les diverses sanctions qui découlent de la désobéissance de l'enfant.

Plan

I. **Récit de la désobéissance de Pierre :**
1° Le père de Pierre annonce la cueillette des cerises ;
2° Avant de partir... ;
3° Recommandations de M. Granger ; — désobéissance de Pierre... ;
4° L'accident... ; au lit... ;
5° Tristes réflexions ;
6° Le pardon.

II. **Sanctions qui découlent de la désobéissance de Pierre :**
1° **Sanction naturelle :**
   a. Chute désagréable ;
   b. Privation d'une joie ;
2° **Sanction de l'opinion publique :**
   Pierre est l'objet des railleries de ses camarades.
3° **Sanction intérieure :**
   a. Regret de la faute commise ;
   b. Remords pour avoir causé de la peine à son père ;
   c. Humiliation.

4º **Sanction légale :** punition du père qui peut être comparé à un juge.

III. **Conclusion :** Les conséquences qui résultent de la violation d'un ordre ou d'une loi sont parfois nombreuses ; les enfants ne peuvent pas les mesurer toujours ; aussi doivent-ils se conformer aux ordres de leurs parents, de leurs maîtres et de ceux, en général, qui sont plus expérimentés qu'eux.

VII. — RÉCITATION

La Conscience.

Lorsqu'avec ses enfants vêtus de peaux de bêtes,
Echevelé, livide au milieu des tempêtes,
Caïn se fut enfui de devant Jéhovah,
Comme le soir tombait, l'homme sombre arriva
Au bas d'une montagne, en une grande plaine.
Sa femme fatiguée et ses fils hors d'haleine
Lui dirent : « Couchons-nous sur la terre et dormons »,
Caïn, ne dormant pas, songeait au pied des monts.
Ayant levé la tête, au fond des cieux funèbres,
Il vit un œil, tout grand ouvert dans les ténèbres,
Et qui le regardait dans l'ombre fixement.
« Je suis trop près », dit-il avec un tremblement.
Il réveilla ses fils dormant, sa femme lasse,
Et se remit à fuir, sinistre, dans l'espace.
Il marcha trente jours ; il marcha trente nuits.
Il allait, muet, pâle et frémissant aux bruits,
Furtif, sans regarder derrière lui, sans trêve,
Sans repos, sans sommeil ; il atteignit la grève
Des mers, dans le pays qui fut depuis Assur.
« Arrêtons-nous, dit-il, car cet asile est sûr.
Restons-y, nous avons du monde atteint les bornes. »
Et, comme il s'asseyait, il vit dans les cieux mornes,
L'œil à la même place au fond de l'horizon.
Alors il tressaillit, en proie au noir frisson.
« Cachez-moi ! » cria-t-il ; et, le doigt sur la bouche,
Tous ses fils regardaient trembler l'aïeul farouche.
Caïn dit à Jabel, père de ceux qui vont
Sous des tentes de poil dans le désert profond :
« Etends de ce côté la toile de la tente ».
Et l'on développa la muraille flottante ;
Et quand on l'eut fixée avec des poids de plomb :
« Vous ne voyez plus rien ? » dit Tsilla, l'enfant blond,

La fille de ses fils, douce comme l'aurore ;
Et Caïn répondit : Je vois cet œil encore ! »
Jubal, père de ceux qui passent dans les bourgs,
Soufflant dans des clairons et frappant des tambours,
Cria : « Je saurai bien construire une barrière »
Il fit un mur de bronze et mit Caïn derrière.
Et Caïn dit : « Cet œil me regarde toujours ! »
Hénoch dit : « Il faut faire une enceinte de tours,
Si terrible, que rien ne puisse approcher d'elle
Bâtissons une ville avec sa citadelle . »
Sur la porte on grava : « Défense à Dieu d'entrer ».
Quand ils eurent fini de clore et de murer,
On mit l'aïeul au centre en une tour de pierre ;
Et lui restait lugubre et hagard. « O mon père !
L'œil a t il disparu ? » dit en tremblant Tsilla.
Et Caïn répondit : « Non, il est toujours là ».
Alors il dit : « Je veux habiter sous la terre,
Comme dans son sépulcre un homme solitaire ;
Rien ne me verra plus, je ne verrai plus rien ».
On fit donc une fosse, et Caïn dit : « C'est bien ! »
Puis il descendit seul sous cette voûte sombre.
Quand il se fut assis sur sa chaise, dans l'ombre,
Et qu'on eut sur son front fermé le souterrain,
L'œil était dans la tombe et regardait Caïn.

V. Hugo (1).

---

(1) V. page 20, note 1.

VIII. — INDICATION DE LECTURES ET NOTES

CINQUANTE-TROISIÈME LEÇON

DIEU

I. — LECTURE

Existence de Dieu. — Notre raison est ainsi faite, que nous ne pouvons pas nous contenter de prendre le monde comme il est, mais que nous nous demandons malgré nous d'où vient ce monde et par qui il a été fait. Comme tout ce qui arrive a une cause, nous voulons savoir quelle est la cause première de tout cet univers; et, quand nous réfléchissons à cette question, quand nous interrogeons les hommes qui ont le plus pensé sur ce point, tout nous répond : Dieu.

Dieu n'est pas seulement conçu comme une cause créatrice toute-puissante. L'ordre admirable qui règne partout dans le monde ne peut avoir été établi que par une intelligence souveraine. De même qu'une belle machine suppose un ouvrier, et qu'une excellente horloge suppose un habile horloger, de même cet univers, où tout est si bien ordonné, depuis le cours des astres et la marche des saisons jusqu'au moindre détail de la vie des plantes et des animaux, est sans doute l'œuvre d'une sagesse incomparable, d'une providence partout répandue.

Et, quand le spectacle des choses ne nous révèlerait pas un Dieu, notre conscience le proclamerait encore et crierait vers lui de toutes ses forces. Car, si nous ne reconnaissions pas sa puissance et son intelligence dans les lois de la nature, comment ne reconnaîtrions-nous pas son autorité suprême et la majesté de son commandement par cette loi du devoir qui parle si haut au-dedans de nous ? Et, quand nous voyons triompher les méchants et souffrir les bons contre toute justice, quand l'innocence est méconnue et persécutée, l'hypocrisie honorée, le droit écrasé par la force, comment croire que la plainte des faibles ne sera jamais entendue, et qu'un jour ne viendra pas où il sera fait à chacun selon ses œuvres ? Sans cette croyance au triomphe final de la justice, combien cette vie serait sombre et désolée !

Mais notre raison ne peut admettre un seul instant que le monde soit ainsi abandonné à sa force brutale, à l'aveugle hasard. Voilà pourquoi, depuis qu'il y a des hommes qui pensent, l'humanité croit à une justice cachée et s'incline devant une bonté divine.

MARION [1].

II. — RÉSUMÉ ORAL DE LA LECTURE

---

(1) Voir page 244, note 1.

III. – PLAN DE LA LEÇON

I. **L'EXISTENCE DE DIEU.** Elle est réclamée par la raison :

1º Toute **cause** a un **principe**. Or, quelle est la cause de l'univers ? La plupart des hommes répondent : **Dieu.**

2º Qui a présidé à l'**harmonie** de l'univers ? La plupart des hommes répondent : **Dieu.**

3º Qui a mis en nous la **loi du devoir,** laquelle parle si haut ? **Dieu.**

4º Enfin il est juste que la **vertu** et le **vice,** qui ne reçoivent pas toujours ici-bas la sanction qu'ils méritent, la reçoivent dans une **vie future.**

II. **DEVOIRS ENVERS DIEU :**

Dieu peut être considéré comme le **résumé de toutes les perfections,** comme la **vertu elle-même.** « **Croire à la vertu,** c'est donc **croire à Dieu.** »

1º Le **meilleur hommage** que nous puissions adresser à la divinité, c'est de nous appliquer à **remplir** scrupuleusement tous nos **devoirs,** d'**obéir** fidèlement à notre **conscience,** de réaliser enfin, pour nous et pour le prochain, toujours plus de justice, plus de vérité, plus de beauté.

2º Au **Dieu créateur,** nous devons des sentiments d'**amour,** de **reconnaissance,**

d'admiration que nous pouvons lui témoigner de deux façons :

    a. **Culte extérieur** dont les pratiques varient suivant les religions, les peuples, les traditions et l'éducation de la famille.

    b. **Culte intérieur :** c'est la forme la plus élevée que puissent revêtir nos aspirations vers la divinité. — Le culte intérieur se suffit à lui-même.

3° **Toutes les manières** de rendre hommage à la divinité sont **respectables hors les manières hypocrites.**

III. **Résumé et Conclusion.**

IV. — RÉSUMÉ A APPRENDRE PAR CŒUR

L'existence de Dieu est réclamée par la raison. **Dieu** est la **cause** première **du monde,** la providence de la création et le principe de justice et de vérité universelles. Dieu est le résumé de toutes les **perfections,** c'est la **vertu** elle-même. Nous avons des **devoirs** envers Dieu : le premier consiste à **obéir** continuellement **à notre conscience.** En outre, nous devons avoir pour Dieu des sentiments **d'amour,** de **reconnaissance** et **d'admiration** que nous pouvons lui témoigner de diverses manières, toutes respectables si elles sont sincères, mais dont la plus élevée est le **recueillement en soi-même.**

V. — MAXIMES

1. **Si Dieu n'existait pas, il faudrait l'inventer.**
   VOLTAIRE [1].
2. **La croyance en Dieu entraîne celle de l'immortalité de l'âme.**
3. **Tous les hommes ne conçoivent pas Dieu de la même façon, mais tous ne reconnaissent qu'une seule morale dictée par la conscience et fondée sur la dignité humaine.**

VI. — DEVOIRS

1.

SUJET. — Comment comprenez-vous vos devoirs envers Dieu ?

Plan

1° Ma raison proclame l'existence d'un principe supérieur, créateur de toutes choses : nature, ciel étoilé, conscience.

2° Ce principe, que j'appelle Dieu, ne peut être que l'épanouissement de toutes les vertus.

3° Le meilleur hommage que je puisse lui rendre, c'est de tendre sans cesse vers la perfection qu'il résume : et, pour cela, je dois obéir scrupuleusement à la voix de ma conscience qui me commande de faire, en tout, mon devoir, c'est-à-dire le bien.

4° Être un bon fils ; ne pas dégrader en moi le noble caractère de l'humanité ; — être droit,

---

(1) V. page 8, note 2.

juste, bienfaisant ; — sacrifier, quand il le faut, mon intérêt à mon devoir ; — sacrifier mon bonheur à celui de mes semblables ; tâcher de laisser, après moi, une réputation d'honneur et de vertu : — voilà le culte qui me paraît le plus agréable à Dieu, celui auquel je resterai fidèlement attaché.

2.

Sujet. — Où l'honnête homme doit-il chercher et peut-il trouver son bonheur ?

Plan

1º **L'honnête homme doit chercher son bonheur :** dans l'accomplissement du devoir, dans l'amour du travail, dans l'amour de la famille, dans l'amour de ses semblables, dans l'amour de la Patrie, dans l'admiration de la nature, dans le culte des lettres, des sciences et des arts, dans le respect profond de sa dignité et dans le culte de la vérité.

2º **L'HONNÊTE HOMME TROUVE SON BONHEUR :**

 a. **Dans l'accomplissement du devoir :** C'est là qu'on trouve les joies les plus pures. — *Exemples.*

 b. **Dans l'amour du travail :** Bonheur ressenti après une journée de travail ; bonheur du travailleur des champs et de l'atelier.

 c. **Dans l'amour de la famille :** Tableau du bonheur qui règne dans une famille unie.

 d. **Dans l'amour de ses semblables :** Plaisir éprouvé après avoir rendu un service ; joies de la charité, du dévouement, du pardon, du sacrifice.

e. **Dans l'amour de la Patrie :** Fierté du soldat qui s'est exposé pour le salut de son pays ; du citoyen qui a consacré sa vie au service de sa patrie et à la défense de la liberté.

f. **Dans l'admiration de la nature :** Bonheur que l'on goûte dans la contemplation de la nature par une belle journée de printemps ; extase dans laquelle nous plonge le spectacle d'un beau ciel étoilé.

g. **Dans le culte des lettres, des sciences et des arts :** Plaisirs de la lecture, joies du savant, de l'artiste.

h. **Dans le respect profond de sa dignité et dans le culte de la vérité :** Travailler à conserver intacte la dignité humaine qui est en lui ; consacrer sa vie à la recherche et au culte de la vérité, voilà enfin pour l'homme une dernière source de bonheur, de jouissances infinies.

3º **Conclusion.** — Fais ce que dois, advienne que pourra, c'est là la devise de l'homme vertueux qui s'estime toujours assez heureux quand il est en règle avec sa conscience ; les insuccès qu'il éprouve, les ingratitudes qu'il essuie peuvent un instant, assombrir sa joie intime, mais ne la détruisent pas.

VII. — RÉCITATION

L'œil de Dieu

Ne dites pas, enfants, comme d'autres l'on dit :
« Dieu ne me connaît pas, car je suis trop petit ;
Dans sa création ma faiblesse se noie ;
Il voit trop d'univers pour que son œil me voie. »
L'aigle de la montagne un jour dit au soleil :
« Pourquoi luire plus bas que ce sommet vermeil ?
A quoi sert d'éclairer ces prés, ces gorges sombres,

De salir tes rayons sur l'herbe de ces ombres?
La mousse imperceptible est indigne de toi»,
— « Oiseau, dit le soleil, viens et monte avec moi. »
L'aigle, avec le rayon s'élançant dans la nue,
Vit la montagne fondre et baisser à sa vue ;
Et, quand il eut atteint son horizon nouveau,
A son œil confondu tout parut de niveau.
« Eh bien ! dit le soleil, tu vois, oiseau superbe,
Si pour moi la montagne est plus haute que l'herbe.
Rien n'est grand ni petit devant mes yeux géants:
La goutte d'eau me peint comme les océans ;
De tout ce qui me voit je suis l'astre et la vie ;
Comme le cèdre altier, l'herbe me glorifie :
J'y chauffe la fourmi, des nuits j'y bois les pleurs,
Mon rayon s'y parfume er traînant sur les fleurs.
Et c'est ainsi que Dieu, qui seul est sa mesure,
D'un œil pour tous égal voit toute la nature ! »
Chers enfants, bénissez, si votre cœur comprend,
Cet œil qui voit l'insecte et pour qui tout est grand.

LAMARTINE (1)

---

(1) V page 212, note 1.

VIII. — INDICATION DE LECTURES ET NOTES

TABLEAU SYNOPTIQUE
DU CHAPITRE VII.

SANCTIONS DE LA MORALE. — DIEU

- I. Sanctions de la morale.
  - 1. Ce qu'on appelle sanction.
  - 2. Sanctions de la morale.
    - A. Sanctions individuelles.
      - a. Remords.
      - b. Satisfaction intérieure.
    - B. Sanctions de l'opinion.
      - a. Estime.
      - b. Mépris.
    - C. Sanctions naturelles.
      - a. Conséquences heureuses.
      - b. Conséquences malheureuses.
    - D. Sanctions légales : tribunaux.
    - E. Sanctions supérieures.
      - a. Vie future.
      - b. Dieu.

- II. Dieu.
  - 1. L'existence de Dieu.
    - A. Réclamée par la raison.
    - B. Prouvée.
      - a. Par l'harmonie de l'univers.
      - b. Par la conscience.
  - 2. Devoirs envers Dieu.
    - A. Faire son devoir : obéir fidèlement à sa conscience.
    - B. Reconnaissance témoignée par le
      - a. Culte extérieur.
      - b. Culte intérieur.
    - C. Pas d'hypocrisie.
    - D. Respect des convictions religieuses : tolérance.

DEUXIÈME PARTIE

DROIT USUEL

PREMIÈRE LEÇON

QUELQUES DÉFINITIONS
PERSONNES

I. — PLAN

I. **DROIT**. — Significations :
   1º **Ensemble de règles** imposées à tous les membres d'une même nation et sanctionnées par la puissance publique ;
   2º Expression de certaines **prérogatives garanties** par la loi. Ex. :
      a. Droit de puissance paternelle ;
      b. Droit de propriété ;
   3º **Science des lois.** — Ex. : Je fais mon droit.

II. — **DROIT NATUREL ET DROIT POSITIF :**
   1º **Droit naturel** : il dérive de la nature de l'homme comme être raisonnable et libre ;
   2º **Droit positif,** ou loi humaine, contenu dans les codes.

III. — **DIVISIONS DU DROIT POSITIF :**
   1º **Droit public,** subdivisé en :
      a. Droit constitutionnel,
      b. Droit administratif,
      c. Droit des gens,
      d. Droit pénal ;

2° **Droit privé,** subdivisé en :
    a. Droit civil,
    b. Droit commercial.

IV. **DROIT USUEL.** — Il comprend les parties les plus usuelles du droit civil.

V. **PERSONNES.** — Signification de ce mot :
  1° **Point de vue philosophique et moral :** être raisonnable et libre, responsable de ses actes ;
  2° **Point de vue du droit :** individu ou institution (commune, département, Etat, association) capable d'exercer des droits et de remplir des obligations.

VI. **Résumé et conclusion.**

II. — RÉSUMÉ A APPRENDRE PAR CŒUR

Par **droit** on entend : 1° l'**ensemble des règles** imposées à tous les membres d'une même nation et sanctionnées par la puissance publique ; 2° l'**expression** de certaines **prérogatives** garanties par la loi ; 3° la **science des lois.**

On distingue le **droit naturel** et le **droit positif.** Le droit positif est l'ensemble des lois humaines ; il comprend le **droit public** et le **droit privé** ; ce dernier est subdivisé en **droit civil** et **droit commercial.** Le **droit usuel** renferme les parties les plus usuelles du droit civil.

En droit, les **personnes** sont des individus ou des institutions pouvant exercer des droits et remplir des obligations.

III. — NOTES

DEUXIÈME LEÇON

ÉTAT CIVIL

I. — PLAN

I. **CE QU'ON APPELLE ÉTAT CIVIL : Position de la personne considérée comme membre de l'association politique ou de la famille à laquelle elle appartient.** — Il est établi par des actes inscrits dans **deux registres** tenus à la mairie de chaque commune. Ces actes sont :

1º L'acte de naissance ;
2º L'acte de mariage ;
3º L'acte de décès.

II. **RÉDACTION, TENUE ET IMPORTANCE DES ACTES DE L'ÉTAT CIVIL :**

1º **Officiers** de l'état civil ;
2º **Registres** en double expédition de l'état civil ;
3º **Importance** des actes de l'état civil.

III. **RÈGLES QUI PRÉSIDENT A LA RÉDACTION DES ACTES DE L'ÉTAT CIVIL :**

1° **Acte de naissance :**
   a. Délai : 3 jours ;
   b. Déclarants : père, médecin, sage-femme, etc. ;
   c. Témoins signataires : Deux.

2° **Acte de mariage :**
   a. Publications ;
   b. Consentement et âge ;
   c. Témoins : Quatre.

3° **Acte de décès :**
   a. Déclaration par deux témoins ;
   b. Délai d'inhumation : 24 heures ;
   c. Autorisation du maire indispensable.

IV. **Conclusion et résumé.**

II. — RÉSUMÉ A APPRENDRE PAR CŒUR

L'**état civil** d'une personne est constaté dans deux registres tenus par le maire de la commune. Les actes de l'état civil sont : **L'acte de naissance, l'acte de mariage** et **l'acte de décès.** — La naissance doit être **déclarée** dans les trois jours par le père ou un témoin. L'acte de mariage est **dressé** après la publication des bans et sur le consentement des époux et des parents ; il est **publié** à la mairie devant quatre témoins. L'acte de décès est **dressé** sur la déclaration de deux témoins ; l'**inhumation** a lieu 24 heures après le décès et sur l'autorisation du maire.

III. — NOTES

TROISIÈME LEÇON

PROTECTION DES MINEURS

I. — PLAN

I. **MINORITÉ ET MAJORITÉ :**
   1º Minorité ;
   2º Majorité : droits qu'elle confère.

II. **DE LA TUTELLE :**
   1º **Tutelle légale :** exercée par le père et la mère ;
   2º **Tutelle déférée par le dernier mourant :** celui-ci choisit au mineur un tuteur par **testament,** par **acte notarié** ou par **acte** reçu par le **juge de paix ;**
   3º **Tutelle des ascendants :** exercée de droit dans l'ordre suivant : grand-père paternel, grand-père maternel, etc., s'il n'y a pas eu, de la part du dernier mourant, désignation de tuteur ;
   4º **Tutelle déférée par le conseil de famille** à un tuteur de son choix ;
   5º **Subrogé-tuteur :** personne placée près du tuteur pour surveiller son administration ; il est nommé par le conseil de famille ;
   5º **Conseil de famille :**
      a. **Composition :** 6 parents : 3 du côté

paternel et 3 du côté maternel; présidé par le juge de paix;
- *b*. **Attributions :** dans certains cas, il nomme le tuteur; il nomme le subrogé-tuteur; il peut prononcer la destitution du tuteur, etc.;

7° **Devoirs du tuteur** :
- *a*. Il administre les biens du mineur;
- *b*. Il représente celui-ci dans tous les actes civils qu'il accomplit;
- *c*. Il fait son éducation;
- *d*. Quand la tutelle prend fin, il doit rendre compte de sa gestion.

III. **CONCLUSION** :
1° Devoirs des mineurs envers le tuteur: obéissance, respect, affection, reconnaissance;
2° Caractère bienveillant des lois protectrices des mineurs.

II. — RÉSUMÉ A APPRENDRE PAR CŒUR

Le **mineur** est celui qui n'a pas atteint l'âge de 21 ans. Il est placé sous la **tutelle** de ses **parents.** En mourant, **ceux-ci peuvent désigner** un **tuteur** à leur enfant. Si cette formalité n'a pas été remplie, la tutelle est déférée de droit aux **ascendants,** et, à défaut d'ascendants, elle est déférée à un **tuteur choisi par le conseil de famille.** Le **conseil de famille,** composé de six membres et présidé par le juge de paix, nomme un **subrogé-tuteur.** Le **tuteur veille** sur la **santé,** l'**éducation** et les **intérêts** du mineur.

III. — NOTES

QUATRIÈME LEÇON

LA PROPRIÉTÉ

I. — PLAN

I. **DÉFINITIONS DE LA PROPRIÉTÉ :** « Droit de jouir et de disposer des choses de la manière la plus absolue pourvu qu'on n'en fasse pas un usage prohibé par les lois ou règlements » (Code).

II. **CONSÉQUENCES DE CETTE DÉFINITION :**
- 1° **Droit de jouir :** droit de recueillir les fruits de la propriété et d'en retirer tous les avantages possibles ;
- 2° **Droit de disposer :** faculté de transmettre la propriété ou de la détruire ;
- 3° **Restrictions :**
  - a. Formes exigées pour l'aliénation des immeubles appartenant aux mineurs, etc... ;
  - b. Expropriation pour cause d'utilité publique ;
  - c. Servitudes : alignement, chemins de halage, etc...

III. **FORMES ET ESPÈCES DE PROPRIÉTES :**
- 1º Propriété **individuelle** et propriété **collective**;
- 2º Propriété **mobilière** et propriété **immobilière**.

IV. **TRANSMISSION DE LA PROPRIÉTÉ :**
- 1º **Vente** ;
- 2º **Echange** ;
- 3º **Donation** ;
- 4º **Héritage** ;
- 5º **Expropriation** pour cause d'utilité publique.

V. **FONDEMENT ET LÉGITIMITÉ DU DROIT DE PROPRIÉTÉ.**

VI. **Résumé et conclusion.**

II. — RÉSUMÉ A APPRENDRE PAR CŒUR

« La **propriété** est le droit de jouir et de disposer des choses de la façon la plus absolue pourvu qu'on n'en fasse pas un usage prohibé par la loi ou les règlements ». La propriété est **collective** ou **individuelle**, **mobilière** ou **immobilière**. Elle se transmet par la **vente**, l'**échange**, la **donation** ou l'**héritage**. Le droit de propriété est **légitime** et **sacré** et nul ne peut en être privé, si ce n'est pour cause d'utilité publique.

III. — NOTES

CINQUIÈME LEÇON

SUCCESSIONS
DONATIONS ENTRE-VIFS
TESTAMENTS

I. — PLAN.

I. SUCCESSIONS.
    1° **Définition :** Transmission des biens d'une personne morte à une personne vivante ;

    2° **Principes sur lesquels repose le droit de succession :** Si le défunt, avant de mourir, n'a pas expressément disposé de ses biens, le droit de succession, assuré par la loi, repose sur les principes suivants :
        a. **Ordre des héritiers,**
        b. **Égalité entre les héritiers.**

    3° **Deux classes d'héritiers :**
        a. **Héritiers naturels,** dans l'ordre suivant :
            1. Descendants,
            2. Ascendants,
            3. Frères et sœurs ou leurs descendants,
            4. Ascendants autres que le père et la mère.
        b. **Héritiers irréguliers :**
            1. Enfants naturels,

2. Père, mère, frères. sœurs de l'enfant naturel,
3. Conjoint survivant,
4. État.

II. DONATIONS ENTRE-VIFS : Actes par lesquels le donateur se dépouille **irrévocablement** de la chose donnée en faveur du donataire qui l'accepte. La donation entre-vifs a un **effet immédiat.**

III. TESTAMENTS :

1º **Définition** : actes par lesquels le testateur dispose, pour **le temps où il ne sera plus,** de tout ou partie de ses biens. — Les testaments sont **révocables.**

2º **Diverses sortes de Testaments** :

   a. **Testament par acte public** : reçu par un notaire assisté de quatre témoins.

   b. **Testament olographe** : **écrit en entier, daté et signé** de la main même du testateur.

3º **De la portion de biens disponible et de la réserve** : S'il y a des héritiers, les biens du donateur ou du testateur sont divisés en deux portions :

   a. **Une portion disponible** : la **moitié** s'il y a un enfant, un **tiers** s'il y a deux enfants, un **quart** s'il y a trois enfants ou davantage.

   b. **Une réserve** : la **moitié**, les **deux tiers**, les **trois quarts**, selon qu'il y a un, deux, trois enfants ou davantage.

IV. Résumé et conclusion.

II. — RÉSUMÉ A APPRENDRE PAR CŒUR

On appelle **succession** la transmission des biens d'une personne morte à une personne vivante. — Il y a deux classes d'**héritiers** : les héritiers **légitimes** et les héritiers **irréguliers**. — La **donation entre-vifs** est un acte par lequel le donateur se dépouille **irrévocablement** et **immédiatement** de la chose donnée en faveur du donataire qui l'accepte. Le **testament** est un acte par lequel le testateur dispose, pour l'**époque où il ne sera plus**, de tout ou partie de ses biens. Il est **révocable**. S'il y a des héritiers, les biens du donateur ou du testateur sont divisés en **portion disponible** et **réserve**.

III. — NOTES

SIXIÈME LEÇON

CONTRATS LES PLUS USUELS

I. — PLAN

I. **DÉFINITION** : Convention par laquelle deux ou plusieurs personnes se mettent d'accord pour créer entre elles une obligation qui ne soit contraire ni à la morale, ni à la loi, ni à l'ordre public.

II. **DIVISION DES CONTRATS :**
- 1° **Contrats synallagmatiques** ou **bilatéraux** : obligations réciproques des contractants. — Exemple : vente ;
- 2° **Contrats unilatéraux** : obligations d'un seul côté. — Ex. prêt, don ;
- 3° **Contrats aléatoires** : équivalence placée dans une chance de gain ou de perte. — Ex. : jeu, pari, loterie, assurances, etc...

III. **CONDITIONS DE VALIDITÉ DES CONTRATS :**
- 1° **Consentement des parties** : pas de contrat, s'il est obtenu par erreur, tromperie ou violence ;
- 2° **Capacité des contractants** : les mineurs, les interdits, les femmes mariées dans les

cas indiqués par la loi, ne peuvent contracter ;

3º **Objet certain qui forme la matière de l'engagement ;**

4º **Cause licite :** un fait contraire aux mœurs, à la loi, ne peut faire l'objet d'un contrat.

IV. **CONTRATS LES PLUS USUELS :**

1º **Contrat de vente** : engagement d'un côté de prendre et de l'autre de livrer ;

2º **Contrat d'échange** : les deux parties se donnent réciproquement une chose pour une autre ;

3º **Contrat de louage** :

   a. **Louage de choses :**

      1º Bail à loyer ;

      2º Bail à ferme.

   b. **Louage de services et d'industrie :**

      1º Engagement de domestiques ;

      2º Contrat avec les voituriers qui font le transport par terre ou par eau ;

      3º Contrat avec les entrepreneurs ;

      4º Contrat d'apprentissage.

   c. **Bail à cheptel.**

4º **Contrat de mariage :** stipule les conventions matrimoniales et garantit les intérêts réciproques.

V. **RÉSUMÉ ET CONCLUSION.** — Les contrats sont moralement obligatoires avant de l'être légalement. « Un honnête homme n'a que sa parole ».

IV. — RÉSUMÉ A APPRENDRE PAR CŒUR

Les **contrats** sont des conventions par lesquelles deux ou plusieurs personnes se mettent d'accord pour créer entre elles des obligations. On distingue les contrats **synallagmatiques,** les contrats **unilatéraux,** les contrats **aléatoires,** etc. — Quatre conditions sont nécessaires pour la validité d'un contrat : le **consentement des parties,** leur **capacité,** un **objet certain** et une **cause licite.** — Les contrats les plus usuels sont : le **contrat de vente,** le **contrat d'échange,** le **contrat de louage** (choses, services, animaux) et le **contrat de mariage.** Les contrats sont moralement obligatoires : l'honnête homme n'a que sa parole.

III. — NOTES

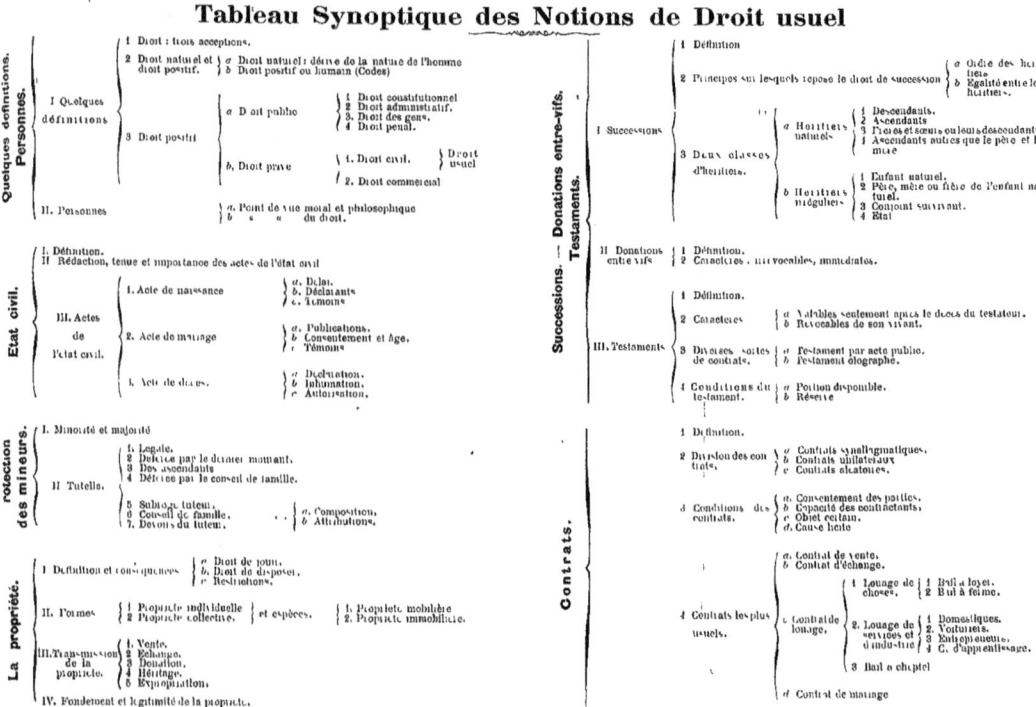

TROISIÈME PARTIE

NOTIONS D'ÉCONOMIE POLITIQUE

CHAPITRE I.

PRODUCTION DES RICHESSES

PREMIÈRE LEÇON

Agents de la production : Terre, Travail

I. — PLAN DE LA LEÇON

I. **DÉFINITION DE L'ÉCONOMIE POLITIQUE** : Science des richesses ou science des lois d'après lesquelles la richesse **se forme, se distribue** et **se consomme.**

II. **DIVISION en trois parties principales** :
   1º Production des richesses ;
   2º Circulation et répartition des richesses ;
   3º Consommation des richesses.

III. **PRODUCTION DES RICHESSES :**
   1º **Ce qu'on nomme richesses** : L'homme a des besoins de plus en plus nombreux : toute matière qui peut les satisfaire, toute matière utile est une **richesse.** Exemples : or, argent, matières premières, talents, facultés, etc.

2° **Production** : L'homme **ne crée pas**, il ne fait que **transformer** par le **travail** la matière première que la nature lui donne. La **production** consiste donc à **transformer une chose pour la rendre utile.**

IV. **AGENTS DE LA PRODUCTION :**
1° **La Terre,**
2° **Le Travail,**
3° **Le Capital,**
4° **L'Instruction.**

V. **LA TERRE,** c'est-à-dire :
1° Le **sol** qui contient la matière minérale, les végétaux, les animaux nécessaires à notre travail ;
2° **Les forces naturelles** : vent, lumière, chaleur. eau.

VI. **LE TRAVAIL** :
1° **Définition** : Application de nos **facultés** et de nos **forces** à la production ; ou encore : effort fait pour produire un résultat utile.
2° **Importance du travail** : de lui découlent toutes les richesses privées ou publiques, les inventions et les découvertes, etc.
3° **Éléments du travail** :
 a. **Élément moral** : volonté qui entreprend ;
 b. **Élément intellectuel** : intelligence qui dirige ;
 c. **Élément physique** ; force musculaire qui exécute.
4° **Division du Travail** :
 a. Une œuvre peut être faite par un seul

ouvrier. Conséquences : longueur de temps, imperfection.

   b. Elle peut être faite par plusieurs, et chacun d'eux ne s'occupe que de la partie qu'il connait le mieux.

   c. Cette **division du travail**, cette coopération des efforts en vue de la même œuvre a pour avantages d'économiser le temps, de rendre la production beaucoup plus considérable et beaucoup plus parfaite.

8° **Associations, syndicats, coopératives** : Leurs avantages au point de vue de la production et de la perfection.

II. — RÉSUMÉ A APPRENDRE PAR CŒUR

L'**Economie politique** est une science qui étudie comment les **richesses se forment,** se **distribuent** et se **consomment**. On appelle **richesse** toute matière utile. En transformant en matières utiles les matières premières que la nature lui fournit, l'homme produit des richesses. Les agents de la **production** sont au nombre de quatre : la **terre,** le **travail,** le **capital** et l'**instruction.**

La **Terre,** c'est d'abord le **sol** avec les minéraux, les végétaux et les animaux, puis les **forces naturelles** : l'eau, le vent, la lumière, la chaleur.

Le **Travail** est l'effort fait pour produire un résultat utile. De lui découlent toutes les richesses. La **division du travail** et la **coopération** augmentent la production et diminuent la dépense.

III. — NOTES

DEUXIÈME LEÇON

Agents de la production (Suite).

Capital. — Instruction

I. — PLAN

1. **CAPITAL :**
    1º **Définition :** Toute richesse acquise ou épargnée en vue d'une consommation ou production nouvelle. — Exemples : or, argent, terre, outils, machines, talents, instruction, etc... ;
    2º **Sources du capital : travail** et **épargne.** — Le capital est légitime, il doit donc être respecté. — La propriété ou possession des richesses est un droit naturel ; — base et clef de voûte de tout l'édifice social. « Civilisation et propriété sont synonymes ».
    3º **Bienfaits du capital :** source de production, rend possibles les grandes entreprises. — Ex. : Chemins de fer, mines, etc... ;
    4º **Rapports du capital et du travail :** Indispensables l'un à l'autre ; ils doivent donc s'entr'aider.

II. **INSTRUCTION.**
Quatrième élément de la production. — En donnant à l'homme des habitudes d'ordre, de

méthode, de réflexion, d'observation, l'instruction lui permet de se livrer à un travail plus utile, plus rapide et plus rémunérateur. - L'instruction prépare les grandes inventions, les belles découvertes utiles à l'agriculture, à l'industrie et au commerce, ces sources de la richesse nationale.

III. **LES MACHINES**. — Avantages qu'elles procurent ; comment elles contribuent à accroître le bien-être général. Leur influence en particulier sur le bien-être des pauvres et des ouvriers.

IV. — RÉSUMÉ A APPRENDRE PAR CŒUR

Le **capital** est toute richesse acquise ou épargnée en vue d'une consommation ou production nouvelle : l'or, les matières premières, les outils, l'instruction, etc... sont des capitaux. Les **sources** du capital sont le **travail** et l'**épargne**. Les **bienfaits** du capital sont considérables. — Capital et travail se donnent des secours mutuels. L'**instruction** est un capital qui constitue une source abondante de production ; les grandes inventions et les belles découvertes si utiles à l'humanité sont dues à l'instruction. — Grâce à l'instruction encore les **machines** se sont développées, et, avec elles, la production et, par conséquent, la consommation.

III. — NOTES

CHAPITRE II

CIRCULATION DES RICHESSES

TROISIÈME LEÇON

Circulation de la richesse.
Échange, Monnaie, Crédit, Commerce

I. — PLAN

I. **L'ÉCHANGE :**
  1º **Définition** : Acte librement consenti entre un acheteur et un vendeur et qui consiste à donner un produit pour avoir un produit équivalent ;
  2º **Son origine et sa nécessité :** un travailleur appliqué à une seule industrie produit au-delà de ses besoins ; mais les objets qu'il ne fabrique pas lui font défaut. — De là, l'origine et la nécessité de l'échange ;
  3º **Modes des échanges :** troc, vente, monnaie ;
  4º **Bienfaits des échanges :** ils font participer tout le monde aux richesses de chacun.

II. **MONNAIE :**
  1º **Définition :** marchandise qui sert à me-

surer la valeur relative de tous les autres produits et à faciliter les échanges :
2º **Avantages :** valeur considérable sous un petit volume ; maniement et transport facile ; divisibilité ;
3º La monnaie métallique n'est pas un simple signe de la valeur, c'est la valeur elle-même déterminée par les frais de production, d'extraction, de monnayage, etc... Altérer la valeur des monnaies est donc un vol.

III. **CRÉDIT :**
1º **Définition :** Avance faite en marchandises ou en argent à une personne qui n'a pas assez de monnaie, mais qui inspire confiance par son intelligence, son honnêteté ou son travail ;
2º **Ses avantages :**
   a. Rend les capitaux plus productifs ;
   b. Pousse à l'épargne.
3º **Ses instruments :** papier-monnaie ; — effets de commerce ;
4º **Établissements de crédits.** — Banques. La Banque de France.

IV. **COMMERCE :**
1º **Son objet :** Distribution des richesses ;
2º **Ses formes :** Commerce extérieur et commerce intérieur. — Exportation et importation ;
3º **Ses moyens :** Monnaie, routes, canaux, chemins de fer, etc. ;
4º **Son influence** sur la civilisation.

V. **Résumé et conclusion.**

II. — RÉSUMÉ A APPRENDRE PAR CŒUR

La **circulation** des richesses comprend toutes les opérations par lesquelles la richesse passe d'un lieu ou d'une main à un autre lieu ou à une autre main. Elle **s'effectue** par l'échange, la monnaie, l'emploi du crédit, le commerce, etc... L'**échange** est un acte librement consenti entre un acheteur et un vendeur et qui consiste à donner un produit pour avoir un produit équivalent. La **monnaie** est une marchandise qui sert à mesurer la valeur relative de tous les autres produits et à faciliter les échanges. Le **Crédit** est une avance faite en marchandises ou en argent à une personne qui inspire confiance. Le **Commerce** a pour objet le transport des marchandises d'un lieu à un autre.

III. — NOTES

QUATRIÈME LEÇON

Répartition de la Richesse
Salaire, Intérêt

I. — PLAN

I. RÉPARTITION DE LA RICHESSE :
Travail et capital étant les éléments principaux de la production des richesses, quelle part de ces richesses revient au travail ? Quelle part au capital ? C'est là le problème de la répartition des richesses.

Réponse : Le **salaire** est la rémunération du **travail** ;
L'**intérêt** est la rémunération du **capital**.

II. SALAIRE :
1° **Définition** (v. ci-dessus) ;
2° **Taux des salaires** : il varie selon la loi de l'offre et de la commande ; selon le nombre d'ouvriers qui peuvent être occupés, etc.
3° **Inconvénients qui en résultent** : chômage, tyrannie patronale, etc.

III. INTÉRÊT :
1° **Définition** : rémunération du capital.
2° **Sa légitimité :**

  a. C'est la rétribution due pour la location d'un capital.
  b. Il est juste que le prêteur soit dédommagé.
  c. C'est une compensation pour les risques d'un non remboursement.
 3° **Son utilité :** Il stimule la production et encourage l'épargne.

IV. **RAPPORTS DU SALAIRE ET DE L'INTÉRÊT.** — Ils entrent souvent en lutte : **les Grèves.** — Recherche rapide des meilleurs moyens d'intéresser les ouvriers à la prospérité de l'établissement dans lequel ils travaillent.

V. **Résumé et Conclusion.**

II. — RÉSUMÉ A APPRENDRE PAR CŒUR

Dans les richesses produites par l'association du travail, une partie revient au travail et l'autre au capital. La part qui revient au travail se nomme **salaire**, la part qui revient au capital se nomme **intérêt.** — Salaire et intérêt sont également **légitimes.** Ils entrent souvent en conflit à cause, d'une part, de la grande variabilité du **taux des salaires**, et, d'autre part, de l'avidité et de l'autocratie patronales. — **Il serait à souhaiter que les richesses fussent plus équitablement réparties entre le travail et le capital.**

III. — NOTES

CHAPITRE III.

CONSOMMATION DES RICHESSES

CINQUIÈME LEÇON

I. — PLAN

I. **CE QU'ON ENTEND PAR CONSOMMATION DES RICHESSES,** c'est la **transformation** de leur valeur, ou leur **diminution,** ou leur **destruction** totale.

II. **SES ESPÈCES :**
- 1° **Consommations productives :** l'avoine donnée à un cheval, la semence d'où sortira une nouvelle moisson, etc...
- 2° **Consommations de luxe :**
  - *a.* Le luxe est condamnable si on lui sacrifie le nécessaire ;
  - *b.* Dépenses des villes et des États pour l'encouragement des Beaux-Arts : elles sont légitimes.
- 3° **Consommations improductives :** carreau de vitre cassé ;
- 4° **Consommations de prévoyance :**
  - *a.* Prévoyance et imprévoyance.

>   *b.* Assurances sur la vie, contre l'incendie, etc.
>
>   *c.* Institutions de prévoyance : Caisse d'épargne, Caisse nationale des retraites pour la vieillesse, Société de secours mutuels, Sociétés de retraites (1), etc.
>
>   5° **Consommations publiques :** L'impôt et le budget (V. Cours d'instruction civique).

III. **Résumé et conclusion.**

II. — RÉSUMÉ A APPRENDRE PAR CŒUR.

La richesse est faite pour être **consommée**. Elle peut être consommée plus ou moins utilement. On distingue plusieurs espèces de **consommations:** les consommations **productives**, les consommations de **luxe**, les consommations **improductives**, les consommations de **prévoyance**, les consommations **publiques**, etc. Le **travail** et l'**économie** sont les deux **sources** véritables de la **richesse** et du bien-être des individus comme des nations.

---

(1) V pages 339 et 340, note 1

III. — NOTES

LECTURE

LA GRANDE INDUSTRIE ET SES CONSÉQUENCES

On a dit avec raison que notre civilisation était avant tout une civilisation **industrielle**. En effet, les âges précédents, s'ils ont connu l'industrie, ne l'ont pas pratiquée comme nous le voyons faire aujourd'hui. Nous avons déjà eu l'occasion d'indiquer que c'est la découverte de la houille et des machines qui a donné naissance à ces immenses usines où travaillent parfois des milliers d'ouvriers de tout âge et de tout sexe. Autrefois, avant les grandes inventions de notre siècle, on travaillait surtout chez soi : c'était le régime de l'industrie familiale. Les femmes filaient chez elles la laine ou la toile, et elles pouvaient en même temps vaquer aux soins de leur ménage et s'occuper de leurs enfants. Dans la région de Lyon, par exemple, chaque maison de paysans possédait un métier à tisser la soie; ainsi les habitants des villages restaient au village, cultivant leurs terres et en même temps augmentant les revenus de leurs ménages par l'industrie à domicile. On ne connaissait pas ces grandes villes toutes peuplées d'ouvriers, comme Roubaix, Tourcoing, Saint-Etienne, Le Creusot, etc., ces énormes agglomérations où souvent les ouvriers vivent dans des conditions d'hygiène et de moralité détestables.

L'invention des machines a développé la grande industrie; les hommes sont venus par milliers, quittant la terre et la campagne, se grouper autour des usines où les femmes et les enfants eux-mêmes ont travaillé. Ainsi se sont dépeuplés nos villages; ainsi beaucoup de paysans ont abandonné le sol pour habiter les villes et se perdre dans la masse du prolétariat urbain.

La famille, qui est la base de toute société, a été désorganisée parce que la femme a quitté la maison pour l'atelier; les enfants ont travaillé eux aussi à l'usine et souvent ils y ont perdu leur santé physique et morale.

D'autre part, la facilité et la rapidité des communications par chemins de fer ou bateaux à vapeur ont rendu plus dangereuse la concurrence entre les divers pays producteurs. Ainsi, les blés de l'Amérique du Nord, produits à très bon marché dans des plaines immenses et très fertiles, viennent sur nos marchés faire concurrence aux blés français; les machines, les outils, les produits de toute sorte, fabriqués dans les usines d'Allemagne, d'Angleterre, des Etats-Unis, du Japon même, viennent lutter contre nos produits français. De là est venue la **crise** de l'agriculture et de l'industrie. Pour en conjurer les effets, pour assurer aux blés français, par exemple, une vente assez rémunératrice pour faire vivre les paysans français, on a recouru au système **protectionniste**: les blés étrangers, avant d'entrer en France, doivent acquitter un droit de 7 francs par 100 kilogr., qui compense la différence de prix de revient entre les blés français et les blés étrangers. Pour l'industrie on a adopté des mesures analogues et on s'est servi également du système **protectionniste** qui, suivant l'opinion d'un grand nombre de personnes, permet à notre industrie de se développer sans être écrasée par la concurrence trop puissante de ses voisines.

La concentration des ouvriers dans les grandes usines et dans les grandes villes, jointe à d'autres causes qu'il serait trop difficile d'exposer ici, ont créé un état de choses nouveau et qui présente de nombreux inconvénients; les ouvriers de la grande industrie sont souvent à la merci d'un chômage, d'une crise de l'industrie ou simplement d'une maladie ou d'une incapacité même momentanée de travail; souvent leur salaire suffit à peine à les nourrir; si le travail vient à cesser, c'est la misère. — On s'est préoccupé de prévenir ces graves inconvénients et de résoudre « la question sociale ». La législation a apporté des réformes utiles. Une loi de 1864 a donné aux ouvriers le droit de se coaliser, de cesser tous ensemble le travail, lorsqu'ils n'obtiennent pas satisfaction à leurs revendications. Le droit de **grève** est légitime, si les ouvriers n'en usent que pour une cause juste ; mais c'est un état de guerre préjudiciable aux deux parties et auquel il ne faut recourir qu'en cas de nécessité absolue.

La loi de 1884 a autorisé les corps de métiers à se constituer en **syndicats** : ainsi revit dans ce qu'elle avait de bon la législation de l'ancien régime sur les corporations.

Les **sociétés coopératives de production** ou de **consommation** se sont multipliées ; les **caisses de retraite**, les **assurances**, les **habitations à bon marché**, etc., se sont créées un peu partout. Le travail des femmes et des enfants a été réglementé et des inspecteurs du travail ont été chargés de veiller au bon fonctionnement des lois sociales. Tout récemment, une loi sur les **accidents du travail** vient d'être promulguée. Ainsi se multiplient de toutes parts et dans tous les partis politiques les efforts pour améliorer le sort des ouvriers. Il semble que la société soit en transformation, qu'elle cherche une voie nouvelle et qu'elle marche vers un état social plus en rapport avec sa constitution actuelle et plus soucieux de garantir l'homme contre la misère matérielle et morale.

(Manuel général).

Tableau Synoptique des Notions d'Economie Politique

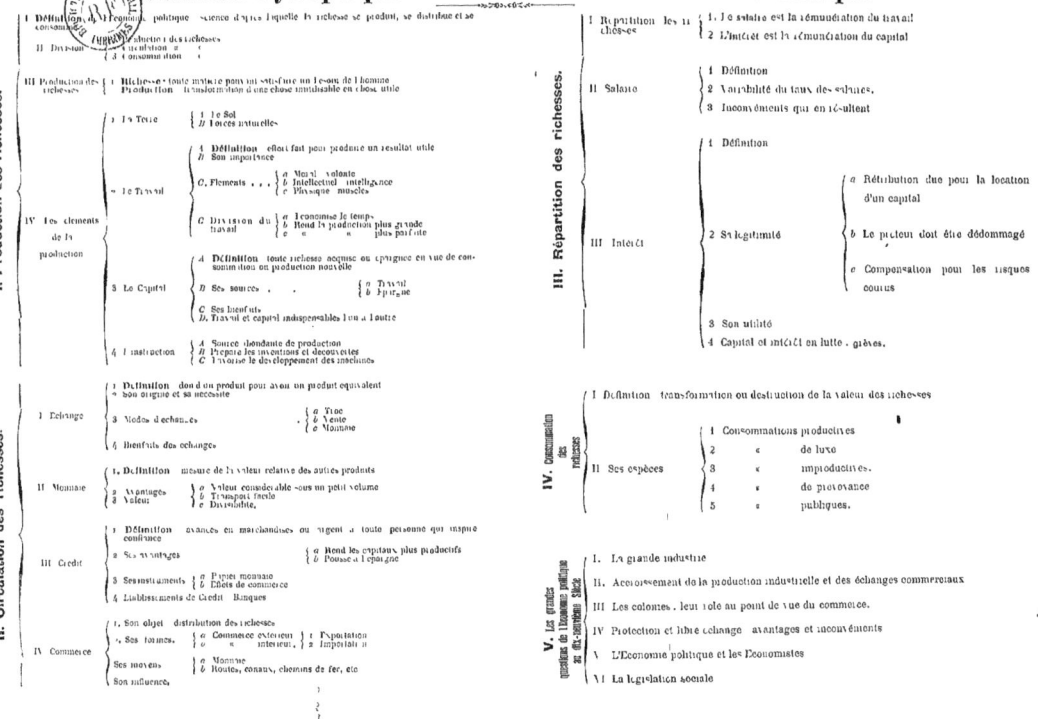

QUATRIÈME PARTIE

RÉSUMÉ D'INSTRUCTION CIVIQUE

AVERTISSEMENT

Le plan de ces **Notions d'Instruction civique** est emprunté à M. P.-Félix THOMAS, qui l'a quelque peu développé dans son charmant ouvrage : *Pierre et Suzette*, livre de lecture à l'usage des candidats au certificat d'études. (Bibliothèque d'Education, 15, rue de Cluny, Paris.)

En faisant cette déclaration, je suis heureux de rendre un public hommage de reconnaissance au maître distingué et cher, au psychologue profond, au moraliste délicat qui a, pendant plusieurs années, dans la *Revue de l'Enseignement primaire supérieur*, donné des directions et des conseils si précieux aux candidats au Professorat des Ecoles Normales et à l'Inspection primaire.

A. DÈS.

CHAPITRE I

PRINCIPES GÉNÉRAUX

Les Français d'autrefois. La Souveraineté nationale
Devoirs du Citoyen

I. — Les Français d'autrefois

Première Leçon. — **1.** Avant la Révolution, les Français étaient des **sujets**; aujourd'hui ils sont **citoyens.** Pour être de bons citoyens, il est nécessaire de connaître les **droits** et les **devoirs** que ce titre confère. Il est donc nécessaire d'étudier l'**instruction civique.**

2. Les sujets du roi étaient divisés en trois ordres : le **clergé**, la **noblesse** et le **tiers-état.** Les deux premiers jouissaient de tous les privilèges, le dernier supportait toutes les charges.

3. En proclamant les **droits de l'homme et du citoyen,** la Révolution a fait disparaître toutes ces injustices. Ces droits se divisent en droits **civils, publics** et **politiques.**

II. — Droits du citoyen français

A. — *Droits civils*

2ᵉ Leçon. — **1.** Les droits civils du citoyen

français se résument en trois mots : **égalité, liberté, propriété.**

2. L'égalité civile a pour éléments essentiels :
- *a.* L'admissibilité de tous aux places et emplois ;
- *b.* La répartition égale de l'impôt ;
- *c.* L'absence de tout privilège.

3. La **liberté individuelle** consiste dans la faculté pour tout citoyen de disposer de sa personne comme il l'entend. Elle a pour conséquence l'**inviolabilité du domicile.**

4. Le citoyen peut aussi « disposer à son gré de ses biens, de ses revenus, du fruit de son travail et de son industrie », c'est-à-dire de tout ce qui est sa **propriété** acquise légitimement.

On ne peut nous **exproprier** que pour **cause d'utilité publique.** Dans ce cas, on nous accorde une indemnité au moins égale à la valeur de notre propriété.

B. — *Droits publics.*

3ᵉ Leçon. — Les principaux droits publics du citoyen français sont : la **liberté de pensée,** la **liberté de conscience,** la **liberté du travail** et la **liberté d'association.**

1. La **liberté de pensée** est le droit de penser ce que l'on veut et de faire connaître sa pensée par la parole ou par la plume, sauf à répondre de l'abus de cette liberté dans les cas déterminés par la loi. — Comme conséquences : suppression de la censure et de tous privilèges d'imprimerie ou de librairie.

4ᵉ Leçon. — **2.** La **liberté de conscience** est une forme de la liberté de pensée ; elle consiste dans le droit de chacun à suivre la croyance qu'approuve sa conscience, à manifester au dehors cette croyance, à pratiquer publiquement un culte ou à n'en pratiquer aucun.

La liberté de conscience a pour corollaire la **liberté des cultes**. Cette liberté, toutefois, ne doit pas dégénérer en licence, et les manifestations extérieures de l'idée religieuse doivent avant tout respecter l'ordre établi par la loi.

5ᵉ Leçon. — **3.** La **liberté du travail, de l'industrie et du commerce** date également de la Révolution. Ses conséquences sont :

    a. Suppression des anciennes corporations ;
    b. Droit pour chacun d'entreprendre le travail qui lui plaît ;
    c. Droit de fabriquer dans un atelier sans règlements spéciaux ;
    d. Liberté de faire voyager les marchandises sans prohibition.

4. La liberté d'association est le droit qu'ont les hommes de mettre en commun leurs efforts et leur fortune afin de conduire à bonne fin des entreprises que des travaux collectifs ou des volontés unies permettent seuls de bien accomplir.

C. — *Droits politiques*

6ᵉ Leçon. — Droits publics et civils seraient illusoires, si nous ne pouvions participer aux affaires du gouvernement, à la confection des lois, etc. Les droits publics et civils impliquent donc des **droits politiques**. Les principaux sont :

    1. Le droit d'être **électeur** ;

2. Le droit d'être **éligible** ;
3. Le droit de **réunion** ;
4. Le droit de **pétition** à la Chambre des Députés et au Sénat.

5. A ces droits il faut encore ajouter ceux d'être témoins en matière civile ou criminelle, d'être jurés, etc.

III. — La souveraineté nationale

A. *En quoi elle consiste. Ses limites.*

7ᵉ Leçon. — **1.** Tous les citoyens ayant le droit de contribuer librement à l'élection des mandataires chargés de rédiger les lois, on peut dire que **tout pouvoir vient du peuple,** et que le **peuple se gouverne lui-même.** C'est là ce qu'on nomme la **souveraineté nationale.**

2. Electeurs et élus n'ont pas des opinions uniformes ; ce sont les opinions du plus grand nombre, c'est-à-dire de la **majorité** qui font la loi.

3. Mais le pouvoir de la majorité a ses **limites** déterminées par les droits naturels de chaque citoyen.

4. La souveraineté nationale confère donc à ses mandataires un pouvoir **protecteur** et non **oppressif.**

B. — *Comment s'exerce la Souveraineté nationale : le Suffrage universel.*

8ᵉ Leçon. — **1.** Le pouvoir vient du peuple, mais le **peuple ne peut l'exercer lui-même.** Il le délègue à des mandataires : maires, conseillers généraux, députés, sénateurs, président de la République.

Le **suffrage universel** est une conséquence de la souveraineté nationale.

2. Le suffrage universel s'exerce d'une **manière directe** ou d'une **manière indirecte :**

    a. Les électeurs élisent directement les conseillers municipaux et les députés : c'est le **suffrage au premier degré.**

    b. Les conseillers municipaux élisent le maire : c'est le **suffrage au deuxième degré.**

    c. Les députés et les sénateurs élisent le Président de la République : **c'est le suffrage au troisième degré.**

9ᵉ Leçon. — **3.** Si les électeurs votent pour un seul candidat, le scrutin est dit **uninominal** ; s'ils votent pour plusieurs à la fois, le scrutin porte le nom de **scrutin de liste**. Les conseillers municipaux sont élus au scrutin de liste ; les députés au scrutin uninominal ou d'arrondissement.

4. Le scrutin est **secret** et l'électeur est **libre** de voter pour qui bon lui semble. La corruption et l'intimidation sont punies par la loi ; elles entraînent l'**invalidation** et l'**annulation.**

10ᵉ Leçon. — **5.** Le scrutin est ouvert toute une journée. Quand il est clos, on fait le **dépouillement** des bulletins déposés dans l'urne. Les candidats qui ont réuni la **majorité absolue,** c'est-à-dire la moitié plus un des suffrages exprimés et un nombre de voix au moins égal au quart des électeurs inscrits, sont proclamés élus.

Si cette double condition n'est pas remplie, on

procède à de nouvelles élections dites de **ballottage.** Il suffit alors de réunir plus de voix que les concurrents, d'avoir la **majorité relative,** pour être déclaré élu.

Exemple : faire voter les élèves.

IV. — Devoirs du citoyen.

11ᵉ Leçon. — Si nos droits sont nombreux, nos devoirs le sont également. Les principaux sont :

1. Le devoir d'**obéir à la loi.** La loi n'exprime plus une volonté arbitraire, mais une volonté générale et réfléchie, la volonté nationale. Si une loi nous paraît mal faite, nous avons le droit d'en demander l'abrogation par l'intermédiaire de nos mandataires, mais tant qu'elle existe, nous lui devons une obéissance absolue.

2. Le **devoir de voter** est tout aussi obligatoire **moralement.** S'abstenir, c'est montrer qu'on se désintéresse des affaires de l'Etat, c'est s'enlever le droit de se plaindre et de critiquer les actes gouvernementaux, c'est porter, parfois, le plus grave préjudice à la nation tout entière.

12ᵉ Leçon. — **3.** Les autres devoirs consistent :
- *a.* Dans l'**obligation scolaire :** les parents sont tenus d'envoyer leurs enfants à l'école de six à treize ans ;
- *b.* Dans l'**obligation de payer l'impôt** et de contribuer ainsi aux charges de l'Etat ;
- *c.* Dans l'**obligation de se soumettre au service militaire** et de défendre la Patrie.

4. L'étendue de tous ces devoirs ne peut être bien

comprise qu'après examen détaillé de l'organisme social et des différents pouvoirs qui garantissent l'ordre et la sécurité nationale.

V. — Déclaration des Droits de l'Homme et du Citoyen. — Préambule.

13ᵉ Leçon. — Les représentants du peuple français, constitués en assemblée nationale, considérant que l'ignorance, l'oubli ou le mépris des droits de l'homme sont les seules causes des malheurs publics et de la corruption des gouvernements, ont résolu d'exposer, dans une déclaration solennelle, les droits naturels, inaliénables et sacrés de l'homme, afin que cette déclaration, constamment présente à tous les membres du corps social, leur rappelle sans cesse leurs droits et leurs devoirs; afin que les actes du pouvoir législatif et ceux du pouvoir exécutif, pouvant être à chaque instant comparés avec le but de toute institution politique, en soient plus respectés; afin que les réclamations des citoyens, fondées désormais sur des principes simples et incontestables, tournent toujours au maintien de la constitution et du bonheur de tous.

En conséquence, l'Assemblée nationale reconnait et déclare, en présence et sous les auspices de l'Être suprême, les droits suivants de l'homme et du citoyen:

Article premier

Les hommes naissent et demeurent libres et égaux en droits. Les distinctions sociales ne peuvent être fondées que sur l'utilité commune.

II

Le but de toute association politique est la conservation de droits naturels et imprescriptibles de l'homme; ces droits sont : la liberté, la propriété, la sûreté et la résistance à l'oppression.

III

Le principe de toute souveraineté réside essentiellement dans la nation ; nul corps, nul individu ne peut exercer d'autorité qui n'en émane expressément.

IV

La liberté consiste à pouvoir faire tout ce qui ne nuit pas à autrui. Ainsi, l'exercice des droits naturels de chaque homme n'a de bornes que celles qui assurent aux autres membres de la société la jouissance de ces mêmes droits ; ces bornes ne peuvent être déterminées que par la loi.

V

La loi n'a le droit de défendre que les actions nuisibles à la société. Tout ce qui n'est pas défendu par la loi ne peut être empêché, et nul ne peut être contraint à faire ce qu'elle n'ordonne pas.

VI

La loi est l'expression de la volonté générale; tous les citoyens ont droit de concourir personnellement, ou par leurs représentants, à sa formation ; elle doit être la même pour tous, soit qu'elle protège, soit qu'elle punisse. Tous les citoyens étant égaux, sont également admissibles à toutes dignités, places et emplois publics, selon leur capacité, et sans autres distinctions que celles de leurs vertus et de leurs talents.

VII

Nul homme ne peut être accusé, arrêté, ni détenu que dans les cas déterminés par la loi, et selon les formes qu'elle a prescrites. Ceux qui sollicitent, expédient, exécutent ou font exécuter des ordres arbitraires, doivent être punis; mais tout citoyen appelé ou saisi en vertu de la loi, doit obéir à l'instant; il se rend coupable par sa résistance.

VIII

La loi ne doit établir que des peines strictement et évidemment nécessaires et nul ne peut être puni qu'en vertu d'une loi établie et promulguée antérieurement au délit, et légalement appliquée.

IX

Tout homme étant présumé innocent jusqu'à ce qu'il ait été déclaré coupable, s'il est jugé indispensable de l'arrêter, toute rigueur qui ne serait pas nécessaire pour s'assurer de sa personne doit être sévèrement réprimée par la loi.

X

Nul ne doit être inquiété pour ses opinions, même religieuses, pourvu que leur manifestation ne trouble pas l'ordre public établi par la loi.

XI

La libre communication des pensées et des opinions est un des droits les plus précieux de l'homme: tout citoyen peut donc parler, écrire, imprimer librement, sauf à répondre de l'abus de cette liberté dans les cas déterminés par la loi.

XII

La garantie des droits de l'homme et du citoyen nécessite une force publique ; cette force est donc instituée pour l'avantage de tous, et non pour l'utilité particulière de ceux à qui elle est confiée.

XIII

Pour l'entretien de la force publique et pour les dépenses d'administration, une contribution commune est indispensable ; elle doit être également répartie entre tous les citoyens, en raison de leurs facultés.

XIV

Les citoyens ont le droit de constater, par eux-mêmes ou par leurs représentants, la nécessité de la contribution publique, de la consentir librement, d'en suivre l'emploi, et d'en déterminer la quotité, l'assiette, le recouvrement et la durée.

XV

La société a le droit de demander compte à tout agent public de son administration.

XVI

Toute société, dans laquelle la garantie des droits n'est pas assurée, ni la séparation des pouvoirs déterminée, n'a point de constitution.

XVII

La propriété étant un droit inviolable et sacré, nul ne peut en être privé, si ce n'est lorsque la nécessité publique, légalement constatée, l'exige évidemment, et sous la condition d'une juste et préalable indemnité.

CHAPITRE II

Divisions administratives de la France.

14ᵉ Leçon. — Avant 1789, la France était divisée en 32 provinces ayant chacune sa physionomie propre. L'Assemblée nationale Constituante a fondé l'unité nationale en divisant la France en **départements** soumis à une même organisation politique et administrative. Les départements ont été subdivisés en **arrondissements,** les arrondissements en **cantons,** les cantons en **communes.**

I. — La Commune.

15ᵉ Leçon. — **1.** La commune est la plus petite des subdivisions du territoire français. Ses limites sont fixées par la loi. La France compte plus de 36.000 communes. La guerre de 1870 nous en a enlevé 1860.

2. La commune est une **personne civile :** elle a le droit d'acheter, de vendre. de plaider. etc.

3. Elle est administrée par le **maire,** assisté d'un ou de plusieurs **adjoints,** et par le **Conseil municipal.**

A. — *Le Maire et ses attributions.*

16ᵉ Leçon. — **1.** Le maire est à la fois **agent du**

gouvernement et **mandataire spécial de la commune**.

2. Comme **agent du gouvernement,** le maire fait publier et exécuter les lois ; il veille à la revision des listes électorales, au recensement des jeunes conscrits, etc.

3. Comme **représentant de la commune,** il est chargé de la police municipale, de l'administration des propriétés de la commune, de la gestion de ses revenus ; il prépare le budget. il nomme aux emplois communaux, etc.

4. Le maire est, en outre, **officier de l'état civil** et **officier de police judiciaire**. A ce dernier titre, il est chargé, en cas de crime ou de délit, de faire une instruction préparatoire contre les accusés.

17ᵉ Leçon. — **5.** L'**adjoint** remplace le maire empêché. En outre, il peut, par délégation spéciale du maire, exercer une partie de l'administration municipale. Le nombre d'adjoints varie avec la population : jusqu'à 2.500 âmes, il y a un adjoint; de 2,500 à 10,000, il y en a 2. Au-dessus de 10.000 habitants, il y a un adjoint de plus par chaque excédent de 25,000 habitants, sans que le nombre des adjoints puisse dépasser 12.

6. Lorsque le maire et les adjoints sont empêchés, les fonctions de maire sont exercées par les conseillers municipaux pris dans l'ordre du tableau.

B. — *Le Conseil municipal.*

18ᵉ Leçon. — **1.** Le **Conseil municipal** est une assemblée qui compte de dix à trente-six membres, et qui est élue pour **quatre ans** au scrutin de liste.

2. Le Conseil municipal **élit** le maire et les adjoints qu'il prend dans son sein ; il **contrôle** leur administration ; il vote le **budget** ; il nomme les **délégués sénatoriaux** ; il **délibère** sur toutes les affaires qui intéressent la commune.

3. Le Conseil municipal tient quatre **sessions ordinaires** par an **(février, mai, août, novembre)**, et, avec l'autorisation du préfet, autant de **sessions extraordinaires** que les nécessités du service communal l'exigent.

4. Lyon et Paris ont une législation et une administration municipales particulières.

C. — *Budget Communal.*

19ᵉ Leçon. — **1.** Le **budget communal** est le tableau des dépenses et des recettes annuelles de la commune. Il est préparé par le maire, voté par le Conseil municipal et approuvé par le préfet.

2. Il y a deux catégories de dépenses :
  a. Les **dépenses ordinaires :** traitement des employés, frais d'entretien des chemins vicinaux, des écoles, des fontaines, service des emprunts, etc.
  b. Les **dépenses extraordinaires :** dons, souscriptions, frais d'embellissement, etc.

3. Il y a également des recettes ordinaires et des recettes extraordinaires. Les recettes de la commune proviennent des revenus de toutes sortes : biens communaux, octrois, centimes additionnels, subventions du département, de l'Etat, etc.

4. Les recettes sont perçues par le **receveur municipal** dans les grandes communes et par le **percepteur** dans les petites.

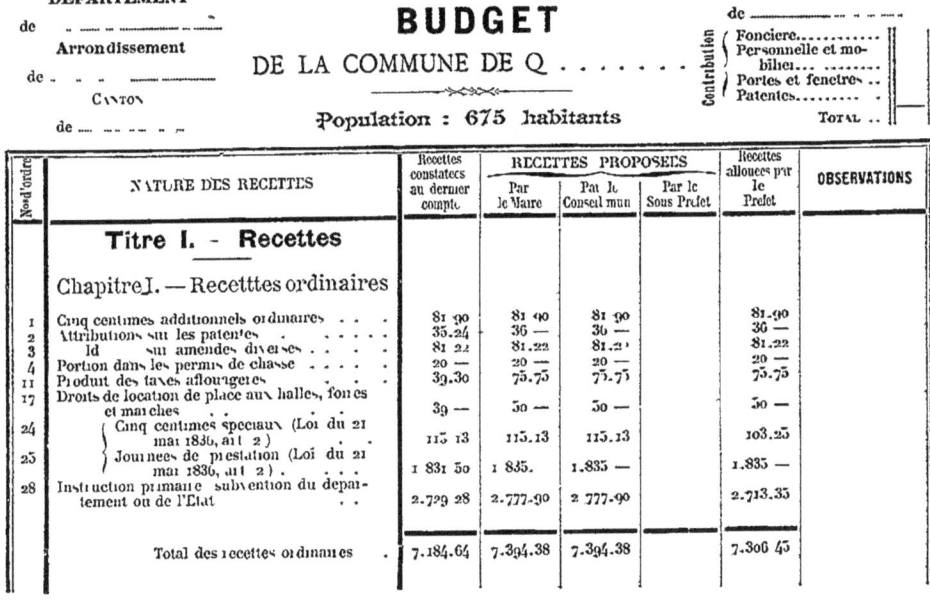

DÉPARTEMENT
de ....
Arrondissement
de ....
Canton
de ....

BUDGET
DE LA COMMUNE DE Q........
Population : 675 habitants

PERCEPTION
de ....
Contribution { Foncière............
Personnelle et mobilière......
Portes et fenêtres..
Patentes...........
Total ..

N° d'ordre	NATURE DES RECETTES	Recettes constatées au dernier compte	RECETTES PROPOSÉES			Recettes allouées par le Préfet	OBSERVATIONS
			Par le Maire	Par le Conseil mun.	Par le Sous Préfet		
	Titre I. - Recettes						
	Chapitre I. — Recettes ordinaires						
1	Cinq centimes additionnels ordinaires	81 90	81 90	81 90		81-90	
2	Attributions sur les patentes	35.24	36 —	36 —		36 —	
3	Id. sur amendes diverses	81 22	81.22	81.22		81.22	
4	Portion dans les permis de chasse	20 —	20 —	20 —		20 —	
11	Produit des taxes aflouagères	39.30	75.75	75.75		75.75	
17	Droits de location de place aux halles, foires et marchés	39 —	50 —	50 —		50 —	
24	Cinq centimes spéciaux (Loi du 21 mai 1836, art 2)	115 13	115.13	115.13		103.25	
25	Journées de prestation (Loi du 21 mai 1836, art 2)	1 831 50	1 835.	1.835 —		1.835 —	
28	Instruction primaire subvention du département ou de l'État	2.729 28	2.777-90	2 777-90		2.713.35	
	Total des recettes ordinaires	7.184.64	7.394.38	7.394.38		7.306 45	

N° d'ordre	NATURE DES RECETTES	Recettes constatées au dernier compte	RECETTES PROPOSÉES			Recettes allouées par le Préfet	OBSERVATIONS
			Par le Maire	Par le Conseil mun	Par le Sous-préfet		
8	Chapitre II. — Recettes extraordin. Imposition pour fontaines autorisée par décret du 12 février 1883..	990.10	990.10	990.10		990.10	
	Total des recettes extraordinaires ..	990.10	990.10	990.10		990.10	

Récapitulation

	Total des recettes ordinaires ..	7 184 64	7.394 38	7 394 38		7.306.45	
	Total des recettes extraordinaires	990 10	990 10	990.10		990.10	
	Total général des recettes .	8 174 74	8 384 48	8.384.48		8.296.55	

N° d'ordre	NATURE DES DÉPENSES	Dépenses constatées au dernier compte	DEPENSES PROPOSEES			Dépenses allouées par le Préfet	OBSERVATIONS
			Par le Maire	Par le Conseil mun.	Par le Sous-préfet		
	Titre II. — Dépenses						
	Chapitre I. — Dépenses ordinaires						
	§ 1er — *Dépenses obligatoires*						
3	Registres de l'état civil..............	34 10	34 10	34.10		34 10	
14	Traitement du secrétaire de la mairie........	140 «	140 «	140 «		140 «	
15	Frais de bureau de la mairie............	35 «	35 «	35 «		35 «	
16	Loyer de la maison d'école.............	90 «	90 «	90 «		90 «	
17	Entretien des chemins vicinaux..........	1 983 63	1.835 «	1.835 «		1.835 «	
18	Traitement du garde-champêtre...........	120 «	120 «	120 «		120 «	
	Total des dépenses obligatoires...	6.806 08	6 806.08	6 806 08		6 861 30	
	§. 2 — *Dépenses facultatives*						
1	Traitement du tambour de ville	40 «	40 «	40 «		40 «	
2	Achat d'une pompe à incendie...........	300 «	255 «	255 «		111 85	
3	Indemnité au facteur de ville	30 «	30 «	30 «		30 «	
4	Procès avec l'Etat (question forestière).....	150 «	150 «	150 «		150 «	
	Total des dépenses facultatives..........		588 30	588.30		445 15	
	Total reporté des dépenses obligatoires.....		6.806.08	6.806.08		6.861 30	
	Total des dépenses ordinaires.....		7.394.38	7.394 38		7.306.45	

N° d'ordre	NATURE DES DÉPENSES	Dépenses constatées au dernier compte	DÉPENSES PROPOSÉES			Dépenses allouées par le Préfet	OBSERVATIONS
			Par le Maire	Par le Conseil mun.	Par le Sous-préfet		
	Chapitre II. — Dépenses extraordin.						
15	Remboursement d'emprunt pour fontaines communales autorisé par décret du 12 février 1883 { Capital : 14 000 francs / Intérêts 990 10 «	990 10	990 10	990 10		990.10	
	Total des dépenses extraordinaires .	990 10	990 10	990.10		990 10	

Récapitulation

Total des dépenses ordinaires		7 394 38	7 394 38		7.306.45	
Total des dépenses extraordinaires. . .	990.10	990.10	990.10		990.10	
Total général des dépenses ..		8.384.48	8.384.48		8.296.55	

Récapitulation Générale

| | SUIVANT LES PROPOSITIONS ||| Suivant la décision du Préfet | OBSERVATIONS |
	du Maire	du Conseil municipal	du Sous-préfet		
Recettes (total général)	8.384.48	8 384 48	«	8.296.55	
Dépenses (total général)	8 384 48	8.384.48	«	8.296.55	
Excédent ou déficit	« «	« «	«	« «	

Le présent budget présenté par nous, maire et membres du Conseil municipal de _____, réunis en session ordinaire, conformément à la loi _____ le 30 mai 1888. *(Suivent les signatures)*

Le Préfet du département de _____ arrête le budget ci-dessus de la Commune de _____ pour l'exercice 1889, savoir :

  En recettes de toute nature, à la somme de . . . . 8 296 fr. 55
  En dépenses de toute nature à celle de . . . . 8.296 « 55

Et autorise M. le maire à délivrer des mandats sur le receveur municipal jusqu'à concurrence des allocations portées dans la 6ᵉ colonne, sans pouvoir excéder ces allocations ni disposer de la somme restant libre, avant d'en avoir obtenu l'autorisation sur une demande délibérée en Conseil municipal.

  A _____, le _____

                  LE PRÉFET,
                  (Suit la signature).

II. — Le Canton

20ᵉ Leçon. — **1.** Le **Canton** n'est qu'une simple subdivision territoriale comprenant plusieurs communes. La plus importante porte ordinairement le nom de **chef-lieu de canton.**

2. Le chef-lieu de canton est le siège de la **justice de paix,** du **tirage au sort** et de la **revision.**

3. Chaque canton a une ou plusieurs **brigades de gendarmerie,** un **conseiller général,** un ou deux **conseillers d'arrondissement,** un ou plusieurs **percepteurs,** un **receveur de l'enregistrement,** plusieurs délégués cantonaux, etc.

III. — L'Arrondissement

21ᵉ Leçon. **1.** L'**Arrondissement** est une circonscription **administrative** et **judiciaire** comprenant plusieurs cantons.

2. L'arrondissement est administré par un **sous-préfet** assisté d'un conseil d'arrondissement. Les attributions du sous-préfet sont peu étendues : il n'est qu'un simple agent de transmission entre le préfet, les maires et les particuliers.

3. Le **Conseil d'arrondissement,** composé d'au moins neuf membres, est élu pour six ans et est renouvelable par moitié tous les trois ans.

Il a pour attribution essentielle de répartir les contributions entre les communes ; pour le surplus, il n'a que des attributions consultatives et le droit d'émettre des vœux sur les besoins de la région.

4. Chaque arrondissement a un **tribunal de**

première instance, un **receveur particulier des finances,** une **lieutenance de gendarmerie,** un ou plusieurs **inspecteurs primaires,** etc.

IV. — Le Département

22ᵉ Leçon. — **1.** Le **Département** est une division administrative et politique du territoire français. La France compte actuellement quatre-vingt-six départements sans le territoire de Belfort et les trois départements de l'Algérie.

2. Le Département, comme la commune, est une personne civile.

3. L'administration du département se compose des éléments suivants : le Préfet, le Secrétaire général, le Conseil de préfecture et le Conseil général.

A. — *Le Préfet*

1. Le **Préfet** est nommé par le Président de la République et relève du Ministre de l'Intérieur.

2. Il est, à la fois, agent du gouvernement et représentant du département.

a. Comme **agent du gouvernement,** il assure l'exécution des lois, fait des règlements applicables à tout le département, nomme et révoque les agents inférieurs des administrations, etc.

b. Comme **représentant du département** il fait exécuter les décisions du Conseil général, contrôle l'administration communale, etc.

B. — *Le Secrétaire général*

23ᵉ Leçon. — Le **Secrétaire général** est nommé

par le Président de la République pour assister ou, en cas d'absence, remplacer le préfet.

C. — *Le Conseil de préfecture*

1. Le **Conseil de préfecture** est composé de trois ou quatre membres nommés par le Président de la République. Il est présidé par le préfet ou par un des conseillers de préfecture désigné, chaque année, par le Président de la République.

2. Le Conseil de préfecture assiste le Préfet dans l'administration départementale. C'est aussi lui qui accorde ou refuse aux communes l'autorisation qui leur est nécessaire pour plaider, qui valide ou annule les élections municipales, qui tranche les contestations qui surgissent entre les administrations et les entrepreneurs.

D. — *Le Conseil général*

24ᵉ Leçon. — **1.** Le **Conseil général** est une assemblée d'au moins autant de membres qu'il y a de cantons dans le département. Il est élu pour six ans au suffrage universel ; il est renouvelé par moitié tous les trois ans.

2. Il tient deux **sessions ordinaires** par an et peut se réunir en **session extraordinaire.**

3. Il est chargé de voter le budget du département, de répartir les contributions directes entre les arrondissements, de contrôler l'administration du Préfet, etc. C'est à lui que revient la gestion des intérêts du département. Il donne des avis quand il est consulté et émet des vœux d'ordre administratif et économique.

CHAPITRE III

I. — L'Etat

25ᵉ Leçon. — 1. L'État est la réunion de toutes les parties du territoire soumises aux mêmes lois.

2. De même que la commune et le département, l'Etat a une administration qui s'appelle le **gouvernement**. Les formes du gouvernement varient selon les temps et les pays. Les principales sont :
- *a.* La **Monarchie absolue** (Russie);
- *b.* La **Monarchie constitutionnelle** (Angleterre);
- *c.* La **République** (France).

3. L'ensemble des lois qui établissent la forme du gouvernement, qui règlent les pouvoirs de l'Etat et qui fixent les droits et les devoirs des citoyens vis-à-vis de l'Etat, prend le nom de **Constitution.**

En France, la République, proclamée le 4 septembre 1870, a été organisée par la Constitution de 1875.

4. Cette constitution a confié le gouvernement à trois Pouvoirs : le **Pouvoir législatif,** le **Pouvoir exécutif** et le **Pouvoir judiciaire,** qu'elle a rendus indépendants les uns des autres.

II. — Le Pouvoir législatif

A. — *La Chambre des Députés et le Sénat.*

26ᵉ Leçon. —Le **Pouvoir législatif** vote, revise

ou abroge les lois. Il est exercé par deux assemblées: la Chambre des Députés et le Sénat.

1. Les **Députés,** qui siègent au Palais-Bourbon, sont élus au scrutin d'arrondissement par le suffrage universel. La durée de leur mandat est de quatre ans. Ils sont nommés dans les arrondissements à raison de un par cent mille habitants ou fraction de cent mille. Pour être éligible, il faut avoir au moins 25 ans et ne pas se trouver dans un des cas d'incompatibilité prévus par la loi.

2. Les Députés sont **inviolables** et reçoivent une indemnité annuelle de 9000 francs.

3. La Chambre des Députés vote les lois concurremment avec le Sénat, examine la première les lois de finances et exerce un contrôle sur la politique du ministère.

27ᵉ Leçon. — **4.** Le **Sénat,** qui siège au Luxembourg, se compose de 300 membres élus dans les départements au scrutin de liste par un collège électoral composé des Députés, des Conseillers généraux, des Conseillers d'arrondissement et des Délégués des Conseils municipaux.

Les Sénateurs sont élus pour neuf ans; ils se renouvellent par tiers tous les trois ans. Ils sont inviolables et reçoivent une indemnité annuelle de 9000 francs. Pour être éligible, il faut avoir au moins 40 ans et jouir de ses droits civils et politiques.

5. Le Sénat vote les lois; il peut se constituer en **Haute Cour de justice** pour juger le Président de la République et les Ministres coupables de haute trahison; il peut autoriser le Président de la République à dissoudre la Chambre des Députés.

6. Enfin la Chambre des Députés et le Sénat peuvent se réunir en **Congrès**, à Versailles, pour nommer le Président de la République, reviser la Constitution, etc.

B. — *Confection des Lois*

28ᵉ Leçon. — **1.** L'initiative des lois appartient au gouvernement, aux députés et aux sénateurs. Une loi proposée par le gouvernement se nomme **projet** de loi ; une loi proposée par un député ou un sénateur se nomme **proposition** de loi.

2. Seules, les propositions de lois sont d'abord renvoyées à l'étude d'une **commission,** puis discutées par les deux Chambres à tour de rôle et à deux reprises différentes. C'est ce qu'on appelle les deux **lectures.** Pour aller plus vite, on peut demander **l'urgence,** c'est-à-dire la suppression de la première lecture. Les projets de lois sont de plein droit discutés par les Chambres.

3. Une loi n'est définitivement votée que lorsque les deux Chambres se sont mises d'accord sur le même texte. Elle est ensuite promulguée par le Président de la République.

III. — Le Pouvoir Exécutif.

29ᵉ Leçon. — Le **Pouvoir exécutif** promulgue les lois et en assure l'exécution. Il est exercé par le Président de la République et les ministres.

A. — *Le Président de la République.*

1. Le **Président de la République** est nommé pour sept ans par la Chambre des Députés et le

Sénat, réunis en **Congrès** à Versailles. Il est rééligible.

2. Il assure et surveille l'exécution des lois ; — il peut dissoudre la Chambre des Députés sur l'avis conforme du Sénat ; — il nomme les ministres et les ambassadeurs ; — il nomme à tous les emplois civils et militaires avec le contreseing d'un ministre ; — il négocie et signe les traités ; — il peut déclarer la guerre, mais avec l'assentiment des Chambres ; — il a le droit de grâce, etc.

3. Il est **irresponsable,** sauf le cas de haute trahison.

B. — *Les Ministres.*

30ᵉ Leçon. — **1.** Les **ministres,** nommés par le Président de la République, exercent le pouvoir exécutif en son nom et sous le contrôle des Chambres.

2. Leur réunion constitue le **ministère,** dirigé par l'un d'eux appelé le **Président du Conseil.**

3. Les ministres contresignent les décrets du Président de la République, assurent l'exécution des lois et dirigent, chacun individuellement, la partie de l'administration qui leur est confiée.

4. Ils doivent répondre devant les Chambres de la politique générale qu'ils suivent et de leurs actes particuliers. Ils se retirent sous un vote de **défiance** ou de **blâme.**

5. Il y a actuellement onze ministères :

    1º Le ministère de l'*Intérieur ;*
    2º   —   de la *Justice ;*
    3º   —   de l'*Instruction publique,* des *Cultes* et des *Beaux-Arts ;*

4° Le ministère de la *Guerre;*
5°   —   de la *Marine;*
6°   —   des *Colonies;*
7°   —   des *Finances;*
8°   —   des *Affaires étrangères;*
9°   —   des *Travaux publics;*
10°   —   du *Commerce* et de l'*Industrie;*
11°   —   de l'*Agriculture.*

IV. — Le Pouvoir judiciaire

31ᵉ Leçon. — **1.** Le **Pouvoir judiciaire** est une branche du Pouvoir exécutif. Il est chargé de **rendre la justice** conformément aux lois.

2. La justice est rendue dans les **tribunaux** par des **magistrats** qui dépendent du Ministère de la justice.

On distingue :

a. Les **tribunaux civils,** chargés de juger les contestations entre les particuliers ;

b. Les **tribunaux criminels,** chargés de réprimer les contraventions, les délits et les crimes.

c. Les **tribunaux administratifs,** chargés de juger les affaires dans lesquelles l'administration est en jeu ;

d. Les **tribunaux spéciaux,** tels que tribunaux de commerce, conseils de guerre, etc.

3. La plupart de ces tribunaux jugent à la fois au civil et au criminel.

A. — *Justice de paix*

32ᵉ Leçon. —**1.** Il y a, au chef-lieu de chaque canton, un **juge de paix** assisté de deux suppléants, et nommé par le Président de la République.

2. Au **civil,** le juge de paix cherche d'abord à concilier les plaideurs ; s'il n'y réussit pas, il rend un jugement à la condition que le litige n'excède pas 1,500 fr. Si le litige n'atteint pas 100 francs, le jugement est définitif ; s'il est supérieur à 100 francs, les plaideurs peuvent en appeler devant le tribunal de première instance.

3. Au **correctionnel,** le juge de paix condamne les légères infractions à la loi d'une amende qui ne peut dépasser 15 francs et d'un emprisonnement de cinq jours au plus.

4. Le juge de paix remplit encore des fonctions extra-judiciaires : il nomme et préside les conseils de famille, il appose les scellés, etc.

5. A l'audience, le juge de paix est assisté d'un greffier.

B. — *Tribunaux de première instance*
Tribunaux correctionnels

33ᵉ Leçon. — **1.** Dans chaque arrondissement, il y a un **tribunal de première instance** composé de trois juges au moins, d'un ou plusieurs commis-greffiers.

2. Au **civil**, il juge les contestations :
  a. En dernier ressort, jusqu'à 1500 francs.
  b. En premier ressort, au-dessus de 1500 francs.

3. Les plaideurs sont représentés par des **avoués** et des **avocats.**

4. Quand il juge au **criminel,** le tribunal de première instance prend le nom de **tribunal correctionnel.** Il juge les délits qui entraînent une amende d'au moins quinze francs et un emprisonnement de six mois à cinq ans.

5. Auprès du tribunal correctionnel, il y a un **procureur de la République** assisté d'un ou plusieurs **substituts** (Parquet) et un **juge d'instruction.**

C. — *Cours d'appel*

34ᵉ Leçon. — **1.** Il y a en France 26 **Cours d'appel.** Chacune d'elles est composée :
 a. D'un premier président ;
 b. D'un ou de plusieurs présidents de chambre ;
 c. De conseillers ;

2. Auprès de la Cour d'appel se trouvent :
 a. Un procureur général assisté d'un ou plusieurs substituts, et
 b. Un avocat général,
qui constituent le parquet ;
 c. Des avoués, des avocats, des huissiers, etc.

3. La Cour d'appel reçoit les appels des tribunaux de première instance, confirme les jugements ou les réforme par un nouvel **arrêt.** Cet arrêt est définitif si un vice de procédure ou une fausse application de la loi ne motivent un recours en cassation.

D. — *Cours d'assises*

35ᵉ Leçon. — **1.** Les **Cours d'assises** sont des tribunaux **temporaires** qui siègent tous les trimestres au chef-lieu du département et qui sont composés :
 a. D'un **Jury.**
 b. De la **Cour.**

2. Le **Jury** est formé par douze citoyens tirés au

sort sur une liste spéciale ; il est chargé de déclarer si **oui** ou **non** l'accusé est coupable.

3. La **Cour** comprend un juge **président**, conseiller de la Cour d'appel, deux juges **assesseurs** et un **membre** du parquet, chargé de soutenir l'accusation. La cour prononce la condamnation ou l'acquittement suivant le **verdict** du jury.

4. La cour d'assises juge les crimes. tels que assassinats, faux, etc.

E. — *Cour de Cassation.*

36ᵉ Leçon. — **1.** La **Cour de Cassation** est un tribunal suprême siégeant à Paris et composé d'un premier président, de présidents de Chambre et de conseillers. Tous ces magistrats sont nommés par le gouvernement et inamovibles.

2. La Cour de cassation recherche si les jugements rendus par les autres tribunaux l'ont été conformément à la loi. Elle ne statue pas sur le fond du procès ; mais, en cas de violation des formes légales, elle renvoie devant une nouvelle juridiction.

Elle juge enfin les magistrats inamovibles (magistrature assise) et les exclut de la magistrature, s'ils ont manqué à leurs devoirs.

F. — *Tribunaux administratifs.* — *Tribunaux spéciaux.*

37ᵉ Leçon. — **1.** Les principaux tribunaux **administratifs** sont :

a. Le **Conseil de Préfecture,** qui juge les contestations entre les particuliers et l'administration départementale ;

b. Le **Conseil d'État,** qui juge en dernier ressort les affaires déjà examinées par les autres tribunaux administratifs, qui donne son avis sur les projets de loi que le gouvernement lui soumet, qui annule, pour abus de pouvoir, les actes des ministres, préfets, etc. ;

c. Le **Tribunal des Conflits,** qui juge les différends entre l'autorité administrative et l'autorité judiciaire.

2. Les principaux tribunaux spéciaux sont :
- *a.* Les **Tribunaux de Commerce** (commerçants);
- *b.* Les **Conseils de Prud'hommes** (patrons et ouvriers);
- *c.* Les **Conseils de guerre.**

CHAPITRE IV.

Les Services de l'État.

I. — **La Force publique.**

38ᵉ Leçon. — La force publique est chargée d'assurer l'ordre à l'intérieur et de protéger la nation contre les ennemis du dehors. Elle comprend l'armée de terre et de mer, la gendarmerie et la police.

A. — *L'Armée de terre.*

1. Tout Français, reconnu bon pour le service militaire, est soldat de 20 à 45 ans. Sont dispensés de deux années : les membres de l'enseignement, les ministres des cultes, les élèves des grandes écoles, les soutiens de famille et les frères de soldats. Les individus condamnés pour vol, crime, etc., ne sont pas soldats.

2. De 20 à 23 ans, le soldat fait partie de l'**armée active ;**

De 23 à 33 ans, il fait partie de la **réserve de**

l'armée active et est astreint à deux périodes de 28 jours ;

De 33 à 39 ans, il fait partie de l'**armée territoriale** et doit faire deux périodes de 13 jours ;

De 39 a 45 ans, il est versé dans la **réserve de l'armée territoriale.**

39ᵉ Leçon. — **3.** L'armée de terre, qui relève du ministre de la guerre, comprend dix-neuf corps d'armée, commandés chacun par un **général commandant de corps.**

Chaque corps se compose de quatre sortes de troupes :

    a. L'infanterie ;
    b. La cavalerie ;
    c. L'artillerie ;
    d. Le génie ;

et de services auxiliaires :

    a. L'intendance ;
    b. Le service médical ;
    c. Le service des poudres et munitions ;
    d. Le service des postes et télégraphes.

4. Les grades de l'armée de terre sont :

INFANTERIE.	CAVALERIE ou ARTILLERIE.
Soldats.	
Soldat de 1ʳᵉ classe.	Cavalier de 1ʳᵉ classe.
Caporal.	Brigadier.
Sous-Officiers.	
Sergent.	Maréchal des logis.
Sergent-Major.	Maréchal des logis chef.
Adjudant.	Adjudant.

INFANTERIE	CAVALERIE OU ARTILLERIE
Officiers.	
Sous-lieutenant	Sous-lieutenant.
Lieutenant.	Lieutenant.
Capitaine.	Capitaine.
Officiers supérieurs.	
Commandant.	Chef d'escadron.
Lieutenant-Colonel.	Lieutenant-Colonel.
Colonel.	Colonel.
Officiers généraux.	
Général de brigade.	Général de brigade.
Général de division.	Général de division.
Général commandant de corps.	

B. — *L'Armée de mer.*

40º Leçon. — **1.** L'**Armée de mer,** qui relève du Ministre de la marine, se compose de l'**infanterie** et de l'**artillerie** de marine, du **génie maritime** et des **équipages de la flotte.**

2. Elle se recrute parmi les **inscrits maritimes,** les **engagés volontaires** et les **plus bas numéros** de la conscription.

3. Les **grades** de l'infanterie et de l'artillerie de marine sont les mêmes que ceux de l'armée de terre. Les marins proprement dits ont les grades suivants : quartier-maître, second-maître, premier-maître, aspirant, enseigne de vaisseau, lieutenant de vaisseau, capitaine de frégate, capitaine de vaisseau, contre-amiral et vice-amiral.

4. Il y a cinq **arrondissements maritimes** dont les chefs-lieux sont : Cherbourg, Brest, Lorient, Rochefort et Toulon.

5. Les officiers de terre et de mer se forment dans les écoles suivantes : Saint-Maixent, Saumur, Versailles, Vincennes, Saint-Cyr, Polytechnique, Fontainebleau, Navale, etc.

C. — *La gendarmerie et la police.*

41ᵉ Leçon. — **1.** La **gendarmerie** et la **police** assurent le respect des lois à l'intérieur.

2. La **gendarmerie** comprend 30 légions subdivisées en **compagnies** (chef-lieu du département), **lieutenances** (chef-lieu de l'arrondissement) et **brigades** (cantons).

Elle dépend à la fois du Ministère de la justice, du Ministère de l'intérieur et du Ministère de la guerre.

3. La **police,** qui relève du Ministère de l'intérieur, a pour agents principaux : les **commissaires de police,** les **agents de police,** les **gardes-champêtres,** etc.

II. — L'Instruction publique

42ᵉ Leçon. — L'instruction publique comprend : l'enseignement primaire, l'enseignement secondaire et l'enseignement supérieur.

A. — *L'Enseignement primaire.*

1. L'enseignement primaire porte sur la morale et l'instruction civique, la lecture, l'écriture, la langue française, l'histoire, la géographie, les éléments des sciences physiques et naturelles et des mathématiques, les travaux manuels, etc.

2. Il est **laïque** dans les écoles publiques, **gratuit** et **obligatoire**.

3. Il est donné dans les **écoles maternelles**, les **écoles primaires** et les **écoles primaires supérieures** par des instituteurs et des institutrices.

4. Les instituteurs et les institutrices sont formés dans les **Écoles normales** par des professeurs préparés eux-mêmes aux **Écoles normales supérieures de Saint-Cloud** et de **Fontenay-aux-Roses**.

5. Les **titres** de l'enseignement primaire sont : le certificat d'études primaires, le brevet simple, le brevet supérieur, le certificat d'aptitude pédagogique, les différents certificats d'aptitude au professorat et à la direction des écoles normales et à l'inspection primaire.

6. Les instituteurs et les institutrices, qui sont nommés par le préfet, ont pour chefs hiérarchiques: l'inspecteur primaire, l'inspecteur d'académie, le recteur, les inspecteurs généraux et le ministre de l'instruction publique.

B. — *L'Enseignement secondaire*

43ᵉ Leçon. — **1. L'enseignement secondaire** est bifurqué en **enseignement classique** et **enseignement moderne**. Ils ont pour base commune l'étude de la langue française et des sciences. A cette étude le premier ajoute celle des langues mortes et le second celle des langues vivantes.

2. L'enseignement secondaire est donné dans les lycées et collèges par des professeurs formés à l'**École normale supérieure,** à l'**Ecole de Sèvres** et dans les **Facultés.**

3. Les **grades** de l'enseignement secondaire sont: le baccalauréat, la licence et l'agrégation.

4. Les professeurs nommés par le ministre, relèvent en outre de l'inspecteur d'académie, des inspecteurs généraux et du recteur.

C. — *L'Enseignement supérieur*
Conseils universitaires

44ᵉ Leçon. — **1. L'Enseignement supérieur :**
 a. Complète l'enseignement secondaire;
 b. Est donné dans les **Facultés,** à l'**École normale supérieure,** au **Collège de France,** au **Muséum d'histoire naturelle,** à l'**École des hautes études,** etc. ;
 c. Comprend en outre l'**Académie française, l'Académie des Sciences, l'Académie des Sciences morales et politiques, l'Académie des Inscriptions et Belles-Lettres** et l'**Académie des Beaux-Arts.**

2. Les **Conseils universitaires,** chargés de juger les affaires contentieuses et disciplinaires qui leur sont soumises, sont :
 a. **Le Conseil départemental de l'enseignement primaire;**
 b. **Le Conseil Académique;**
 c. **Le Conseil des Facultés;**
 d. **Le Conseil supérieur de l'Instruction publique.**

III. — Les Cultes et les Beaux-Arts.

A. — *Les Cultes*.

45ᵉ Leçon. — **1.** L'État reconnaît et entretient trois **cultes** : le culte **catholique,** le culte **protestant,** le culte **israélite.** Dans les colonies il rétribue le culte **musulman.**

2. Les ministres du culte catholique sont :
    a. Les **desservants,** ou curés de simple paroisse, nommés par l'évêque ;
    b. Les **doyens,** ou curés de canton, nommés par l'évêque avec l'agrément du gouvernement ;
    c. Les **évêques** et les **archevêques,** nommés par le Président de la République avec l'agrément du Pape.

3. Les ministres de la religion protestante sont appelés **pasteurs.**

4. Ceux du culte israélite se nomment **rabbins.**

5. Les cultes sont rattachés tantôt à la Justice, tantôt à l'Intérieur, tantôt à l'Instruction publique.

B. — *Les Beaux-Arts*

46ᵉ Leçon. — **1.** L'administration des **Beaux-Arts,** qui relève ordinairement du Ministère de l'Instruction publique, a pour mission d'encourager le développement de la peinture, de la sculpture, de l'architecture, de la musique, etc.

2. De cette administration dépendent :

L'**École des Beaux-Arts** de Paris, l'école des **Arts décoratifs**, le **Conservatoire de musique**, les **Musées**, les **Théâtres**, les manufactures de **Sèvres**, des **Gobelins**, les écoles des **Beaux-Arts** et des **Arts décoratifs** des départements.

3. Elle a, en outre, la surveillance des monuments historiques, des bâtiments civils et des palais nationaux.

IV. — Intérieur, Affaires étrangères, Colonies.

A. — *Ministère de l'Intérieur.*

47ᵉ Leçon. — **1.** Le **ministre de l'Intérieur** est chargé de la haute direction de l'administration dans tout le pays. Ses auxiliaires sont les préfets, les sous-préfets et les maires.

2. Les services qui relèvent de cette administration sont :

- *a.* Le **service de la sûreté générale, ou haute police,** chargé de découvrir les complots ou menées factieuses contre la sûreté de l'État ;
- *b.* Le **service pénitentiaire**, chargé de l'administration des prisons ;
- *c.* Le **service de l'assistance et de l'hygiène publiques.**

3. Le ministre de l'Intérieur veille à l'exécution des lois en ce qui concerne les élections; il donne des instructions aux préfets et exerce ainsi une grande action politique dans toute la France.

B. — *Affaires étrangères.*

48ᵉ Leçon. — **1.** Le ministre des **Affaires étrangères** s'occupe des relations politiques et commerciales que notre pays entretient avec les autres nations du monde.

2. Ses agents politiques sont :
    a. Les **ambassadeurs,** accrédités auprès des gouvernements étrangers;
    b. Les **ministres plénipotentiaires,** envoyés spécialement pour régler telle ou telle affaire diplomatique. Ses agents commerciaux sont les **consuls, vice-consuls,** etc., établis dans les principales villes étrangères.

3. Ambassadeurs et consuls sont les protecteurs naturels de nos nationaux. Leur domicile et leur personne sont inviolables. Toute insulte qui leur est faite retombe sur la nation elle-même.

C. — *Colonies.*

49ᵉ Leçon. — **1.** Le ministre des **Colonies** a pour mission de protéger nos colons, d'encourager et de récompenser les efforts faits en vue de la prospérité de nos colonies, etc.

2. Il a sous ses ordres les **gouverneurs** des colonies, assistés chacun d'un **conseil privé** et d'un **conseil général,** et les **résidents.**

3. Pour l'assister à Paris, il a un **Conseil supérieur des colonies** dont font partie des sénateurs, des députés, des délégués de Chambres commerciales, des géographes, etc.

V. — Travaux publics. — Agriculture. Commerce et Industrie. Postes et Télégraphes.

A. — *Travaux publics.*

50ᵉ Leçon. — **1.** Le ministre des **Travaux publics** dirige tous les services relatifs aux travaux entrepris dans l'intérêt de la nation, tels que : routes, canaux, ports, chemins de fer, etc

2. Ses fonctionnaires sont :

a. Les **ingénieurs** et les **conducteurs des ponts et chaussées,** chargés des grands travaux nationaux ;

b. Les **agents-voyers** et les **cantonniers,** chargés des travaux moins importants.

3. Le ministre des Travaux publics est chargé, en outre, d'assurer l'exécution des lois concernant les usines, les mines, les chemins de fer, etc.

B. — *Agriculture*

1. Le ministre de l'**Agriculture** veille aux intérêts généraux de l'agriculture.

2. Il organise les **concours** agricoles.

3. Il a sous sa direction : l'**Institut agronomique** de Paris, les **Écoles nationales** de **Grignon, Grandjouan, Montpellier,** les **Écoles vétérinaires** d'Alfort, Lyon, Toulouse.

De lui relèvent encore l'**Ecole forestière** de Nancy et tous les fonctionnaires de l'**Administration des forêts.**

C. — *Commerce, Industrie, Postes et Télégraphes.*

51ᵉ Leçon. — **1.** C'est le même ministre qui s'occupe à la fois des intérêts du **Commerce,** de l'**Industrie** et de la direction des **Postes et Télégraphes.**

2. Il prépare des **traités de commerce** avec les autres nations; il organise les **expositions** régionales et les expositions universelles.

3. A son administration sont rattachés : l'**Ecole supérieure de Commerce,** le **Conservatoire des Arts et Métiers,** les diverses **Ecoles d'arts et métiers,** les **Ecoles professionnelles,** etc.

4. Les fonctionnaires de l'Administration des **Postes et Télégraphes** sont : les **ingénieurs,** les **inspecteurs,** les **directeurs,** les **receveurs,** les **commis** et les **facteurs.**

VI.— Les Finances.

A. — *Nécessité, définition et répartition des impôts.*

52ᵉ Leçon. — **1.** Pour faire face à ses nombreuses charges, l'Etat a recours aux citoyens. Le budget des dépenses s'élève à environ 3 milliards et demi et les revenus nationaux ne sont que de 44 millions. La différence est réclamée à tous les citoyens.

2. Elle prend le nom d'**impôt.** L'impôt est donc la part réclamée par l'Etat à chaque citoyen en échange des services rendus. L'impôt est à la fois une **dette** et une **assurance.**

3. Les Chambres votent les impôts et en font la répartition entre les départements. Le Conseil général, dans chaque département, fait la répartition entre les arrondissements. Le Conseil d'arrondissement fait la répartition entre les communes. Dans chaque commune, un conseil de répartiteurs fait la répartition entre les habitants.

B. — *Les impôts directs.*

53ᵉ Leçon. — **1.** Les impôts se divisent en deux classes :
    a. Les impôts directs ;
    b. Les impôts indirects.

2. Les impôts **directs** comprennent :
    a. L'**impôt foncier** établi sur les propriétés bâties et non bâties;

b. **L'impôt personnel et mobilier** dû par tout citoyen non indigent, et comprenant : **l'impôt personnel proprement dit** s'élevant à 4 fr. 50 et l'**impôt mobilier** calculé sur la valeur locative de l'habitation ;

c. **L'impôt des portes et des fenêtres** proportionnel au nombre d'habitants, au nombre et à l'importance des ouvertures ;

d. **L'impôt des patentes** payé par les commerçants et les industriels ;

e. Les contributions sur les chevaux, voitures, bicyclettes, chiens, billards etc.

f. L'impôt des prestations.

3. Quand les impôts directs ne suffisent pas on a recours aux **centimes additionnels** (centième partie du total des contributions directes).

C. — *Les Impôts indirects.*

54ᵉ Leçon. — **1.** Les impôts indirects sont ceux qui atteignent indirectement le contribuable : ils frappent les marchandises et en augmentent ainsi le prix.

2. Ils sont répartis en quatre catégories :
- *a.* Les impôts de **consommation** : boissons, denrées ;
- *b.* Les impôts d'**enregistrement** ;
- *c.* Les impôts de **timbre** ;
- *d.* Les impôts de **douanes**.

D. — *Perception des Impôts.*

55ᵉ Leçon. — **1.** Les impôts directs passent successivement entre les mains du **percepteur**, du receveur particulier, du trésorier-payeur général, et de la Banque de France qui les centralise pour le compte de l'Etat

2. Les impôts indirects sont perçus par les employés d'octroi, les employés de la régie, les receveurs de l'enregistrement et du timbre, les conservateurs des hypothèques, et centralisés par les receveurs particuliers, et les trésoriers-payeurs généraux.

3. Les opérations auxquelles donne lieu la perception des impôts sont vérifiées par les inspecteurs des finances et par la Cour des comptes qui siège à Paris.

Tableau Synoptique du Cours d'Instruction Civique

I. Principes généraux.

- I Français et citoyens, et Français qui ne le sont pas
  - 1 Sujets : les trois classes
  - 2 Citoyens : droits et devoirs

- II Droits du citoyen français
  - 1 Droits civils
    - A Liberté civile — a Admissibilité de tous aux places et emplois / b Répartition égale de l'impôt / c Absence de tout privilège
    - B Liberté individuelle, inviolabilité du domicile
    - C Propriété
  - 2 Droits publics
    - A Liberté de pensée
    - B de conscience et des cultes
    - C du travail, de l'industrie, du commerce
    - D d'association
  - 3 Droits politiques
    - A Droit d'être électeur
    - B " éligible
    - C " de réunion
    - D " de pétition
  - III Souveraineté nationale
    - 1 En quoi elle consiste
    - 2 Comment elle s'exerce : suffrage au premier, au deuxième, au troisième degré / Scrutin uninominal, scrutin de liste / Conditions de l'élection
  - IV Devoirs du citoyen
    - 1 Devoir d'obéir à la loi
    - 2 " de voter
    - 3 " de payer l'impôt
    - 4 Obligation scolaire
    - 5 Service militaire

- V La Déclaration des Droits de l'Homme et du Citoyen

II. Divisions administratives de la France.

- I La Commune
  - 1 Définition, caractère, administration
  - 2 Le Maire — A Agent du gouvernement / B Magistrature de la Commune
  - 3 Adjoint
  - 4 Le Conseil municipal — A Nombre de conseillers / B Mode d'élection et durée du mandat / C Attributions et sessions
  - 5 Le budget — Définition / Recettes et dépenses — a Ordinaires / b Extraordinaires
- II Le Canton
  - 1 Caractère
  - 2 Administrations dont il est le siège
- III L'Arrondissement
  - 1 Définition et caractère
  - 2 Sous-préfet
  - 3 Conseil d'arrondissement — A Nombre de membres / B Mode d'élection / C Durée du mandat / D Attributions
  - 4 Administrations dont il est le siège
- IV Le Département
  - 1 Définition et caractère
  - 2 Le Préfet — A Agent du gouvernement / B Représentant du département
  - 3 Le Secrétaire général
  - 4 Conseil de préfecture — A Composition / B Attributions
  - 5 Le Conseil général — A Composition, élections, durée du mandat / B Sessions, Attributions

III. Les Pouvoirs de l'État.

- I L'État
  - 1 Définition
  - 2 Diverses formes de gouvernement — A Monarchie absolue / B " constitutionnelle / C République
  - 3 La Constitution de 1875
- II Le Pouvoir législatif
  - 1 Députés : nomination, élection, durée du mandat, attributions
  - 2 Sénateurs : id. id. id. id.
  - 3 Confection d'une loi : ministère, projet, proposition, commission, urgence
- III Le Pouvoir exécutif
  - 1 Président de la République : nomination, attributions, etc.
  - 2 Ministres — A Nomination et attributions, etc. / B Nombre de ministres

III. Les Pouvoirs de l'État. (suite)

- IV Le pouvoir judiciaire
  - 1 Diverses sortes de tribunaux — A Tribunaux civils / B " criminels / C " administratifs / D " spéciaux
  - 2 Justice de paix — A Siège / B Au civil / C Au correctionnel / D Fonctions extra-judiciaires du juge de paix
  - 3 Tribunaux de première instance et tribunaux correctionnels — A Siège / B Au civil / C Au criminel / D Le Parquet
  - 4 Cours d'appel : siège, composition, rôle
  - 5 Cours d'assises : composition — {jury} Attributions
  - 6 Cour de cassation : siège, composition, attributions
  - 7 Tribunaux administratifs — A Conseil de préfecture / B Conseil d'État / C Conseil des conflits
  - 8 Tribunaux spéciaux — A Tribunaux de commerce / B Conseils de prud'hommes / C Conseils de guerre

IV. Les services de l'État.

- I La force publique
  - 1 Armée de terre
    - A La conscription
    - B Durée et répartition du service militaire
    - C Les Corps d'Armée
    - D Les quatre armes — a Infanterie / b Cavalerie / c Artillerie / d Génie
    - E Les services auxiliaires
    - F Les grades
  - 2 Armée de mer
    - A Sa composition — a Infanterie de marine / b Artillerie / c Génie / d Équipages de la flotte
    - B Inscription maritime
    - C Les arrondissements maritimes
  - 3 Gendarmerie : légions, compagnies, lieutenances, brigades
  - 4 Police
- II Instruction publique
  - 1 Écoles qui forment les officiers
  - 2 Les trois ordres d'enseignement — A Enseignement primaire / B " secondaire / C " supérieur
  - 3 Conseils universitaires
- III Cultes
  - 1 Cultes reconnus — A Catholique / B Protestant / C Israélite / D Musulman (dans les colonies)
  - 2 Les ministres des divers cultes et leur nomination
- IV Beaux-Arts : Définition, écoles
- V Intérieur
  - 1 Attributions : exécution des lois
  - 2 Service de la Sûreté générale ou haute police
  - 3 Service pénitentiaire
  - 4 Service de l'assistance et de l'hygiène publiques
- VI Affaires étrangères
  - 1 Rôle
  - 2 Agents — A Politiques : ambassadeurs, ministres plénipotentiaires / B Commerciaux : consuls, vice-consuls, etc.
- VII Colonies
  - 1 Rôle
  - 2 Agents — A Gouverneurs / B Résidents / C Administrateurs
  - 3 Conseil supérieur des colonies
- VIII Travaux publics : rôle, fonctionnaires
- IX Agriculture : rôle, écoles
- X Commerce, Industrie, Postes et Télégraphes
- XI Les Finances
  - 1 Deux sortes d'impôts — A Directs / B Indirects — a Foncier / b Personnel et mobilier / c Portes et fenêtres / d Patentes / e Chevaux, voitures, etc.
  - 2 Perception des impôts

TABLE DES MATIÈRES

I

	Pages
PRÉFACE de M. A. Magendie	I-III
Id. de l'Auteur	I-VIII

II

Education morale.

CHAPITRE PREMIER. — *Principes généraux.*

1re LEÇON. — Objet de la morale	3
2e « — Conscience, Liberté et Responsabilité	10
3e « — La loi morale ou devoir	17

Tableau synoptique du chapitre 1er.

CHAPITRE II. — *L'enfant dans la famille.*

4e LEÇON. — La famille	24
5e « — L'obéissance	31
6e « — Le respect	38
7e « — La reconnaissance	44
8e « — Amour filial	51
9e « — Devoirs envers nos grands parents	58
10e « — Frères et sœurs. — Devoirs réciproques	64
11e « — L'esprit de famille	72
12e « — Maîtres et serviteurs	79

Tableau synoptique du chapitre II.

Chapitre III. — *L'École.*

			Pages
13ᵉ Leçon.	—Le rôle de l'école. — L'école d'autrefois	.	88
14ᵉ «	— L'école d'aujourd'hui.		96
15ᵉ «	— L'instruction et l'éducation		101
16ᵉ «	— L'enfant dans l'école. — L'assiduité. . .		109
17ᵉ «	— id. id. Le travail . . .		118
18ᵉ «	— id. id. Devoirs envers l'instituteur		125
19ᵉ «	— Devoirs envers les camarades.		133

Tableau synoptique du chapitre III.

Chapitre IV. — *Devoirs individuels.*

20ᵉ Leçon.	- L'âme et le corps. Dignité personnelle. .	141
21ᵉ «	— Devoirs envers soi-même.—Devoirs relatifs au corps : le suicide	149
22ᵉ «	— La propreté.	157
23ᵉ «	— Tempérance et sobriété.	164
24ᵉ «	— L'ivrognerie	171
25ᵉ «	— Le tabac. . , ...	178
26ᵉ «	— Exercices physiques. — La gymnastique .	184
27ᵉ «	— Devoirs relatifs aux biens extérieurs. — Avarice, prodigalité, économie . . .	191
28ᵉ «	— Les dettes. Le jeu. Ne pas trop aimer l'argent	199
29ᵉ «	— Le travail	207
30ᵉ «	— Devoirs envers l'âme. — Devoirs relatifs à la sensibilité.	214
31ᵉ «	— Devoirs relatifs à l'intelligence : Véracité et sincérité ; ne jamais mentir . . .	221
32ᵉ «	— Avoir honte de l'ignorance et de la paresse.	228
33ᵉ «	— La modestie. Eviter l'orgueil, la vanité, la coquetterie, la frivolité.	236
34ᵉ «	— Devoirs relatifs à la volonté. Le courage .	243
35ᵉ «	— Patience, persévérance, esprit d'initiative .	251
36ᵉ «	— Devoirs envers les animaux	259

Tableau synoptique du chapitre IV.

Chapitre V. — *Devoirs envers les autres hommes.*

			Pages
37e Leçon.	—	Nécessité et bienfaits de la société. — Solidarité et fraternité humaines.	269
38e	«	— Devoirs de justice. Respect de la personne dans sa vie.	278
39e	«	— Respect de la personne dans sa liberté.	287
40e	«	— Respect de la personne dans ses croyances et ses opinions	295
41e	«	— Respect de la personne dans ses biens et ses intérêts de toute sorte. Respect de la parole donnée	303
42e	«	— Respect de la personne dans son honneur et sa réputation	311
43e	«	— La charité	318
44e	«	— Degrés de la charité	327
45e	«	— La fraternité	335

Tableau synoptique du Chapitre V.

Chapitre VI. — *La Patrie.*

46e Leçon.	— La Patrie et le patriotisme.	343
47e «	— La France, ses grandeurs et ses malheurs.	354
48e «	— Devoirs envers la Patrie : obéissance aux lois. Service militaire	364
49e «	— L'impôt.	373
50e «	— L'obligation scolaire. — Le vote.	380
51e «	— La Devise républicaine.	387

Tableau synoptique du chapitre VI.

Chapitre VII. — *Sanctions de la morale. Dieu.*

52e Leçon.	— Sanctions de la morale	397
53e »	— Dieu.	405

Tableau synoptique du chapitre VII.

III
Droit usuel.

		Pages
1re Leçon.	— Quelques définitions Personnes.	417
2e «	— Etat civil	420
3e «	— Protection des mineurs.	423
4e «	— La propriété	426
5e «	— Successions. Donations entre vifs — Testaments.	429
6e »	— Contrats les plus usuels.	432

Tableau synoptique des notions de droit usuel.

IV
Notions d'Economie politique

Chapitre Ier. — *Production des richesses.*

1re Leçon.	— Agents de la production : Terre, Travail.	439
2e «	— id. id. (*Suite*) Capital. Instruction.	443

Chapitre II. — *Circulation des richesses.*

3e Leçon	— Circulation de la richesse : Echange, Monnaie, Crédit, Commerce.	446
4e «	— Repartition de la richesse : Salaire, Intérêt	449

Chapitre III. — *Consommation des richesses.*

5e Leçon.		452
Lecture.	— La grande industrie et ses conséquences.	455

Tableau synoptique des notions d'Economie politique.

V

Résumé d'Instruction Publique

CHAPITRE Ier. — *Principes généraux. — Les Français d'autrefois. - La souveraineté nationale. — Devoirs du citoyen.*

	Pages
I. — Les Français d'autrefois	463
II. — Droits du citoyen. Droits civils	463
Droits publics	464
Droits politiques	465
III. — La souveraineté nationale En quoi elle consiste. Ses limites	466
Comment s'exerce la souveraineté nationale : le suffrage universel.	446
IV. — Devoirs du citoyen	468
V. — Déclaration des Droits de l'homme et du citoyen.	469

CHAPITRE II. — *Divisions administratives de la France.*

I. — La Commune	473
Le Maire et ses attributions.	473
Le Conseil municipal	474
Budget communal	475
II. — Le Canton	481
III. — L'Arrondissement	481
IV. — Le Département	482
Le Préfet.	482
Le Secrétaire général.	482
Le Conseil de Préfecture.	483
Le Conseil general.	483

Chapitre III. — *L'État.*

		Pages
I.	— L'État.	484
II.	— Pouvoir législatif : Chambre des députés et Sénat	484
	Confection des lois	486
III.	— Pouvoir exécutif	486
	Le Président de la République	486
	Les Ministres	487
IV.	— Le Pouvoir judiciaire.	488
	Justice de Paix.	488
	Tribunaux de 1re instance et tribunaux correct^{els}.	489
	Cours d'Appel	490
	Cours d'Assises.	490
	Cour de Cassation.	491
	Tribunaux administratifs et Tribunaux spéciaux.	491

Chapitre IV. — *Les Services de l'État.*

I.	— La force publique.	493
	L'Armée de terre	493
	L'Armée de mer	495
	La Gendarmerie et la Police	495
II.	— L'Instruction publique	496
	L'Enseignement primaire	496
	L'Enseignement secondaire.	497
	L'Enseignement supérieur. Conseils universitaires	497
III.	— Les Cultes et les Beaux-Arts	498
	Les Cultes	498
	Les Beaux-Arts.	499
IV.	— Intérieur. — Affaires étrangères. — Colonies. .	499
	Ministère de l'Intérieur.	499
	Affaires étrangères	500
	Colonies	501
V.	— Travaux publics, Agriculture, Commerce et Industrie, Postes et Télégraphes :	

	Pages
Travaux publics	501
Agriculture	502
Commerce, Industrie, Postes et Télégraphes . .	502

VI. — Les Finances :

Nécessité, définition et répartition des impôts .	506
Les impôts directs	506
Les impôts indirects	507
Perception des impôts	507

VI

LECTURES

Principes généraux

		Pages
1	Ce que c'est que la morale, par G Compayré.	3
2	La voix de la conscience, par Pecaut	10
3	Le devoir, par Jouffroy	17

La Famille.

4	Définition de la famille, par E Bersot	24
5	L'obéissance, par L Liard	31
6	Exemple de respect, par A. Dès	38
7	Dévouement du jeune Appius, par Compayré	44
8	Le fils ingrat : Lamproclès, par A. Dès	51
9	Le grand-père, par A Dès	58
10	L'amour fraternel : Parabole, par Compayré.	64
11	L'esprit de famille, par J Steeg	72
12	Rapports des maîtres et des serviteurs dans la société actuelle, par Legouvé	79

L'École.

13	La puissance de la pensée, par E. Pelletan	88
14	L'école d'aujourd'hui, par A. Dès	96
15	L'instruction et l'éducation, par Carré.	103
16	Le mauvais écolier, par Stahl	109
17	Le travail à l'école, par Tickmann-Chatrian.	116
18	Gratitude, par Amicis	125
19	La camaraderie, par Mézières	133

Devoirs individuels.

20	L'âme et le corps, par L Dès.	141
21	Le suicide, par Rousseau	149
22	La propreté, par le Dr Elie Pecaut	157
23	Cliton le gourmand, par La Bruyère	164
24	L'alcoolisme et ses répercussions sociales, par Izoulet.	171

		Pages
25	Les effets du tabac, par J. Thomas	178
26	Il faut fortifier le corps par l'exercice, par Diderot	184
27	Un avare, par Molière	191
28	Ne faisons pas de dettes, par Boniface	199
29	Noblesse du travail manuel, par Amicis	207
30	La sensibilité morale, par J. Steeg	214
31	Le mensonge. — L'animal ne ment pas, par E. Quinet	221
32	Les êtres surnaturels, par A. Rambaud	228
33	De l'orgueil mal placé, par Mme de Maintenon	236
34	Courage militaire. Une ruse sublime, par H. Marion	243
	Courage civil. Belle réponse d'un magistrat	244
35	Bernard Palissy, par A. Dès	251
36	La chienne de Malebranche, par P. Janet	259

Devoirs envers les autres hommes.

37	Solidarité et progrès, par E. About	264
38	Respect de la vie humaine, par Pascal	278
39	La traite des nègres, par Mérimée	287
40	L'intolérance, par J. Thomas	295
41	Le portefeuille (*Instruction primaire*)	302
42	La petite Ville, par La Bruyère	311
43	Un bon voisin, par Lamartine	318
44	Bonté et charité de Mme Geoffrin (Duclos)	327
45	Le prisonnier de guerre, par Buzan	335

La Patrie.

46	Ce que c'est que la Patrie, par E. Souvestre	343
47	L'âme de la France, par Michelet	354
48	Admirable exemple de respect du à la loi, par Ch. Bigot	364
49	Nécessité de l'impôt, par A. Franck	373
50	Un bon citoyen prend part à tous les votes, par Boniface	380
51	La devise républicaine, par Laboulaye	387

Sanctions de la morale. Dieu.

52	Conséquences d'une désobéissance, par L. Dès	397
53	Dieu, par Marion	405

VII

RÉCITATIONS

Principes généraux.

		Pages
1	L'éducation morale, prose, par Voltaire	7
2	La Conscience, poésie, par Ricard	15
3	Conseils à un enfant, poésie, par E. Manuel	21
4	Chanson d'enfant, poésie, par V. Hugo	28
5	Le carpe et les carpillons, poésie, par Florian	36
6	Piété filiale, prose, par Pasteur	42
7	Tel père tel fils, prose, par Saint-Marc Girardin	48
8	Amour maternel, poésie, par Racine	55
	Amour filial, poésie, par M. Bouchor	56
9	Les grand'mères, poésie, par Anaïs Ségalas	61
10	Le Vieillard et ses enfants, poésie, par La Fontaine	69
11	Honorer le nom qu'on porte, poésie, par Laprade	77
12	Une bonne servante, poésie, par M. du Camp	84

L'École.

13	L'avenir appartient aux écoliers, prose, par Stahl	93
14	Devoirs du père de famille, prose, par J. Simon	101
15	L'école, poésie, par Sully Prudhomme	107
16	Sonnet à l'écolier, poésie, par H. Durand	114
17	Au travail, poésie, par A. Brizeux	123
18	Le maître d'école, prose, par V. Hugo	131
	Adieu d'une jeune fille à l'école, poésie, Mme Desbordes-Valmore	134
19	Le déjeuner à l'école, poésie, par Lachambeaudie	137

Devoirs individuels.

20	Le roseau pensant, prose, par Pascal	147
21	A la jeunesse, poésie, par H. Chantavoine	155
22	Gnathon le malpropre, prose, par La Bruyère	161
23	La Mort choisissant un premier ministre, poésie, par Florian	169
24	Le bon ouvrier des villes, poésie, par E. Manuel	176
25	Un bon emploi du temps, poésie, par J. Manuel	181

TABLE DES MATIÈRES

		Pages
26	Le bataillon scolaire, poésie, par Chantavoine	189
27	L'avare qui a perdu son trésor, poésie, par La Fontaine	197
28	Le sifflet, prose, par Franklin	204
29	Le travail, poésie, par Lamartine	212
30	A Villequier, poésie, par V. Hugo	218
31	Sincérité (Extrait du *Misanthrope*), poésie, par Molière	226
32	L'Écolier, l'Abeille et l'Absinthe, poésie, par A. Naudet	234
33	La grenouille et le bœuf, poésie, par La Fontaine	241
34	Courage dans le travail, poésie, par J. Aicard	248
35	Le Lièvre et la Tortue, poésie, par La Fontaine	257
36	Le roulier et son cheval, poésie, par V. Hugo	265

Devoirs envers les autres hommes.

37.	Un Songe, poésie, par Sully Prudhomme	276
38	La Justice, poésie, par Boileau	284
39	Le loup et le chien, poésie, par La Fontaine	292
40	Le pauvre colporteur, poésie, par Lamartine	300
41.	L'Enseigne du cabaret, poésie, par Lachambeaudie	308
42	La calomnie, prose, par Beaumarchais	316
43	La charité, poésie, par V. Hugo	325
44	Clémence d'Auguste, poésie, par Corneille	332
45	Les deux blessés, poésie, par Aicard	341

La Patrie.

46	La France, poésie, par Laprade	352
47	Les Vaillants du temps jadis, poésie, par Bouchor	362
48	La guerre, poésie, par Laprade	371
49	La gabelle, prose, par A. Rambaud	382
50	Le suffrage universel, prose, par V. Hugo	385
51.	La devise républicaine, poésie, par Aicard	393

Sanctions de la morale. Dieu.

| 52 | La conscience, poésie, par V. Hugo | 402 |
| 53 | L'œil de Dieu, poésie, par Lamartine | 417 |

VIII

DEVOIRS

Principes généraux.

Pages

1. — *a* Votre instituteur vous a fait la première leçon de morale de l'année. Vous le dites à votre père qui vous répond qu'il vaudrait mieux qu'on vous enseignât à bien cultiver un champ.
Répondez-lui en lui expliquant qu'apprendre la morale, c'est apprendre à cultiver un bien que nous possédons 6

b. Prouvez par des exemples qu'on trouve le bonheur dans l'accomplissement du devoir 7

2. — *a.* On dit que l'homme est responsable de ses actes. Que signifie cela ? — Pourquoi ? — Circonstances qui font varier la responsabilité morale 14

b. Faites comprendre, au moyen d'une historiette, ce qu'on appelle la voix de la conscience. 14

3. — *a.* Après avoir expliqué ce qu'on appelle *loi morale* ou *devoir*, indiquez les obligations particulières qui en découlent 20

b. Devoirs de l'enfant dans la famille, au dehors et à l'école 20

La famille.

4. — *a.* Vous avez lu la fable de Florian : *La Mère, l'Enfant et les Sarigues.* — Racontez-la et dites pourquoi l'asile le plus sûr est le sein de la famille . . . 26

b. Vous avez parmi vous un enfant orphelin. —

TABLE DES MATIÈRES

Pages

Dites pourquoi il souffre et ce que vous faites pour adoucir sa peine. 27

5. — *a.* Celui qui ne sait pas obéir ne sait pas commander. — Expliquez cette pensée. 34

   b. Gaston n'est pas désobéissant et pourtant il attriste vos parents par la maussaderie qu'il met à exécuter leurs ordres. — Écrivez-lui pour lui reprocher ce défaut et faites-lui comprendre comment on doit obéir 35

6. — *a.* Montrez que celui qui respecte ses parents mérite lui-même le respect. 41

   b. Votre frère a haussé irrévérencieusement les épaules à un conseil que lui donnait votre père. — Écrivez-lui pour lui faire honte de sa conduite . . . 41

7. — *a.* Définissez la reconnaissance. — Dites pourquoi nous la devons à nos parents 47

   b. Comment un enfant peut-il prouver sa reconnaissance à ses parents. 47

8. — *a.* Développez ces vers de V. Hugo :
    Souvenez-vous ....
    Que tant qu'on est petit la mère sur nous veille,
    Mais que plus tard on la défend ;
    Et qu'elle aura besoin quand elle sera vieille
    D'un homme qui soit son enfant. 54

   b. Pourquoi aimons-nous nos parents 55

9. — *a.* Expliquez et commentez ces mots d'un écrivain contemporain :
   « Ne pas honorer la vieillesse, c'est démolir le matin le toit de la maison où l'on doit coucher le soir ». . 60

   b. Comment témoignez-vous votre affection à vos grands-parents 61

10. — *a.* Les frères aînés. — Leurs devoirs pendant la vie de leurs parents, — après leur mort 68

   b. Devoirs des jeunes 69

11. — *a.* Qu'entendez-vous par esprit de famille ? . . . 76

b. Rendez compte par écrit de la lecture morale : « La grappe de raisin ». — Que pensez vous du sentiment qui a fait agir les divers membres de la famille ? 77

12. — *a.* Developpez cette pensée de Tocqueville : « Le serviteur n'est pas un autre homme que son maître ». Devoirs que cette vérité entraîne pour le maître 83

b. Que signifient ces mots : « Les serviteurs sont aveugles, sourds et muets » 84

L'École.

13. — *a.* Dites pourquoi les gouvernements absolus négligent l'instruction du peuple 92

b. Faites le portrait d'une école primaire d'il y a cinquante ans 93

14. — *a.* Quels sont les caractères de l'école d'aujourd'hui ? Expliquez-les en les justifiant 99

b. Faites le portrait de l'école primaire d'aujourd'hui. 100

15. — *a.* Croyez-vous qu'il suffise d'être instruit pour être un honnête homme ? 106

b. Faites le portrait de l'enfant gâté. 106

16. — *a.* Nécessité de l'exactitude à l'école et dans toutes les relations sociales 112

b. Une de vos parentes refuse d'envoyer ses enfants à l'école. Elle dit que l'instruction n'est pas nécessaire aux enfants d'ouvriers, surtout aux filles. Vous lui faites comprendre, en termes respectueux, combien elle est dans l'erreur 113

c. Votre première journée d'école 113

17. — *a.* « L'homme est né pour travailler, comme l'oiseau pour voler », dit un proverbe. Expliquez ce proverbe, puis montrez que le travail est utile, bienfaisant et honorable 120

b. Montrez comment le paresseux fait tort à lui-même, à son maître, à ses parents et à sa patrie . . 122

	Pages
18. — *a*. Expliquez pourquoi le métier d'instituteur demande beaucoup de travail et mérite beaucoup de respect	129
b. Services que l'instituteur rend à ses élèves . .	130
19. — *a*. Trop aider ses camarades dans leurs devoirs d'écoliers, c'est leur rendre un mauvais service. Prouvez-le dans une lettre à un camarade que vous avez souvent aidé	136
b. Portrait du bon camarade	137

Devoirs individuels.

20. — *a*. Qu'est ce qui rapproche et qu'est ce qui distingue les hommes des animaux ?	145
a. Qu'entend on par respect de soi même ? Conséquences de ce sentiment. — Est-il possible de l'éveiller de bonne heure en soi ?	146
21. — *a*. Quels sont vos devoirs envers vous-mêmes ? . .	153
b. Expliquez cette pensée : « Se tuer, c'est dire : Je ne veux plus faire mon devoir. »	154
22. — *a*. Expliquez cette pensée : « La maison que votre âme habite, c'est votre corps. Il ne faut pas que la maison donne mal à croire de l'habitant. »	159
b. Avantages de la propreté pour une jeune fille. .	160
23. — *a*. Expliquez cette pensée : « Les grands mangeurs et les grands dormeurs sont incapables de rien faire de grand. »	167
b. C'est un devoir de conserver son corps en bonne santé: pour cela, il faut observer les règles de l'hygiène. Ces règles sont principalement la propreté, la tempérance et l'exercice.	
En quoi consiste la propreté ?	
En quoi consiste la tempérance ou sobriété ?	
En quoi consiste l'activité physique ? Danger à éviter	168

24. — a. Expliquez cette pensée: « L'alcool est le pourvoyeur de l'hôpital et du bagne. » 175
   b. Gardons nous de l'alcoolisme 176
   c. Portrait de l'ivrogne 176
25. — a Quelles conséquences entraîne l'habitude de fumer ? 181
   b. La première pipe 181
26. — a. Un de vos amis s'étonne de votre ardeur pour la gymnastique et les exercices physiques en général. Il prétend que vous épuisez vos forces inutilement, que vous perdez un temps précieux qui pourrait être consacré à l'étude. Il vous engage a suivre son exemple, c'est-à-dire à vous asseoir pendant les récréations, à vous dépenser physiquement le moins possible — Répondez-lui 187
   b. Montrez comment la gymnastique et les exercices physiques préparent au service militaire. . . . 188
27. — a. Portrait de l'avare 195
   b. Définissez la prodigalité et l'avarice. Exemples. — Dites en quoi consiste la véritable économie. Exemples. 196
28 — a. Quels sont les mauvais effets des dettes ? . . . 203
   b. Que pensez-vous du jeu et des joueurs ? . . . 203
29. — a. Utilité et valeur morale du travail 210
   b. A l'examen du certificat d'études, Paul, qui n'a pas travaillé en classe, prie Jean, élève studieux, de lui venir en aide, s'il le peut, quand on composera. Faites le récit de la conversation, en vous rappelant la fable *La cigale et la fourmi*. 211
30. — a. Etablissez la différence entre la sensibilité physique et la sensibilité morale Quels sont les devoirs relatifs à la sensibilité en général ? 217
   b. Racontez l'histoire d'Alexis et montrez les dangers de la colère 218
31. — a. Du mensonge sous toutes ses formes. Laideur et effets du mensonge. 225

TABLE DES MATIÈRES

Pages

  b. Racontez une anecdote qui prouve qu'un menteur n'est point écouté, même quand il dit la vérité . . . 225

32. — *a.* L'ignorance et la paresse. Mépris qu'elles inspirent 231

  b. Dites ce que vous pensez de la croyance aux sorciers, aux magiciens, aux revenants. Citez d'autres erreurs ou préjugés qui passent pour des vérités dans certains pays où l'instruction est peu répandue . . 232

33. — *a.* Quel sens faut-il donner au mot *orgueil* dans ces vers d'Alfred de Musset :

> L'orgueil, c'est la constance
> Du soldat dans le rang, du martyr sur la croix
> L'orgueil, c'est la vertu, l'honneur et le génie,
> C'est ce qui reste encor d'un peu beau dans la vie,
> La probité du pauvre et la grandeur des rois. . . . 239

  b. N'y a-t-il pas dans votre classe des élèves vaniteux, orgueilleux, tandis que d'autres sont simples et bons ? Etablissez la différence 240

34. — *a.* Qu'est-ce que le courage ? Quelles sont ses différentes formes ? Citez des exemples de courage civil pris dans l'histoire et dans la vie civile 247

  b. Qu'est-ce qu'un enfant courageux, un enfant téméraire et un enfant lâche ? Comment se conduisent-ils et dites lequel vous préférez. Motifs de la préférence. 247

35. — *a.* Patience, persévérance, esprit d'initiative. Distinguez ces trois qualités. — Montrez qu'elles sont aussi nécessaires à l'enfant qu'à l'homme . . . 251

  b. « Il ne faut pas jeter le manche après la cognée ». Vous expliquez à un ami, sous la forme d'une lettre, le sens de ce proverbe, que vous justifierez par des exemples. 255

36. — *a.* Pourquoi ne faut-il pas être cruel envers les animaux ? 263

  b. Un de vos camarades a l'habitude de faire souffrir tous les animaux. Dans une lettre que vous lui écrivez faites-lui sentir son injustice en lui rappelant les ser-

	Pages
vices que nous rendent les animaux, et, en particulier, les animaux domestiques.	263

Devoirs envers les autres hommes

37. — *a* Prouvez, par un ou plusieurs exemples, que nous avons besoin les uns des autres 273

   b. Montrez comment un enfant peut, dans l'école même, s'habituer à la pratique de la fraternité. 274

38. — *a*. Quelles sont les conséquences qui découlent de ce principe : « Tu ne tueras point » ? Restriction qu'il convient de faire 282

   b. Faites, dans une anecdote, le récit d'une action juste et d'une action charitable Montrez, comme conclusion, quelle différence il y a entre la justice et la charité 283

39. — *a*. L'esclavage et le servage anciens ont à peu près disparu de nos mœurs, mais n'y a-t-il pas encore plusieurs sortes d'esclavages moraux auxquels l'homme se condamne lui-même ! Indiquez les moyens qu'il conviendrait d'employer pour les faire disparaître. 290

   b. Racontez les souffrances des serfs au moyen-âge . . 292

40. — *a*. La liberté de conscience — Devoirs qui en découlent 299

   b Qu'est-ce que la tolérance en matière politique et en matière religieuse ? En quoi Henri IV se montra-t-il tolérant ? En quoi Louis XIV manifesta-t-il un esprit contraire ? . . 299

41. — *a*. Probité, équité, loyauté, délicatesse. — Au moyen d'exemples, distinguez les unes des autres ces différentes formes de la justice 306

   b. Les objets que nous trouvons nous appartiennent-ils ? Que devons-nous en faire ? 30

42. — *a*. Par quels moyens peut-on enlever sa réputation à autrui ? Distinguez et appréciez ces moyens 314

   b. Un de vos amis parle à tort et à travers de ses camarades ; reprochez-le lui et montrez-lui que cette tendance peut l'entraîner jusqu'à enlever sa réputation à autrui . . 315

43 — *a* Montrez que les devoirs de charité correspondent aux devoirs de justice, et que l'honnête homme est celui qui est à la fois juste et charitable 323

b Joseph dit que, ne possédant rien, il lui est impossible d'exercer la charité. Expliquez-lui qu'on pratique cette vertu de mille manières, et qu'on a souvent plus de mérite à soulager les souffrances du cœur que celles du corps. . . . 323

c. Quelles sont les règles pratiques de l'aumône ? . . . 324

44 *a.* Quels sont les divers degrés de la charité ? — Donnez un exemple de chacun d'eux. 330

b De tous les exemples de charité que vous avez lus ou que votre maître a cités à l'appui de ses leçons de morale, quel est celui qui vous a le plus vivement frappé ? Rappelez-le en détail. 331

45. — *a* La fraternité — Les œuvres qu'elle a créées — Leur utilité 338

b. Racontez le trait de fraternité qui vous a été lu sous le titre : *Le prisonnier de guerre* 340

La Patrie

46. — *a* Développez la pensée exprimée dans ce vers de Voltaire :

« A tous les cœurs bien nés que la patrie est chère ! ». 350

b. Qu'est-ce que la patrie ? Pourquoi devons-nous l'aimer et comment ? 351

47. — *a* Pour quelles raisons aimez-vous la France ? . . . 360

b. Montrez comment on a pu dire que si une femme avait contribué au malheur de la France, ce fut une femme qui la sauva 361

48. — *a.* Pourquoi et comment doit-on obéir aux lois de son pays ? 369

b. Quelles sont les qualités d'un bon soldat ? Comment pouvez-vous, dès l'école, vous préparer à devenir un bon soldat ? 370

	Pages

49. — *a.* On se plaint parfois d'être obligé de payer des impôts. Dites à quoi ils servent et faites voir ce qui arriverait si on ne les payait pas 376

b. Voler l'État n'est pas voler, avez-vous entendu dire à une personne qui avait réussi à voler l'octroi. — Montrez combien cette maxime est fausse et dangereuse . . . 376

50. — *a* La loi sur l'obligation scolaire ; montrez que loin d'être une atteinte à la liberté, elle en est la garantie . . 384

b A quel âge a-t-on le droit et le devoir de voter ? — Que faut-il penser de celui qui, par négligence, ne vote pas ? — Quelles qualités doit avoir le vote d'un bon citoyen ?. . 384

51. — *a* Vous entendrez souvent dire par des gens de mauvaise foi que la devise républicaine est un leurre. — Par quels arguments leur répondrez-vous ? 391

b. Dites comment la devise républicaine est appliquée à l'école même 392

Sanctions de la Morale. — Dieu.

52. — *a* Qu'appelle t-on sanction d'une loi ? En quoi consistent les sanctions diverses des lois civiles et de la loi morale ? . 400

b Après avoir succinctement raconté dans quelles circonstances le petit Pierre a désobéi à son père, vous dégagerez du récit les diverses sanctions qui découlent de la désobéissance de l'enfant 401

53. — *a.* Comment comprenez-vous vos devoirs envers Dieu ? 409

b. Où l'honnête homme doit-il chercher et peut-il trouver son bonheur ? 410

www.ingramcontent.com/pod-product-compliance
Lightning Source LLC
Chambersburg PA
CBHW070837230426
43667CB00011B/1825